陈越光 主编

中国文化书院导师名作丛书

从尼采到庄子
——尼采新论

陈鼓应 著

海南出版社

·海口·

版权合同登记号：图字：30-2024-178 号

图书在版编目（CIP）数据

从尼采到庄子：尼采新论 / 陈鼓应著. -- 海口：海南出版社, 2024.12. --（中国文化书院导师名作丛书 / 陈越光主编）. -- ISBN 978-7-5730-2170-0

Ⅰ. B516.47-53

中国国家版本馆 CIP 数据核字第 20244XA293 号

从尼采到庄子——尼采新论
CONG NICAI DAO ZHUANGZI——NICAI XINLUN

作　　者：	陈鼓应
主　　编：	陈越光
策 划 人：	吴　斌　彭明哲
特约编审：	江　力
责任编辑：	吴宗森
执行编辑：	车　璐　王桢吉
责任印制：	郄亚喃
印刷装订：	天津联城印刷有限公司
读者服务：	张西贝佳
出版发行：	海南出版社
总社地址：	海口市金盘开发区建设三横路 2 号
邮　　编：	570216
北京地址：	北京市朝阳区黄厂路 3 号院 7 号楼 101 室
电　　话：	0898-66812392　010-87336670
电子邮箱：	hnbook@263.net
经　　销：	全国新华书店
版　　次：	2024 年 12 月第 1 版
印　　次：	2024 年 12 月第 1 次印刷
开　　本：	880 mm×1 230 mm　1/32
印　　张：	11
字　　数：	237 千字
书　　号：	ISBN 978-7-5730-2170-0
定　　价：	100.00 元

【版权所有，请勿翻印、转载，违者必究】
如有缺页、破损、倒装等印装质量问题，请寄回本社更换。

"中国文化书院导师名作丛书"编辑委员会

主　　编：陈越光
副 主 编：江　力
编　　委：（以姓氏笔画为序）
　　　　　干春松　王守常　江　力　李　林
　　　　　李中华　杨立华　吴国盛　佟晓滨
　　　　　张　军　张会军　陈越光　纳兰正秀
　　　　　苑天舒　林　娅　荣新江　倪晓红
　　　　　董晓萍　薛　镭　魏常海

组织编辑：中国文化书院

致敬大时代狂飙中迎风而立的几代学人
——"中国文化书院导师名作丛书"总序

陈越光

2024年,中国文化书院成立40周年。

20世纪80年代"文化热"中涌现的中国文化书院,集合了一批在文化学术界卓有声望的导师。导师,是中国文化书院标志性的存在。创院院长汤一介先生说:"对中国文化书院来说,也许最为宝贵的是,书院集合了一批有志发展和创新中国文化的老中青三代学者。"①

10年前,我在中国文化书院30周年庆典致辞中做了这样的概括:中国文化书院是80年代有全国性重要影响的民间文化团体中唯一保持活动至今的,它在今天代表了80年代精神和思想的延续;中国文化书院是80年代文化热中唯一提出以中国文化为本位的全国性文化团体,它代表了一个历史的维度;中国文化书院汇聚了一批五四以来历尽动荡与政治风霜的学术老人和老中青三代

---

① 汤一介.《〈师道·师说:梁漱溟卷〉总序一》,载《师道·师说:梁漱溟卷》,东方出版社,2013年1月第1版,第1页。

学者，它体现了中国知识分子坚守学术尊严与梦想的传承。

在代际意识凸现的20世纪80年代，中国文化书院建构了一种跨代际文化的集合，在文化书院的发起人和最早的导师队伍里，年龄跨度整整60年，正好呈现三代人的架构：以"创院五老"梁漱溟、冯友兰、张岱年、季羡林、任继愈为代表的老先生一代，诞生于十九世纪末至二十世纪二十年代前；以汤一介、庞朴、李泽厚、乐黛云、孙长江等为代表的中年一代，诞生于二十世纪二三十年代；以李中华、魏常海、林娅、王守常、鲁军等为代表的青年一代，诞生于二十世纪四五十年代。

这三代知识精英，如何在80年代创建中国文化书院的过程中融汇于时代，完成一次跨代际的文化结集呢？

经历了五四，经历了抗战，在新中国成立前已有了自己的学术和社会根基的老一代学人，当20世纪40年代末中国大地上摧枯拉朽的新的时代风暴席卷而来时，他们或赞同，或反对，或观望，或接受，无论怎样，表达的是他们的态度，他们自己的根还是扎在原来的土壤里。即使后来，曾经反对的成为赞成，以前观望的改为拥护，依然是对有的事心服，对有的事口服，偶尔还有心口皆不服的。80年代来了，他们从自己的根基上直起腰来，将完成一次伸展。中国文化书院与其说是他们的舞台，不如说是他们在自我伸展中愿意照应的一片绿林。

在青春的前半期目睹抗战胜利后国民党统治的腐败与无能，倾心左翼意识形态，在青春的后半期投身于火红岁月的中年一代，他们在时代飓风来临时随风而去，他们当时还没有扎根，就企图让自己的根生长在风暴里，让自己成为时代风暴的一分子。

但风暴不是土壤,他们多被风暴抛弃。80年代,他们大多已过天命之年,少数耳顺之际,对他们中的大多数人来说,真正属于自己的学问生命之根这时候才开始扎下,汤一介说:"走了30年的弯路,把最可能有创造力的时光白白度过。我想,这不是我一个人遇到的问题,而是一两代学人遇到的问题。正如冯友兰先生所说,他在20世纪50年代之前的学术历程中是有'自我'的,但在50年代后则失去了'自我',只是到80年代又找回了'自我'。因此,严格地说,我是80年代才走上学术研究的正轨。"①正是在这种学术生命的意义上,他们属于80年代,他们是80年代的人。中年一代是中国文化书院的中流砥柱,80年代的中国文化书院是他们的舞台。

对于当时的年轻一代来说,时代风暴不是外来物,它是诞生他们的母体,又是他们生命成长的摇篮,他们就是风暴之子。他们还"时刻准备着"以生命和热血掀起新的风暴。然而,就一代人的整体来说,这一代人的自我觉醒,往往比中年一代更早。对于80年代,他们有一种特殊的认同,他们理解为是他们的时代。在80年代的中国文化书院,他们不是这个舞台上最辉煌的舞者,但他们融演者和观者为一体,他们是衔接未来的建构者。

今天,老一代导师均已作古,中年一代已渐行渐远,当年的年轻一代也多入耄耋之年。生命之路每一步都是远去,历史行程中尚未解答的问题却不随时间消失。我们依然面对贯穿20世纪

---

① 汤一介:《汤一介集·第一卷·哲学家与哲学工作者》,中国人民大学出版社,2014年4月第1版,第1页。

中国学人的三大命题：传统文化创造性转化的现代性转型，通人之学到分科立学的学术范式转型，传统士人到现代知识分子的身份转型。

只要我们还没有真正实现传统文化的创造性转化和创新性发展，我们就依然难免在传统的传续或叛逆间失重；只要我们还没有拿出全球视野里令人敬畏的学术成果，我们就依然要寻思中国学术的现代范式如何确立；只要我们还没有树立现代社会公民个体的主体自觉，还不能在传授知识和开展社会批评外，承担对人的终极关怀和社会应然理想建设的使命，我们就依然要问："何谓知识分子？"

然而，一百年过去了，中华民族踏出其世界化进程中独特的现代化之路，成长中的新一代学人，又将如何面对前辈探索者的累累伤痕和他们留下的丰富遗产？在对待历史遗产的问题上，被法国大革命的火光照亮的几代社会变革者，在全球范围内都留下过遗憾，中国并不例外。历史哲学家柯林武德认为，历史"进步并不是以好的代替坏的，而是以更好的代替好的"，在这里"最困难的事，就莫过于要使在一个变动着的社会中正以自己的新方式生活着的某一代人，同情地进入前一代人的生活里面去"。[①]这种"同情地进入前一代人的生活"，在学术传承中就是共情地理解前辈的人生，从而真正懂得他们的境界和学问。

为此，我们组织编辑中国文化书院导师名作丛书，精选数十

---

① ［英］R.G.柯林武德：《历史的观念》，何兆武、张文杰译，中国社会科学出版社，1986年，第369页。

位导师有代表性、有影响力的作品，每人一册，附以导论和学术年谱，每年一辑，4年出齐。这套书由大家所著、名家导读，名为"中国文化书院导师名作丛书"，经时间洗礼，历风云变迁，以回望20世纪中国文化冲撞、反思、传承与重建的百年史，以致敬在大时代的狂飙中迎风而立的几代学人。

2024年6月　北京

导 言
从尼采到庄子
——陈鼓应《尼采新论》述略[①]

田立年

一

陈鼓应，1935年生，福建省长汀县人。1949年，陈鼓应赴台，就读于台中市第二中学，毕业后考入台湾师范大学史地学系，后入台湾大学中文系、哲学系学习，并获得学士学位。1960年，陈鼓应考入台湾大学哲学研究所，师从方东美教授，1964年获得哲学硕士学位，之后陈鼓应担任台湾大学哲学系讲师、副教授。1984年，陈鼓应离美返回中国大陆，在北京大学担任哲学系教授。1997年，陈鼓应重新回到台湾大学任教，直至退休。2010年起，陈鼓应再度受聘为北京大学哲学系人文讲席教授。

陈鼓应是享誉国际的道家思想和道家文化学者，主编有《道家文化研究》学刊，著有《陈鼓应著作集》20卷。主要著作有《悲剧哲学家尼采》《庄子浅说》《庄子今注今译》《道家的人文精

[①] 本文主要根据陈鼓应《悲剧哲学家尼采》（北京生活·读书·新知三联书店1994年第二版，包括《尼采新论》在内）成义，关于陈鼓应先生经历的介绍汇聚了不同报刊杂志的报道。

神》《庄子的人性论》《尼采新论》《道家哲学主干说》等等。除专业学术研究著作之外，陈鼓应还著有大量时事和政论性作品。

陈鼓应以道家研究知名，但其学术之路却从尼采研究起步。按照陈鼓应先生自己的说法，他的第一本著作《悲剧哲学家尼采》奠定了他的学术基础，而"从尼采到庄子"构成了他的学术思想的"主线"。

二

《尼采新论》（以下简称《新论》）是陈鼓应讨论尼采思想的第二本著作，由写于跨度二十年的几篇论文组成，初版于1987年。《尼采的挑战》为1971年11月26日陈鼓应在台湾大学论坛社讲演的讲演稿，刊于1972年2月号《大学杂志》；《尼采的价值转换》原载于陈鼓应编《存在主义》，1967年台北商务印书馆初版；《尼采哲学的价值重估》为陈鼓应1986年秋冬在北京大学讲授"尼采哲学"课程的讲稿，1987年元月修改定稿；《尼采哲学与庄子哲学的比较研究》为1985年春在中国文化书院的讲稿，1987年元月修改定稿；《尼采和陈独秀的文化观比较》为1989年在北京大学的演讲稿，1990年修改定稿，1991年刊于王晓波主编的《海峡评论》第62期。

陈鼓应认为，在他之前对尼采思想的理解中，尤其是在汉语学术界对尼采思想的理解中，一方面，对尼采思想的认识不够深入，为尼采的人格和文学力量所感动者多，为尼采思想的哲学深度所震撼者少；另一方面，希特勒的纳粹德国对尼采的滥用，以及前苏联时代教条性尼采批判学风的影响，导致了对尼采的种种误读和不准确理解，甚至将尼采视为种族主义和战争的鼓吹者，或者大资产阶级的代言人。有鉴于此，陈鼓应在《新论》中强调尼采作为思想家和哲学家的正面重大意义，试图为尼采阅读和尼采研究提供一种新的描述，一个新的尼采形象，是为"尼采新论"（A New Nietzsche）。

下面，我尝试根据陈鼓应先生的有关文本，从"传统""政治""哲学""哲学与人生"以及"学术之道"几个方面，略述《新论》的主要内容。

三

尼采以激进的反传统立场著称，他宣称"上帝死了"，要"重估一切价值"。陈鼓应在写作第一本著作《悲剧哲学家尼采》时，也更多突出了尼采的激进的"反传统主义"。但是，在相隔二十年之后出版的《新论》中，陈鼓应试图在学术上推进对这个问题的复杂性的理解，强调多元并起与多元发展的不同文化传统的存在，强调"反传统的传统"。

陈鼓应在《新论》中强调，对尼采来说，存在着两种互相对立的思想和文化传统：前苏格拉底的悲剧文化传统和苏格拉底-柏拉图之后的西方文化传统。尼采认为，正是苏格拉底的主智、辩证、科学的乐观主义，正是苏格拉底主义"对狄奥尼索斯艺术的敌视",导致了悲剧精神和悲剧文化的消失。科学取代了智慧,在尼采看来,这是希腊文化由盛而衰的关键因素。基督教文化和现代科学主义文化则与柏拉图主义一脉相承:基督教继承了柏拉图主义的二元世界划分,乃是一种"民众的柏拉图主义",而我们的世界"今天仍然生活在亚历山大文化的笼罩下"。

因此,尼采哲学宣布作为柏拉图超越世界的象征和标志的"上帝"的死亡,呼唤一个长久的传统的终结,同时期待一个时间上更古老的传统,也就是希腊悲剧文化和悲剧精神的传统在现代的转世和再生。

四

由于希特勒的纳粹德国在第二次世界大战期间对尼采思想的歪曲解读和利用,尼采在战后经常被描述为一个种族主义和纳粹主义的哲学家。但是,陈鼓应指出,与文化相比,尼采对国家和政治实际上一直持有一种较低的评价。

在《悲剧的诞生》中,尼采指出,政治本能占绝对优势的国家,必然会趋向于极端的世俗化,罗马帝国就是这种国家的最明显、最可怕的表现和实例。

普法战争的胜利导致很多德国知识分子陷入爱国狂热和国家主义,以为在军事上和政治上获胜的国家必然在文化上也是优越的,而尼采斥之为"文化庸人"。在尼采看来,事实也许正好相反,政治上的投入带来的往往是文化上的贫乏和平庸,如普法战争前后的普鲁士和法国的对比。正当德国作为一个大国崛起的时候，法国作为一个文化国家获得了重要性。对于当时社会上的反犹思想，比如他妹妹的反犹太思想，尼采也持反对态度。

"Der Wille zur Macht"，英译为"The Will to Power"，通常中译为"权力意志"。陈鼓应认为，"权力意志"是个不确的译名，容易使读者产生误解，以为它是讲究政治权谋的意志，更由此而误会尼采倡导"强权即公理"之说。陈鼓应认为，Macht 实际上是指充满活力或智力的能量和才能（vital or intellectual energies and ability），因此他力倡将其译为"冲创意志"。在陈鼓应看来，"冲创意志"指人类活动最基本的动力，而尼采试图用心理学上的最内在的冲动来说明人类的行为。创造世界的不是上帝，而是"冲创意志"。对尼采来说，这个世界全然就是冲创意志，而不是其他任何东西。

尼采哲学以"超人"学说而著称，但"超人"这一概念也经常遭到过于政治化的解读。陈鼓应认为，尼采去世后，尤其是第二次世界大战期间，他的"超人"学说竟被曲解为与他原意完全相反的所谓"德意志种族主义者"之诬称。但实际上，尼采一直反对将他的学说混淆为达尔文主义或"英雄崇拜"的思想。例如，尼采欣赏拿破仑，不是因为他在军事上的胜利或他的皇冕，而是将他作为一个"好欧洲人"的象征——这正是德国要走向国家主义道路的对立面，并且尼采也不认为拿破仑是"超人"。

在陈鼓应看来，尼采的"超人"主要不是一个政治概念，它有两层含义，一个是自我克服，另一个是忠实于大地而不是天国。

五

尼采早期的影响在很大程度上是诗性和文学的。在第二次世界大战之后,特别是由于海德格尔的开创性工作,尼采在西方思想和文化生活中取得了与柏拉图、笛卡尔、康德等大哲学家并列的地位。尼采开始被作为最重要的哲学家来讨论和研究。

陈鼓应认为,在中国的尼采接受史中也存在着类似的现象,而他在《尼采新论》力图走向更为学术和专业性的尼采理解。

陈鼓应认为,西方哲学史上,有三个具有开创性思想的人物:柏拉图、洛克、尼采,其中每人都开启了一个新的哲学方向。

柏拉图奠定形而上学的基础,在千余年的时间里主导了西方哲学的问题、趋向和特征。到了中世纪,柏拉图的两个世界之说,又恰好和基督教的"人间""天国"之说相吻合。他鄙视肉体、轻视感性、否定现实世界,这和基督教思想一拍即合。因此尼采称他为"先基督存在的基督徒"。

近代经验主义哲学家洛克推动了从形而上学和本体论向认识论和知识论的转向。洛克认为,以往的哲学家动辄高谈宇宙,对于人类认知的能力却丝毫不加怀疑。于是他强调哲学工作首先应该探究人类理解力的限度和人类知识的可能性。洛克在对人类认知能力作了一番审查工作之后,力图划定知识的范围、确定性和证据,使哲学不在认知能力的范围外徒费精力。洛克别开生面的工作替近代哲学开辟了一条广阔的新途径。

尼采则首创生命哲学。尼采认为,传统哲学家的成就主要属于形而上学和知识论系统的建立,但是他们往往忽略了人的内在生命，对于人类本身的问题缺乏体验和了解。尼采哲学的兴起，加速了西方形而上学和神学超越世界的瓦解，我们所生活的这个现实世界变成了唯一真实的世界。尼采对此简捷的说法是，"上帝死了"。

陈鼓应认为，在概念性体系哲学的重压下，尼采异军突起，首倡生命哲学，给西方哲学注入了新的血液，成为西方现代哲学的转折点，深刻影响了西方现代哲学。例如，考夫曼就说，如果没有尼采，存在主义的很多思想是不可设想的。海德格尔深受尼采影响，他指责两千年西方哲学传统都是形而上学，专注于存在者而遗忘了存在。

陈鼓应认为，尼采的影响是极其广泛的，存在主义仅仅是尼采影响的一个方面。尼采对"意识背后的意识"的关注和分析，预示了弗洛伊德的精神分析学说。若将尼采与黑格尔等德国古典哲学大哲相比，尤可见出尼采哲学之独树一帜：不是强调整体而是强调个体，不是重视确定性而是重视不确定性，不是将哲学探讨系统化而是将哲学理论和概念问题化。因此，如哈贝马斯所说，尼采开启了后现代思想：后现代思想的来临以尼采为转折点。

陈鼓应在这本书中也借鉴西方尼采研究最新成果对尼采哲学的某些重要概念进行了细致的哲学辨析。例如，在他看来，尼采的冲创意志不仅是创造生命的意志，而且这种创造是在这个经验的世界的内部发生的，并不具有形而上的超越意义。换句话说，"冲创意志"是一个广泛的经验假设，而不是位于这个可见世界背后的某种"世界进程"或某种超越力量。与此类似，尼采的另一个重要概念"永恒重现"（永恒复返）同样也是作为一个经验假设提出来的,目的是避免一个超越的神的概念或某种泛神论的观点。

六

尼采反对脱离人生的体系化、抽象化哲学。尼采的哲学是一种生命的哲学,因为尼采不仅宣讲生命,而且通过哲学思考将自己从生命的困境中"解脱"出来,"活出"这种哲学。尼采哲学因此既具有一个个人生命处境和状况的基础,但同时又超越了纯粹个人生命的层面,对其他类似生命处境和状况的个人具有示范作用和鼓励含义。

陈鼓应将这种与生命情境有机结合的哲学精神称为"尼采精神"。陈鼓应本人最早研读柏拉图和洛克哲学,但直到发现尼采,他才感觉找到了对自己的生命具有启发和安慰作用的哲学,并通过对存在主义的关注而走向对庄子的长期研究。

陈鼓应认为,无论尼采还是庄子,都是一种生命哲学,都让他"感同身受"。尼采的冲创意志和庄子在逆境和"困苦"中保持定力与超越的心境,对他"产生了深远的影响",激励着他"迎难而进,永葆生命的昂扬气概",而现实中的逆境和困难同时又给他提供了切入哲学思考的动力和视角。我们在他对尼采和庄子的学术研究中也可以看到他"因共鸣而引发一己心迹之处"。

陈鼓应认为,尼采和庄子的思想在内容上具有诸多相同之处,二者也都是他面对现实人生的精神力量来源,但他也指出了二者的分别和共同缺点：尼采更为投入世界，而庄子更为避世，同时二者都有群体意识和社会性不足的问题。陈鼓应认为，从尼采到庄子，这构成了他的学术人生的一条主线，通过这条主线，他得以将现实关怀与学术人生联系在一起。

七

陈鼓应的老师方东美曾经教导他，研究一个思想家，首先要对研究对象作同情的理解，然后才可以进行更广泛的研究，"入乎其内方能出乎其外"。陈鼓应结合自己的学习和研究经验特别强调了入乎其内和出乎其外的辩证统一关系。要想出乎其外必须先入乎其内，这个顺序不可缺少且不能颠倒。同时，入乎其内必须继之以出乎其外。否则，思想过程不可能很好地完成。从这个意义上说，出乎其外是更关键、更重要的。

陈鼓应认为，对所有学术研究和思考来说，基本的训练是必需的，相当程度的学习、吸收和掌握必不可少。但是，正如尼采主张的，学者最终必须用自己的脚走路，用自己的头脑思考。

在这方面，尼采自己就是一个很好的例子。尼采在他的青年时代，就已经有了良好的学术训练和深厚的学术基础。但当尼采开始表达自己时，他便合起书本，走出书房，运用自己的思考力。他说，久坐使他生病。他庆幸身体的偶然状况使他结束了他的书虫生涯。反观现代学者，自傲于旁征博引，如果要他走出书房，撇开所有的参考书，他将一片茫然，完全失去了为自己进行思想的能力。要是没有书本在手上,他甚至根本不能思想。所以尼采讽刺说:"学者是颓废的人。"

无论是研究尼采还是研究中国哲学,陈鼓应都体现了"入乎其内出乎其外"这一治学方法。就尼采研究来说,我们可以看到,特别是限于当时对于尼采的研究在中文文献方面的缺乏,陈鼓应首先翻译了相关的尼采著作文本,并根据英文文献编制了尼采年谱,然后更进一步,对研究对象展开更为宏观的一般性的讨论,包括将其与其他研究对象,特别是中国范围内的研究对象,如庄子和陈独秀进行比较研究,并根据自身人生的际遇、时代的发展和世界的变动不断调整自己的论题和思考心得。

就国际尼采研究来说,陈鼓应关于尼采与庄子的比较研究提供了另一种意义上的"入乎其内出乎其外"。《尼采哲学与庄子哲学的比较研究》一文刊出之后,受到国内外尼采研究学者的关注。美国夏威夷大学哲学教授格拉姆·帕克斯(Graham Parkes)编著的《尼采与亚洲思想》(*Nietzsche and Asian Thought*,1991年芝加哥大学出版社)全文收录了该文(由James Sellman英译),韩国出版的《尼采》一书也全文收录了该文(由光州全南大学吴万钟译成韩文)。

自序一
生命哲学的人生智慧
——从尼采和庄子谈起

从尼采到庄子的学思历程

有两本书是我最爱好的：一本是《庄子》，一本是尼采的《查拉图斯特拉如是说》。东西方这两种不同的哲学，在共同的议题上实现交汇，那便是对于人的生命历程、对于人生走向的共同关注。这种关注使得庄子留下了一系列富于人生哲理、对现代心灵有所启示的寓言；使得尼采一反西方传统哲学的神本主义，倡导人本思想，并深刻地影响了现代西方的存在主义思潮。我年轻的时候，很喜欢他的思想观点。

《悲剧哲学家尼采》是我在1963年出版的第一本书，两年后我又写了一本小书《庄子浅说》。在我先后完成这两本书之后，我发现，尼采的《查拉图斯特拉如是说》和《庄子》在形式与内容上有同通之处，比如他们都承接了各自文化中的神话传统，都以寓言的方式进行表达；他们都保有一种深沉的历史文化感，以及富有诗意的文学情怀；他们对于人的存在的谈论，都是在同自然的关联中展开的；又如他们都从多维视角、多重观点看待问题，尼采的酒神精神和日神精神更分别地与庄子的"任其性命之情"和"安其性命之情"相应，在激发生命的创造力之后，还要对其进行收敛和安顿。

在我的学思历程中，由尼采的思想园地走向庄子的哲学领域时，无论两者在历史文化内涵上的殊异性或相通处，都引起我很大的兴趣，直到今日它们的异中之同——例如他们都以关怀人类的命运为主题，高扬人文的精神，阐发审美的人生观等方面，依然使我赞赏不已，引领着我走向积极而达观的人生道路。

从尼采到庄子的学思历程，使我的思想视野逐渐开阔起来。尼采以生命的眼光观看艺术，庄子以艺术的心灵审视生命，都给我日后坎坷曲折的现实人生无比丰盛的精神滋养质素。

在尼采第一本著作《悲剧的诞生》中，借着解释希腊艺术精神时，赋予酒神意志的驱动力、赋予日神思维的清晰性，自后酒神式地肯定人生的精神一直贯穿在尼采所有的著作中，而讴歌生命也成为他作品中的一个主调，比如他在《愉快的智慧》中说："生命是不停地将我们的整体转化成光与火焰。"又如在《查拉图斯特拉如是说》中说："生命是欢愉的泉源。""世界如一座花园，展开在我的面前。"

尼采从生命哲学的立场反思西方传统哲学，认为从柏拉图到康德莫不具有这样的特征：一是西方传统哲学注入了过多神学的血液（《反基督》）；二是传统形而上学依据逻辑推论进行概念的铺陈，但欠缺生命的活力。正如他在《偶像的黄昏》中指出："千年来西方哲学家所从事的思想工作都变成一种概念的木乃伊。

20世纪60年代后期至70年代初期，我对老庄典籍的注译工作，使我更深入道家的领域，自1967年到1974年约7年的时间，我完成了《老子注译及评介》与《庄子今注今译》二书。

我的家乡是福建长汀的客家村，青少年时代便离开故乡，使我与原乡的距离越来越远，然而我终究在尼采的思想中寻找到我的精神家园，在庄子的天地里寻找到我心灵的故乡。

近年来，我还上溯儒道的思想源头，关注孔老相会、孔老对话的议题。孔子对于伦理教化的倡导奠定了中国文化的根基，老子对于宇宙本源和本根的探讨奠定了中国哲学的主干。作为道家学派的创始人，中国哲学的开创者，老子的辩证思维，他在为学与为道（知识与智慧）、个体与群体关系上的一系列思考，不仅深深地影响了庄子，更深深地影响了中国人的观念和思维，成为中国人的人生智慧。

尼采在哲学史上的贡献

我的人生有两个面向，一是学术人生，一是现实人生。

二十世纪五六十年代，我在台湾大学哲学系学习，学习的课程从柏拉图到黑格尔。我发现，每个哲学家建构的庞大体系，最后都要抬出一个虚构的上帝，作为其理论的最后保证。在这种无所不包的思维笼罩下，让人深觉失去了真实的自我。直到接触了尼采，他的酒神精神和冲创意志给我重要的人生启迪和巨大鼓舞。后来我教书、研究学问，又从东方哲学尤其是中国的老庄哲学汲取了丰富的养分。从尼采哲学到老庄思想的学术研究，是我学术人生的历程。但同时,他们对我的现实人生,有更深刻的影响。

《悲剧的诞生》:日神精神与酒神精神

尼采认为,艺术的不断发展是由阿波罗(日神)和狄奥尼索斯(酒神)两体的结合。阿波罗和狄奥尼索斯这两个希腊艺术之神,在希腊世界中为一尖锐对立的存在,在起源和目的上,阿波罗的造型(雕刻)艺术和狄奥尼索斯的非视觉音乐艺术之间,成为一个强烈的对照。这两种创造趋势并驾齐驱,又不断地互相激荡,从而引发更强大的创造,这两种精神在神奇的对峙下,仅在"艺术"共同的名词中取得表面的协调,一直到最后,才由希腊人意志活动奇妙地加以点化,而形成希腊悲剧的艺术创作。从荷马的艺术世界开始,他的奥林匹斯诸神的人物,便显示着"旺盛而意气昂扬的生命,将一切善与恶的,都点化而为美好的"。

冲创意志

第一,"冲创意志"根源于狄奥尼索斯因素。尼采认为,世界是创造的,创造世界的不是上帝,而是"冲创意志",尼采称它为"Der Wille zur Macht",英译为"The Will to Power"。"The Will to Power"以往中译为"权力意志",这是个错误的译名,容易使读者产生误解。

尼采对"力"(Power)的概念,有两重看法:在《反时代的考察》第四篇《华格纳在拜鲁特》中,曾批评青年的华格纳不满足地追求权力与荣耀，但他能将权力转化为艺术创作。在《人性的，太人性的》中，批评华格纳被世俗的成功与权力所腐化。为了保护和增加它们，就向政府、教会以及公众舆论妥协。从华格纳身上，尼采似乎看到"力"的两面，一种是世俗权力的意念，另一种则转化为艺术的创作力。《曙光》之后这概念转向了心理现象的分析。

在《愉快的智慧》中，尼采第一次提到"冲创意志"这个概念，认为它是"生命的意志"。在他写《查拉图斯特拉如是说》的时候，才系统地总结为一种理论，视它为普遍内在于一切存在的动力。

因此，尼采使用"冲创意志"这个名词的原意，是他发现宇宙间每个存在都具有一种特别的意志力，推动着本身与自我发展。在我们人类中，每个人都有巨大的潜力，用他的话来说，有一种"创造意志"，它是"向着更高、更远、更复杂目标发展的动力"。

第二，"冲创意志"是"创造生命的意志"。在《查拉图斯特拉如是说》的《一千零一个目的》《自我超越》和《救赎》这几章里，也都曾提到冲创意志。在《一千零一个目的》中，尼采提出道德的"相对论"，这都由冲创意志所产生。这里，尼采又提到人是价值估定者，凡是发挥毅力、克服困难的，就是"善"。在《自我超越》中，尼采再度肯定推动着人们往前进的就是冲创意志，即使在价值估定时也是如此："现在这条河载着你们的船前进：这河必须载着它。虽然波浪沸涌，怒涛阻舟，那有什么要紧呢！大智者啊！你们的危险和你们的善恶的判断，不是这条河，而是那意志的本身；冲创意志——这生生不竭的创造生命意志。"

尼采是一个浪漫主义者，也是一个热爱生命、自由奔放的人。他曾说："我的热爱奔腾如洪流——流向日起和日落处；从宁静的群山和痛苦的风暴中，我的灵魂倾注于溪谷……我心中有个湖，一个隐秘而自足的湖；但我的爱之急流倾泻而下——注入大海！"（第二卷《纯洁的知识》）"你得用热情的声音歌唱，直到一切大海都平静下来，倾听你的热望！"（第三卷《大热望》）

尼采和庄子的同通之处

借神话表达人间的情怀

尼采在《悲剧的诞生》中，借日神阿波罗和酒神狄奥尼索斯二者的结合来反映世界、观照世界，传达人类的情怀。

在中国，有两大神话系统——蓬莱神话和昆仑神话。庄子把这两大系统都汲取到他的思想里，把神话哲理化。比如，《秋水》篇中写道："秋水时至，百川灌河，泾流之大，两涘渚崖之间，不辨牛马。于是焉，河伯欣然自喜，以天下之美为尽在己。"说的是秋天下雨，黄河水高涨，从两岸及沙洲之间望去，连牛马都分辨不出来，形容河面浩荡宽阔。于是，河伯就认为天下的美、天下的壮观都是自己第一，无人可及。然而，当河伯"顺流而东行，至于北海，东面而视，不见水端"，他改变了自己欣然自喜的面容，转而"望洋兴叹"：如果不是见到大海，我就"见笑于大方之家"了。这时，北海若就对他讲述了"井底之蛙"的故事。庄子借河伯与北海若两个水神的对话，表达了人要有一个开阔的视野和开放的心态，才能全面看待这个世界。

借寓言表达宇宙人生的哲理

庄子和尼采都运用极富想象力的寓言来表达自己的思想和感情，二人又都喜欢用动植物来表达自己的哲理。美国著名学者格雷厄姆·帕克斯（Graham Parkes）教授指出尼采使用动植物在历代哲学家中最多，用了70多种动物。我有一位学生统计出庄子使用的动物多达148种。庄子笔下的鲲鹏雀鷃、龟蛇蚌鳖、大椿雁鹅、海鸟蜗牛、鱼猴蜩羊、栎树马蹄、朝菌蟪蛄，一草一木，一鱼一鸟，无不栩栩如生。庄子运用这般奇思妙想以打破儒者常规的思想观念。司空图《二十四诗品·豪放》形容鲲鹏展翅一飞冲天的这种壮阔的艺术精神时说："天风浪浪，海山苍苍。真力弥漫，万象在旁。"鲲鹏展翅和任公子钓大鱼均描写出主体心灵的高扬，体现出开阔壮丽的宇宙视野。鲲鹏展翅是精神的高扬而达到一种天人之境，任公子钓大鱼则是俯瞰人生的一种超迈高远之志。

从多维视角、多重观点关照问题

在庄子的《齐物论》中，开篇便以对比反差的手法交相描述开放心灵与封闭心境的两种认知形态的不同。该篇首章借地籁"众窍为虚"而发出万窍怒号，洋溢出天地人三籁的美妙音响，铺陈出之后的"莫若以明"。接着写人世间党派的对立冲突以及各种意识形态的纷争纠结，接着铺陈出"随其成心而师之"，展现出人间各"是其所非而非其所是"的景象。在开放心灵的观照下,《齐物论》提出"道枢"与"两行"的认知方法:"两行"意指两端皆可行,即彼、此双方皆能有所观照;"道枢"的关键是在对立差异中寻求共同的焦点。《齐物论》的主旨如果用一个命题来表述,即是"相尊相蕴",而《齐物论》中在论述群己关系时说:"物固有所然,物固有所可。无物不然,无物不可。故为是举莛与楹,厉与西施,恢恑憰怪,道通为一。"

这段话正是呈现了齐物精神的主题思想:这是说一切物都有它是的地方,一切物都有它所可之处。"然"是指事实的存在性;"可"是指价值的取向性;"物固有所然,物固有所可"即是肯定人、物存在有它的合理性;价值取向有它的可行性。接着,《齐物论》说,举凡小草和大木,丑女和西施,以及种种奇异独特的现象,从道的观点来看,都可相互汇通为一个丰富内涵的整体("道通为一")。庄子以包容万物来齐物之所不齐。这齐物精神便是一方面肯定个物的殊异性;另一方面又从更高远更宽广的道的视角,打通万有存在的隔阂;又从同一性与共通性的面向,使殊异性的万物相互交汇,而统一成为一个众美汇聚的整体。

庄子在《秋水》篇中再度列举万物特质的多样性,如梁柱可以用来撞开城门,却无法用来堵塞洞穴;千里马日驰千里,若论捕鼠则不如黄鼠狼;猫头鹰夜晚能视毫末,白天却一无所见,进而论证万物特质的多样性、生命样态的丰富性乃"天地之理,万物之情"。而这也正是《齐物论》"恢恑憰怪,道通为一"的意义所在。

《齐物论》和《秋水》着重于从认知的角度,力求破除自我中心的局限，而以开放的心灵尊重观点的多元性，同时欣赏万物的多样性。个人以自我为中心，从成心出发，就会出现意见、观点和主张的冲突。但如果拥有开放的心灵，认识到各种观点的相对性，不以自己的观点为绝对的真理而能够尊重他人观点的价值和合理性，就可以从主体的自我为中心臻至于互为主体——主体之相互含摄。

庄子的齐物精神正是在彼此尊重差异的宽容中，个体生命的独特性得以在群体生活中展现其各自的功能，"为是不用而寓诸庸"；同时也正是在高扬个体生命的独特性中，让群体生活中的多元开放性有了实现的基础。这相互关联的群己关系，正是庄子安情说的重要关注之处。

在《秋水》篇末，庄子与惠子濠上观鱼论辩的场景，如此记载：

> 庄子与惠子游于濠梁之上。庄子曰："鲦鱼出游从容，是鱼之乐也。"惠子曰："子非鱼，安知鱼之乐？"庄子曰："子非我，安知我不知鱼之乐？"惠子曰："我非子，固不知子矣；子固非鱼也，子之不知鱼之乐，全矣。"庄子曰："请循其本。子曰'汝安知鱼乐'云者，既已知吾知之而问我，我知之濠上也。"

庄周濠上观鱼之乐的故事，正是他审美化的宇宙观与人生观的流露。老庄的自然哲学给人们打开了一个巨大的时空意识。庄子哲学持一种有机的自然观，认为人与人以及人与物之间并非各自独立隔绝的,而有着许多共同之点与相互感通之处。人接触外界景物,景物的形态引发人的情思。人们常因景物的触发而产生独特的感受,并将自己的感受及情趣转移到景物之上,即所谓"触景生情"。濠上观鱼之乐,揭示了情景交会时审美主体在美感经验中透过移情作用,将外物人性化,将宇宙人情化,以安善人的"性命之情"。

首先,庄子与惠子"游于濠梁之上"传达了审美主体与审美客体之情景交会。这个故事的开端打开了这样一个特殊的场景,庄子与其挚友惠子游于山水之美的濠梁之上。在这里,"游"是主体的审美活动,"濠梁"是审美的客体,主体"游"于客体,便产生了情景交会。

濠梁之上的情景交融,引发了人的想象力与情思,庄周置身于如此清悠的林路溪水之间,物我交接,自然景物让人倍感亲和,审美主体与审美客体产生了精神上的交流与契合,故而庄子有感而发地说鱼是快乐的。这就是魏晋人所说的"濠濮间想"。

其次,"鯈鱼出游从容,是鱼乐也"的认知,因"两类相召"而产生移情作用。庄子由小白鱼"出游从容"的姿态而欣然地说"是鱼乐也",这使我们想起《田子方》篇所谓"两类相召"——物与物相互招引。人与物之间、物与物之间是"一气相同通"的,主体之情与山水之景的交流不是单边的,而是相互作用的。这就是古人所谓的"情以物迁"(《文心雕龙·色物》)。在情景交融中,主体的"情"起着相当重要的作用。

再次,"子非鱼焉知鱼之乐",传递了理性分析与感性同通的区别。同样是遨游于自由自适的环境中,庄子感受到"鱼之乐",

惠子却提出"子非鱼,安知鱼之乐"的问题,惠子对庄子的质疑彰显了理和情的对显。庄子具有艺术家的心境,对于外界的认识,常带着观赏的态度,他往往在感受到外物情态的同时,将主体的情意投射到外物上,产生移情同感或融合交感的作用。惠子则带有逻辑家的性格,强调概念的清晰性与判断的有效性。庄子和惠子的辩论,一个是在观赏事物的美、悦、情,一个是在进行理性的认知活动,各人站在不同的立场与境界上,故而一个有所断言,一个有所怀疑。尽管如此,惠庄依然有其共通处,二人都有万物一体的宇宙观,都认同天地万物一体的观点。更重要的是,虽然惠庄二人思维有着感性同通和理性分析之别,然而纵观《庄子》全书,庄子并没有将二者割裂,而是肯定了理和情的联系。

最后,"请循其本",传达情性一如而物类相通。"请循其本",庄子的意思是指天地万物都源于道、本于气,"本"也就意味着道气相通、情性一如。

而尼采在《查拉图斯特拉如是说·一千零一个目标》中,提出了这样一些主要论点:第一,世界各地区产生了多样性的道德形态,各民族各有其价值判断;第二,不同的价值取向与道德观念是创造意志的呼声;第三,列举了四个族群的价值取向,各自的道德标准、内涵各有不同;第四,每一个民族所形成的不同价值判断都基于四个重要因素:困苦、土地、天空及民族关系。我们应该对于一个民族的困苦、土地、天空及民族关系有所认识,这样才能了解他们自我超越的法则是什么;第五,道德准则是人为设定的,并非所谓天启的——"不是从天上降下来的声音";第六,人类有千百民族,有千百种道德准则。然而,不同的善恶判断之间就会形成相互对抗，乃至裂痕、隔离。因此，需要有一个新的视野，作为大家合力追求的共同目标。

《一千零一个目标》所提出的价值判断的多样性，使人类能够从一个新的视野来追求更高的目标，延续多样的道德形态，求同存异。尼采这一主张与庄子的齐物精神正相会通。

2006 年 3 月写于台北市舟山路台湾大学宿舍寓所

自序二
研究尼采的心路历程

（1987年北京三联书店版序）

一

鲁迅曾称尼采、歌德、马克思为伟大人物（《致〈近代美术思潮论〉的读者诸君》）。尼采的作品在中国文坛曾有不小的影响，他的思想对中国现代知识分子是颇多启发的。

尼采死于1900年，梁启超在1902年就曾经提到过他。梁启超在《新民丛报》一篇文章里说："今之德国有最占势力之两大思想，一曰麦喀士之社会主义，一曰尼至埃之个人主义。麦喀士谓今日社会之弊在多数之弱者为少数之强者所压伏，尼至埃谓今日社会之弊在少数之优者为多数之劣者所牵制。"（《新民丛报》十八期《进化论革命者颉德之学说》）这是我国知识界第一次提及马克思（麦喀士），也是第一次提到尼采（尼至埃）。

1904年，王国维发表《叔本华与尼采》，说尼采"肆其叛逆而惮者"；推崇他"以强烈之意见而辅以极伟大之智力，其高瞻远瞩于精神界"；认为他的工作在于"破坏旧文化而创造新文化"。

1907年，被称为中国尼采的鲁迅撰写《文化偏至论》介绍尼采对陈旧文化的挑战（"向旧有之文明，而加之掊击扫荡焉"），对近代文明的抨击（"见近世文明之伪与偏"）及其对未来生活之展望（"然其为将来新思想之朕兆，亦新生活之先驱"）。他赞赏尼采"张大个人之人格"，"尊个性而张精神"。鉴于当时中国"内密既发，四邻竞集而迫拶，情状自不能无所变迁。夫安弱守雌，笃于旧习，固无以争存于天下"，在这种积弱不振的处境下，尼采的自强哲学引起鲁迅很大的共鸣，而与其"改造国民性"的宏愿正相吻合。

1915年，陈独秀在《新青年》创刊号发表《敬告青年》一文，指出尼采将道德分成两类：主人道德是"有独立心而勇敢者"，奴隶道德是"谦逊而服从者"。据此而抨击儒家的"忠孝节义，奴隶之道德也"。尼采批评基督教道德为奴隶道德，这和陈独秀所领导的新文化运动之反封建孔教正相一致。

"五四"文化运动阐扬思想解放、反封建礼教，以及30年代作家提倡个性解放的浪漫主义风格，不无受尼采思想影响之处。其后，抗日战争爆发，这期间（1937—1945）整个中国陷入空前大浩劫的境地，解救民族的灾难，必须凝聚众智众力，共策共进，而尼采式的个人主义的观念与作风，遂为时潮所搁置。

五六十年代以后，我国大陆的知识界，由于受到苏联学风的影响，对尼采哲学经常出现与他原义相反的曲解。而这期间，尼采作品对西方文明之危机的反思，在文学与哲学领域里产生了巨大的共鸣。研究西方现代哲学或当代哲学，不可能略去尼采，诚如普林斯顿大学考夫曼教授所说的："在存在主义的演进过程中，尼采占着中心的席位：如果没有尼采，那么雅斯培、海德格和萨特是不可思议的。并且，加缪《薛西弗斯的神话》的结论，听来也像是尼采遥远的回音。加缪也曾经详细地写过尼采。在萨特的主要哲学著作《存在与虚无》中，尼采是第一个被提到的名字。雅斯培撰写过两大册有关他的书籍，且在其他的几本著作中，也详细讨论过；而海德格在他后期的作品中，比雅斯培更为重视尼采。"而存在主义只是尼采所产生的多面影响之一。在他死后的一世代中，"他的影响力及于德、法的整个文学界和思想界"（《存在主义》，陈鼓应、孟祥森、刘崎中译，商务版第一章）。从学术的立场，实有必要对尼采的思想进行探讨，而他对西方传统文化及近代文明的反省，对我们知识界也颇多可借鉴之处。

二

《悲剧哲学家尼采》出版于1962年，是我出版的第一本书。《尼采新论》则是由几篇论文组成，其中《尼采的挑战》和《尼采的价值转换》两文，在二十世纪六七十年代间先后草就于台湾大学教学期间；《尼采哲学的价值重估》《尼采哲学与庄子哲学的比较研究》和《尼采和陈独秀的文化观比较》三文，则在1985年初至1989年完成于北京大学讲课期间；《尼采年谱》，于1986年秋冬间撰成，主要材料为依据海曼（Ronald Hayman）的新作《尼采评传》。

《悲剧哲学家尼采》和《尼采新论》中的后三篇论文，在空间上，前后写作于台北与北京；在时间上，相隔竟有二十多年之久。这期间，大局的变动，反映在个人的心路历程上亦颇有一些转折。

在写作《悲剧哲学家尼采》小书时，个人在文化背景上，怀着单纯的"反传统主义"的心思，行文间不无借尼采来抒发一己感怀之处，在表达形式上，亦常充满激情的感性色彩。而二十多年后所写的几篇论文，则个人在学术进程上，侧重于探寻"反传统主义的传统"以及古典文化中多元并起与多元发展的问题，因而写作论文时，在表达方式上，较之前作，加强了它的学术论点。虽然两本书在内容上有许多重复之处，这不仅是由于不同的写作时间，主要是由于我对其中某些观点的重视与偏爱，所以这些重复的地方就仍让它维持原样。

我接触尼采的作品是1960年在台湾大学做研究生的时候。大学时代，我为柏拉图的辩才所吸引，而惶惑于他的玄学的迷雾中，稍后，研读经验论学派著作，开始对形上学的论题感到不满。我的学士论文写的是《洛克的知识论》，但对西方哲学所讨论的内容，在心态上依然格格不入，直到进入研究所读到尼采的《查拉图斯特拉如是说》，才得知西方哲学另有新天地。最初，尼采的作品在我的感性生活上引起巨大的共鸣，那时我的心情经常沉入"少年维特之烦恼"中，在尼采作品中所感染到的浓郁的生命感，使我从叔本华的悲观主义气氛里超拔出来，其入世的热切态度，其遭遇阻难时的百折不挠精神，更是长期鼓舞着我。并且，尼采作品在我的智性生活上也有着很大的启发：由于研究尼采，使我对西方哲学之"注入过多神学的血液"，有较深的认识；由于研究尼采，使我研读基督教的《圣经》而发表《耶稣新画像》；由于研究尼采，使我对存在主义发生兴趣，并由存在主义进入庄子的世界。在尼采与庄子思想的同异之间，使我对各自的传统文化有较多面的了解；由于他们，加深我对基督教"奴隶道德"与儒家"家禽道德"的认识；由于他们，使我对于生命中的悲剧情调及其艺术精神有较高的评价。

我从中学开始，在台湾就经历着20世纪50年代的"白色恐怖"：残余的权势集团在岛内展开地毯式的捕杀活动；在政风上，由一元化的布局中推展其一家一姓的造神运动；在文化上，独尊儒术——孔儒的忠君观念及其上下隶属关系的"奴性道德"，为官方刻意宣扬着，袁世凯的祭孔仪式在台北孔庙里重演着。另方面，30年代以来的文学作品几乎全在严禁之列，"五四"以来的新文化传统被拦腰切断，保守主义的空气达到令人窒息的地步。因而，尼采宣称"上帝之死"及其"一切价值转换"的呼声，深深地激荡着我的思绪。

1972年夏天，我短期访美，正值岛内外保卫钓鱼台运动方兴未艾。留美的知识青年，目睹长期以来祖国同胞发挥众智众力而排除百年大患的帝国主义的干扰，这一事实在海外华人中产生了巨大的政治与文化的认同运动。在民族主义和社会主义思潮的冲击下，使我的思想起了不小的变化：我由一个美国生活方式的憧憬者而转向一个反帝的民族主义者；我由一个个体主义者而开始关注社群生活及国家民族的前途与方向。这年秋冬，台大校园举办了一连串的座谈会，我在会上的言论为国民党当局所猜忌，终于在"民族主义座谈会"中，我的发言引起了一场冲突性的争论，接着带来岛内知识青年间第一次公开性的统独之争，并导致1973年"台大师生被捕案"，亦成为《大学杂志》遭致整肃以及"台大哲学系事件"之导火线（详情见纽约州立大学黄默教授著：《1971—1973年台湾知识分子政治改革运动》，密歇根大学中国研究中心1976年英文版）。

1973—1979年间，在社会意识与民族主义思潮的影响下，我用不同的笔名发表过数十篇文章。这时期我虽然颇受尼采"投入"精神的鼓舞，但已认识到尼采思想中自我意识之力孤、社群关心之薄弱、反帝概念之欠缺及其反女性主义之偏见。不过尼采的人本主义思想、对基督教价值观与近代商业文化庸俗化的批判，迄今仍为我所激赏。

三

1984年秋，我回到阔别35年的祖国大陆，初次在北京大学讲尼采与老庄哲学，并承北大哲学系汤一介教授之邀，在中国文化书院讲这东西两家的比较哲学。1986年秋，以《尼采哲学与庄子哲学的比较研究》为题，在北大开课。在一个安定的学术环境下，教学之间，获得不少的启发。适逢国内掀起一片"文化热"，知识界热烈地检讨传统文化对现代生活的作用，学界认真地研究西方学说，并开始广泛地介绍西方各种思潮，全国各地的学术讲座与研讨会，如雨后春笋，学术空气之活跃，为三十多年来所未有过的好光景。在这种空气的激励下，我也经常参与讨论，从尼采研究的心得里，对于传统文化价值的反省，有这样的一些概略的看法。

尼采是个举世著名的反传统主义者，但他对传统文化却非简单地否定，他强烈抨击基督教的文化传统，但极力推崇古希腊的文化传统。从前者看我国的儒家礼制文化，从后者看我们的先秦古典文化，有颇多相似之处。拿基督教文化和儒家的礼制文化相比较，一方面明显地可以看出孔孟的人本主义之"理性实践"远胜于基督教神本主义之怪诞信仰。但在另方面，儒教千年来所传播的"家禽道德"之驯化人心、泛道德主义之禁锢人性，及其宗法道统所形成的家长制、血缘关系网、威权意识、对异己言论的排斥、非黑即白的两极化思维方式，如此牢固地盘根在我们民族文化的深层。

然而，中国的传统是多元而非单元系统的。正如哈佛大学史华兹教授在《关于中国思想史的若干初步考察》一文中所说的："中国传统并非一个清一色的单元。"比如，在文学领域里，从《诗经》以来的现实主义传统和《庄子》《楚辞》以来的浪漫主义传统，以及两者交汇而形成的浪漫的现实主义传统，在中国文学史上占了主流的地位。在文学领域里，儒家原本只是诸子中的一派，先秦各家中，墨家的社会意识与兼爱胸怀，道家的心态与艺术心灵，法家的法制观念与悲剧精神，互发光辉于古代思想史上。而先秦百家争鸣所创造的人文主义、人道主义、淑世主义及民本思想，不仅成为我国优良的文化传统，也丰富了世界文化史的内涵。

传统与保守是有所区别的。正如台湾大学哲学系殷海光教授所说的:"现代人讲传统,不知传统为何,根本是传统的弃儿。传统并不等于保守。传统乃是代代相传文明的结晶,知识的累积,行为的规范。传统是人类公共的财产,为每个文化分子事实上所共有的。"在欧洲各处,我们可以看到他们相当成功地将传统文化融入现代生活中而成为不可分割的一部分。反之,在我国,文化上的保守势力一直根深蒂固地成为历代改革的最大阻力。

在尼采的一篇论文《历史对人生的利弊》中,论及历史意识的过量与薄弱之得失,也颇可供我们当前知识界作参考。尼采认为,如果一个人历史意识过量时,会不自觉地沉湎于过去的经验,而有碍于现实的开拓与未来的开展;如果一个人历史意识欠缺时,"他的视线就像阿尔卑斯山谷的居民那样狭窄","我们看看动物,它是完全无历史感的,只停驻在一个点状的视界内"。因而,尼采认为:"人之所以成为人:他能思考、反省、比较、分析、综合着去限制那无历史的因素,这种能力,把过去运用到人生,并将已经发生的事再形成历史。"他说:"有历史感的人,考察过去为着使他们投向未来,在生活中激励他们的勇气,点燃他们的希望,幸福正依在他们前进的高山的背面。有历史感的人,相信存在的意义在人生过程中显现出来,他们正因此而回顾以往,为的在过程中学习,去了解现在,并且学习着更热烈地渴望将来。"这观点,颇有助于端正我们文化界保守主义者与西化论者的偏失。

四

鲁迅早期颇受尼采的影响，但"他并不是真正对尼采世界观的整个哲学系统有深入研究"，史华兹教授说得对："鲁迅从尼采获得的并不是他的思想的全部，而只是一些受人欢迎的感动力。"自鲁迅论及尼采以来，迄今八十年间，我国文坛对尼采的接触，多从他作品中感受其思想的"感动力"，较少从他整个哲学系统作研究，或进而了解他宣告"上帝之死"及其对传统文化进行全面"价值重估"在西方哲学史与文化史上的深刻意义。自欧战德国当局"厚颜无耻地利用他"（语见考夫曼：《存在主义》），尼采的"超人"哲学受到很大的误解。一般研究西方哲学史的学者亦多未能认识到尼采所谓"超人是大地的意义"，乃基于批判西方传统二元论世界观及基督教敌视生命的厌世观，而提出肯定人间世（"大地"）为唯一实在世界的主张。简言之，尼采的超人学说，乃是针对基督教的颓萎遁世观而提出一个积极开拓生命的人生观。

我国在 40 年代间，有梵澄、高寒（楚图南）、雷白韦（雷崧生）等译介尼采作品，并有李石岑等学者介绍尼采思想，感谢前辈们所提供的研究基础。前些年老友刘崎翻译尼采作品数种，近来青年学者周国平正撰写有关博士论文。希望不久的将来，学界里能有系统地将尼采重要著作译出，并在学术上进行客观的探讨。

两书仅为对尼采学说作初步的介绍，其中不无因共鸣而引发一己心迹之处。

《尼采新论》最后部分的撰写期间，承挚友陈津渡博士、游辉立博士、谢善元教授及岑贤安、王建新、邢爱斌、隋宏、周子平等朋友协助完稿，特此致谢。

1987年春于加州大学伯克利校区图书馆

目　录

尼采的挑战
一、"我是炸药" 　　　　　　　　　　001
二、"狮子精神" 　　　　　　　　　　005
三、增强生命感 　　　　　　　　　　019

尼采的价值转换
一、哲学史上看尼采 　　　　　　　　026
二、基督教的颓败史 　　　　　　　　032
三、上帝的死亡和价值的转换 　　　　038
四、道德重估 　　　　　　　　　　　041
五、冲创意志 　　　　　　　　　　　044

尼采哲学的价值重估
一、尼采哲学对西方思想界的影响 　　048
二、希腊文化传统的再造 　　　　　　058
三、近代德意志文化的批判 　　　　　067

四、基督教文化之价值转换　　083
　　五、超人学说　　095
　　六、冲创意志的概念　　102
　　七、永恒重现　　109
　　结语　　117

尼采哲学与庄子哲学的比较研究

　　一、东西两位哲学家所处的时代背景　　124
　　二、浪漫主义的风格　　130
　　三、人物形象的塑造：
　　　　庄子的"至人"和尼采的"超人"　　138
　　四、尼采笔下的查拉图斯特拉
　　　　和庄子《内篇》所构绘的人物形态及性格之比较　　142
　　五、尼采的投入和庄子的退隐　　153
　　六、尼采的悲剧意识与庄子的忧患意识　　156
　　七、庄子的"心灵开放"与尼采的"精神自由"　　161
　　八、庄子的"价值转换"和尼采的"价值重估"　　165
　　结语　　172

尼采和陈独秀的文化观比较

　　一、踽踽独行的尼采与结群而起的陈独秀　　183
　　二、尼采和陈独秀的内心矛盾冲突及其悲剧性　　185
　　三、尼采的浪漫主义与古典主义，

陈独秀的文学革命论　　191
　四、尼采的反基督教道德观，陈独秀的反儒家伦理观　194
　结语　　197

附录　尼采年谱（陈鼓应）　200
陈鼓应学术年表（张荣臻）　274

尼采的挑战

在哲学史上,尼采是一位十分富有挑战性与激励性的哲学家。在哲学上,他严厉批评从柏拉图经中世纪以来一千多年的世界观;在宗教上,他宣称"上帝已死",将矛头掷向整个基督教;在道德上,他抨击传统道德是沉睡状态的"鸦片式道德""奴隶式的颓废道德";在现实社会上,他指责人众迷失自我的混同性与奴隶性,并指称社会活动的要角是"市场上的苍蝇"。从天国的上帝到人间的混世魔王,在他笔下,一举扫荡。

尼采哲学之所以震撼人心,乃是由于他所表现的一股独特的精神,我们无妨称为"尼采精神"——如老鹰般的高迈,雄狮般的勇猛。这种精神正是中国儒教文化所缺乏的,也正是我们时下所急需激发的。

一、"我是炸药"

大家都知道尼采是一个突出的性格哲学家。任何人只要接触他的作品，立刻就可感受到他的人格光辉：他那高迈的神采与奋发的精神。

（一）"我是炸药"

从尼采的自传里，可以读到这些醒目的语句：

> 我不是一个普通人，我是炸药。①
>
> 我终生的工作是替人类准备一个自觉的重要时机。②
>
> 我工作的伟大性和我同时代人的渺小性，这之间判然有别。③
>
> 在这秋天的七十个日子里，凡是看到我的人，都会感觉到我没有一点紧张的气氛，相反的，充满了愉快和丰富的生命力。我怀着对后世的责任感，努力不懈。我完成了如此之多的伟大工作——在我以前没有人做过，在我以后也不会有人做。④
>
> 在这美好的日子里，不仅葡萄渐渐变黄，而一切都已成熟。一线阳光射进我的生命：我向后回顾，再向前瞻望，我从未在刹那间看到这样多美好的东西。今天我埋葬了我的四十四个岁月，并非没有意义；我有权利来埋葬它——凡有

---

① 法迪曼（Clifton P. Fadiman）英译尼采《看，这个人》,《为什么我是宿命论者》, 1。
② 《看，这个人》,《为什么我要写如此优秀的书》。
③ 《看，这个人》前言。
④ 《看，这个人》,《为什么我如此聪明》, 10。

生命的事都保留下来，永垂不朽。①

尼采以唤醒人类的自觉作为他毕生最重要的工作，他怀着一种"对后世的责任感"，毫无间断地去完成他的工作，因此在他44岁时，自我肯定地说："我有权利来埋葬它。"这对我们是很有激励性的一句话。我们之中，有的活了二十几岁，有的活了三十几岁，我们无妨扪心自问，在过去的年月里，我有没有虚掷生命？我有没有蹉跎时光？我能不能自豪地说："我有权利来埋葬它"？我们放眼看看，芸芸众生，多少人的一生，如黄粱一梦，两手空空，当他闭上眼睛的时候，就与草木同朽，无声无息地，不曾为世间留下一点痕迹。这样的人，自然没有权利来埋葬自己的岁月。

在这里，我们很容易会想起李卓吾的一句话："丈夫生于天地间，太上出世为真佛，其次不失为功名之士。若令当世无功，万世无名，养此狗命，在世何益？不如死矣！"我们虽不同意大丈夫一定要"为真佛"，"为功名之士"，但这番志气，这种昂然的气概，实在令人激赏。做人理当如此，既然投身此世，就要活得轰轰烈烈。尼采宣称："我是炸药"，"在我以前，没有人做过这样多的工作"，这种豪气，这种冲劲，正是我们现在青年人所需要的。

我们的社会，讲究谦虚，讲得太多了，人与人见面，常常说上一大堆缺乏真诚感的客套话，使人有时不免感到谦逊是虚伪

---

① 《看，这个人》前言。

的卑恭。我们的学校教育，从幼稚园开始就耳提面命地叫人要乖巧，要谦虚。长久的抑制，自傲感被挫下去，影响到自信心的丧失；朝气干劲也被这类阴性的道德无形地消解了，而且整天啃着"标准本"，久而久之就好像笼子里的松鼠一样，别说没有气魄，没有气概，没有气象，甚至连气息都没有。当然，偶尔也有出格人士出现，只是不多见。

我们从尼采身上，可以看到他的自负是信心的表现。他热诚真挚，并且富有强烈的责任感，使人忘了他的狂。他不仅表现狮子的精神，还具有骆驼的精神。

（二）"用血写作"

尼采尝说，他的著作是"用血写的"[①]，并说"用铁锤作哲学思考"[②]，可见他对思考态度的严肃性。尼采的思想，高迈而落实，如高山上的树，越往高处伸展，越须往下扎根。他说：

> 愈想向深处光处升展，它的根越要向地下，黑暗处伸入。[③]
> 拥有最长梯子的心灵，能往下走得最深。[④]
> 高山在哪里？我有次问。高山起于海底。[⑤]

[①] 康芒（Thomas Common）英译《查拉图斯特拉如是说》卷一，《阅读与写作》。
[②] 《看，这个人》前言。
[③] 《查拉图斯特拉如是说》卷一，《山上之树》。
[④] 《查拉图斯特拉如是说》卷三，《新旧匾额》，19。
[⑤] 《查拉图斯特拉如是说》卷三，《流浪者》。

这是尼采思想的坚实处。

要成大器，除了天分之外，还须有实学。大家都知道尼采才华纵横，却很少人留意到他的用功。他对古典文化下了很深的功夫，从普夫达中学开始就打下了良好的基础，一直到24岁得学位担任古典语言学教授，他已经拥有深厚的古典文化的根基，而后从传统中再生，从传统中创新。他说："要成为真正的思想家，必须先接受严格的古典研究训练。"这是很确切的话。

尼采的奋发精神，由他的自述上可以看出：他36岁那年，生命力降到最低点，严重的眼疾和胃病折磨着他，"一连七十二小时的头痛和剧烈的晕眩使我痛苦异常，但我仍保持着理智的清醒，思索着许多问题"①。病痛中仍在不断地思索问题，可以看出他的艰苦毅力。他曾借查拉图斯特拉之口说："我不努力于幸福，我只努力于工作。"② 这正是他一生的写照。

坚忍奋发是尼采所耀射的另一面人格光辉。

二、"狮子精神"

在《查拉图斯特拉如是说》中，有一章"精神三变"，描述精神发展的三个阶段：最初是骆驼精神，而后是狮子精神，最后由狮子变成婴孩。骆驼具有坚忍负重的精神，狮子精神意味着批

---

① 《看，这个人》，《为什么我如此聪明》，1。
② 《查拉图斯特拉如是说》卷三，《新旧匾额》，20。

判传统而获得创造的自由,婴孩喻示着新价值创造的开始。"精神三变"是尼采思想发展的过程,它象征着对传统价值的承担与认识,而后提出批判,扫除废墟,成长自己,创造新价值。

从器用世界来看,人类文明的进步是急遽而快速的,然而从思想的角度来看,人类文化的进步却是缓慢而迟疑的。任何一个大思想家,当他从事思想创建工作时,至少需要付出大半的精力去发挥狮子精神。

建造大厦,必先撤除旧障,所以尼采说:

让一切东西破碎吧!还有许多屋子得盖起来。
凡是堕落的,都应该推倒!
今日的一切,堕落了,颓败了,有谁愿意保持它!但我——我还要推倒它。[①]

我们看看,尼采推倒些什么!

(一)"苍白的概念"——对鸵鸟式哲学的批评

西方传统的世界观,一直有二元论的趋向,从柏拉图开始,就在经验世界之外,另创一个理型世界,以为我们所经验的现象世界是变动不居、幻灭无常的,它只是个表相的世界。在这个世界中,我们既无法发现客观的实在性,也无法求得永恒的价值。柏拉图认为我们运用理性可以追求一个永恒不变的理型世界,所

---

① 《查拉图斯特拉如是说》卷三,《新旧匾额》,20。

以他把宇宙分成表相世界（The world of appearance）和理型世界（The world of idea）。柏拉图的理型论替西方二元论的世界观奠立下一个牢固的基础。到了中世纪，自然与超自然的对立，人间与天国的区分，更把永恒的价值，绝对的理念寄托给超越的世界。近代笛卡儿的心物对立，依然是另一种形态的二元世界观。从柏拉图以来的传统哲学家，把一些抽象的概念铺排成一个虚构的世界，而把虚构的世界当作"实在界"，所以尼采批评说："实在已被降为单纯的'表象'，而一个完全虚构的世界却被尊为'实在'。"①

在尼采看来，传统形上学家都犯了"幻影崇拜症"。到了康德，情形并没有好转，尼采批评他是个"大蜘蛛"②建构着严密的抽象概念系统，把自己系缚住。

在尼采看来，这个自然世界就是唯一的真实世界。形上学家们却反把真实世界视同幻象，"人像乌龟一样收回他的感官，停止与世间一切事物的接触"。③尼采批评这些漠视自然事物的鸵鸟式玄学家为一群"苍白的概念动物"。④他们的哲学思想，"只是教士型的进一步发展"。⑤尼采宣说"超人是大地的意义"⑥，就是针对这种二元论世界观而发的。肯定"大地的意义"，就是肯定人间世的价值；只有一个世界，就是这个世界（This world）。举

---

① 荷林达（R. J. Hollingdale）英译《反基督》，10。
② 《反基督》，11。
③ 《反基督》，14。
④ 《反基督》，17。
⑤ 《反基督》，12。
⑥ 《查拉图斯特拉如是说》序言，3。

凡价值、意义、"实在"、"存有"莫不涵藏在这一个世界中,"此世"之外,别无他世。

尼采哲学的兴起,加速了西方二元论世界观的崩落。而他的肯定这个世界为唯一真实的世界,影响尤大。被视为当代存在主义哲学家的海德格(Heidegger,一译海德格尔),就深受尼采的启发,海德格主张"存有"与"表象"、"存有"与"变化"、"存有"与"思维"合而为一,批评柏拉图把存有和思维截然分开,还把存有放在超越世界,所以海德格常说西方哲学从柏拉图开始就走错了路,因为他把存有从我们这个世界搬走了。[①]海德格的观点,无疑深受尼采的影响。

(二)"鸦片道德"——对传统道德的批评

传统道德的作用,如同摇篮一般,缓缓地摇荡着,使人昏沉欲睡。"睡眠是道德之主",尼采称这种道德为"鸦片道德"。在《查拉图斯特拉如是说》的《道德讲座》中说:

> 一位智者善于谈说睡眠与道德……这智者作如是说:睡眠不是件小艺术:为了它,你必须整天保持清醒。
>
> 一个人即使具备了一切道德,还有一件事仍要记住:要把这些道德在适当的时间送入睡眠。不使各种道德互起争执,这些柔顺的小妇人!
>
> 向上帝与邻人保持和平,这是安睡所需要的。也和邻

---

① 参看蔡美丽著《海德格哲学》。

的恶魔保持和平！否则他会在夜间来追袭你。

尊敬和服从统治者，即使是邪恶的统治者！这是安睡所需要的。权威喜欢邪行，我有什么办法？

牵引羊群到最绿的草地去的人，我总认为是最好的牧人：舒适的环境和甜美的睡眠相配合。

……睡眠是道德之主，不召而自来，降临到我身上。

查拉图斯特拉听了智者的话，心里觉得好笑，一线光闪现着，他向自己内心作如是说：

他的智慧是：保持清醒为了有甜美的睡眠。真的，如果生命没有意义，而我又被迫不得不选择这无意义的事，那么只好选择它。

现在我明白了，人们寻找道德的牧师，为的是什么。他们为的是寻求安眠和鸦片道德。

鸦片道德是精神贫乏者的道德，生命中缺乏热度，缺乏战斗性，真理和正义都在沉睡状态，而功利之心却整天清醒着。

在《查拉图斯特拉如是说》的《道德者》一章中，对传统道德的各种样态作了一番精彩的描述：

对于某些人，道德是鞭笞下的痉挛，你们也听到太多的这种哀号。

有些人以他们的罪恶渐渐衰退而称为美德。

还有些人沉重且辗轧而来，如同满载石子的卡车下山坡，他们谈论着许多道德和神圣——他们称他们的制动机为美德。

有种人像时钟，他们滴答滴答作响，要人们称这滴答的摆声为道德。

有种人骄傲于他们少许的正义，为这少许的正义而施暴于万物：因而世界陷溺于他们的无道之中。

他们只是想借他们的道德挖敌人的眼睛，他们高举自己，仅仅是为了压低别人。

还有些人，认为这样说就便是道德——"道德是必需的"。但最后他们只相信警察才是必需的。

"道德是鞭笞下的痉挛"：道德如同鞭篓般地抽打着人，道德成为枷锁，礼教变得吃人，就属于这一类。"以他们的罪恶渐渐衰退而称为美德"：社会上常可见到这类人，凶残暴虐，作恶多端，然而当他放下屠刀，便立地成了佛，以洗手不干为美德。有种人则徜徉于规格化、模式化的生活中，称这种"滴答"的摆声为道德。有种人把仁义挂在口头上，把律法藏在口袋里，遇见异己分子则扣上不仁不义的帽子，而绳之以"国法"；十字军东征，教会以"上帝站在我这边，真理正义站在我这边"为由，大事屠杀，美其名为"替天行道"，借"道德挖敌人的眼睛"，这类事例俯拾皆是。有些人口说"道德是必需的"，事实上他只相信镇制力量才是可信赖的。

尼采对于旧道德批评最力的，乃在于基督教的道德。基督教道德影响西方社群，一如儒派伦教影响中国社群。基督教是一个怜悯的宗教，尼采说："基督教被称为怜悯的宗教。怜悯反对使人奋发而增进生命力的热情；怜悯具有消沉的影响。当我们感到可怜时，我们的能力被剥夺了。能力丧失，生命的苦难便随着更加地增多。"①

基督教利用病态心理传布怜悯之情，使每一个被怜悯的对象不能自立，一个人愈不能自立，便愈需要仰赖外力的援助，于是基督教那套"神之救助"的幻想，便笼罩人心。基督教蓄意运用怜悯的德行来削减人的生命活力与独立精神。基督教道德成为西方传统道德的最主要成素，而它的核心便是怜悯，它以离弃"此世"而投向"他世"为目标的病弱德行，是"损害健康的一种道德的寄生虫"。②

因而尼采对于这种颓废人生的基督教道德，给予严厉的批评。

（三）"市场上的苍蝇"——对时代演员的批评

时代的演员，如同"市场上的苍蝇"，我们看看尼采对他们的描述和批评：

> 我的朋友，走向你的孤独里去罢！我看见你被大人物的呼号震聋了，被小人物的针刺刺伤了。
>
> 孤独终止的地方，便是市场开始的地方，市场开始的地

---

① 《反基督》，7。
② 路德维希（Ludovici）英译《冲创意志》。

方便是大演员的呼声和毒苍蝇嗡嗡响着的地方。

在世界上，即使最好的东西，要是没有表演者就不会受重视；群众称这些表演者为"大人物"。

世界绕着新价值的发明者而旋转：无形地旋转着。但是群众和荣誉却绕着演员而旋转：这就是世间的景象。

演员也具有精神，却缺乏精神的自觉。他只相信他最相信的——使人信仰他自己！

明天他有一个新的信仰，后天有一个更新的信仰。他们像群众一样，神经过敏，心性常变。

颠倒是非——这是他所谓的证明。使人愚狂——这是他所谓的说服。他认为血是一切论据中最佳的理由。

市场上充满了吱吱喳喳的小丑——而群众称颂他们为伟大的人！这些人便是时代的主人。

但是时代催促他们：于是他们转而压迫着你。他们需要你表示"是"或"否"。唉！你将处于赞成或反对之间。①

许多人不敢面对自己，不愿成为自己，于是逃离自己遁入群众。群众却把价值平面化，不容许有任何独立特行和差异性的存在；群众把优异分子拉下来，拉到同一的层面，降低一切崇高的价值，以混同于市场的标准。市场的标准是不定的，市场的价值是虚妄的，市场价值的操纵者便是"时代的演员"，而"时代演员"亦为市场价值所左右。"市场上充满了吱吱喳喳的小丑——

---

① 《查拉图斯特拉如是说》卷一，《市场上的苍蝇》。

而群众称颂他们为伟大的人！这些人便是时代的主人。"他们喧嚣一阵，热烘一场，完全"缺乏精神的自觉"。"他们需要你表示'是'或'否'。"他们所盼望的是盲从，所嫉恶的是歧见；他们不惜一切铲除异己，认为"血是一切论据中最佳的理由"。

在《新偶像》一章中，尼采对于时代的演员有过这样的描绘：

> 在地球上再没有比我更伟大：我是上帝发号施令的手指——这怪物如此咆哮着。于是所有长耳的和短视的一齐跪伏下来。
>
> 他会给你一切，只要你崇拜他，这新偶像，由是它收买了你的美德之光辉及自傲的眼神。

时代演员所握持者，暴力财势也。尼采以其击剑家的文笔，指向时代的演员。

（四）"颜料罐子的家乡"——对现代风的批评

尼采对现代人作了如下几点批评：

（1）华而不实：现代人群，光怪陆离，犹如无数颜料罐子。尼采在《查拉图斯特拉如是说》的《文明的城土》一章中说：

> 我飞入未来太远了，恐怖袭击我。
> 我望望四周，看啊！时间是我唯一的伴侣。
> 于是我转身飞回——我加速地飞；于是我来到你们这里，你们现代人，文明的城土。

> 第一次我探望你们，热切地探望你们：真的，我带着渴望的心来的。
>
> 然而我忍不住笑了！我从来没有见过这般涂满花彩的东西！
>
> 我笑了又笑，我的腿战栗，我的心震颤："这里竟是一切颜料罐子的家乡！"我说。
>
> 现代人啊，你们的脸上和四肢涂满了各式各样的彩色：我惊异地看你们坐在那里！
>
> 以五十面镜子环绕着你们，阿谀着你们的彩色戏，赞口不绝！

今日的都市生活正是如此，五光十色的装饰品，把自己装扮得如同"颜料罐子"，人生的价值建立在外在的物品上，外表富丽堂皇而精神疏荒；衣着光怪陆离而生命缺乏内容。

（2）舒适懒散：舒适懒散之风，普遍传染着现代人。尼采说：

> 现代风是我们的病：懒散的和平，懦弱的妥协，这是现代是非观念的整个道德上的不洁。……我们宁可生活在冰雪中，而不愿生活在现代各种道德与暖和的南风之中！
>
> 我们以前是够刚毅的，我们不怜惜自己，也不怜悯别人，但是我们长久不知道我们的刚毅转向那里。我们变得意气消沉。①

---

① 《反基督》，1。

> 在我们整个不健康的现代风之中,再没有别的东西比基督教的怜悯更不健康。①

尼采的批评是基于生命力的增进与生命价值提升的观点上。基督教的怜悯,使人"意气消沉";而尼采所批评的现代病,则造成"懒散的和平,懦弱的妥协"。今天沉迷的资本主义生活正是如此,人们如同沙发上的臭虫,习惯于在暖和空气中得到暂时的安全感。

(3)拜金主义:现代风的另一个景色,便是拜金主义观念的弥漫。以美国作为范例,尼采批评说:

> 美国人的拜金:工作窒息般的急遽——拿着手表思考问题,吃饭也将眼睛盯着商业新闻,人的生活好像永远怕耽误了什么似的,将一切高尚的趣味都缢死了。②

这真是今天都市生活如实的写照,一百年前的尼采已经预见了今日的景象。

(五)"上帝之死"——对基督教思想的批评

(1)上帝是什么?在尼采看来,上帝不过是人造的。他说:

> 上帝是虚构的。③

---

① 《反基督》,7。
② 康芒(Thomas Common)英译《愉快的智慧》卷四,《闲暇与懒惰》。
③ 《查拉图斯特拉如是说》卷二,《在快乐的岛屿上》。

> 上帝的概念是虚假的。①
>
> 上帝不是别的,只是对我们的一种粗劣的命令:即是,你别思想!②
>
> 上帝的概念是被发明来作为生命的敌对概念。"来世"的概念是被发明来贬低生存者的价值。③
>
> 上帝是人类的作品。上帝也是人,不过是人和自我的可怜的断片,这幻影出于人类自己的灰烬。……
>
> 理智的昏乱便是上帝之道。④

这些都是一针见血的话。上帝这个幻影,只是人的创造品。人的生命力愈萎缩,上帝影像浮现的可能性愈大;人的心智愈迷糊,上帝影像浮现的可能性愈高。"理智的昏乱便是上帝之道",一语中的。

(2)上帝死亡的意义:"上帝已死",意指在现代知识与现代生活方式中,超自然的信仰已在人们心中消逝,另一世界的幻想已在人们心中破灭了。"上帝已死",意指人们不再依恃外力的幻影,人恢复自我的尊严、自我的能力、自我的责任及自我的抉择。

尼采所批评的,与其说是信仰性的上帝,不如说是道德性的上帝。在他看来,信仰不过是理智昏乱所产生的,实不足论。而他所全力指责的以怜悯为核心的道德价值,是腐蚀人的自信心,

---

① 《反基督》,26。
② 《看,这个人》,《为什么我如此聪明》,1。
③ 《看,这个人》,《为什么我是宿命论者》,8。
④ 《查拉图斯特拉如是说》卷一,《遁世者》。

扼杀人的自主性，导致人类颓废的根源。

"上帝"意味着一切价值的最高准则与最后根源，而"上帝已死"则意指古老价值失去依凭，意指古老价值业已崩溃。如今，两个世界之说已破除，此生之外别无来生，以来生之说为依归的信念已不足为信。人类活动于此生此土，人是价值的根源，是创造的主体。

（3）基督教的颓败：

甲、基督教的虚假：尼采指出基督教的一切理论和教义都缺乏真实性。他说：

> 基督教无论在道德上或宗教上一点都没有接触到真实性。只有想象的因（"上帝""灵魂""精神""自由意志"或"不自由意志"），只有想象的果（"罪""赎罪""神恩""惩罚""赦罪"），除此之外，什么都没有；一种想象存在体（"上帝""精灵""灵魂"）之间的接触；一种想象的自然科学（以人类为中心，完全缺乏自然原因的概念）；一种想象的心理学（只是自我误解，只是借宗教道德特质的象征语言——如"悔改""良心的痛苦""魔鬼的诱惑""上帝的显现"等来解释那些愉快的或不称意的一般感情，除此之外，什么也不是）；一种想象的目的论（"上帝之国""最后审判""永恒生命"）。这个纯粹虚构的世界和梦幻的世界不同，后者反映现实，而前者则扭曲、贬抑及否定现象。[1]

---

[1]《反基督》，15。

基督教的一切理论和教义都建立在想象的基础上,和事实不发生任何关联。

乙、基督教道德的病弱性:尼采对基督教批评最力的,便是有关道德的部分,特别是怜悯的道德。这点上面已经说过了。尼采指出怜悯消解人的力量感,减损人的生命感,把人塑造成"家禽的动物,羊群的动物,病弱的动物"。[1]此外,由于耶稣的惨死,弟子们内心激荡着憎恨与复仇的感情,于是建立审判的理论,在罗马帝国长期的压迫下,复仇与憎恨牢固地成为基督教道德的一部分。中世纪教会的滥杀及十字军东征的大屠杀便是复仇与憎恨感的具体表现。基督教也曾提倡"爱",然而尼采认为:"如果上帝要成为一个爱的对象,他必须先将裁判和正义抛开——一个裁判官,即使是一位仁慈的裁判官,总不是爱的对象。"[2]他又说:"一个爱人的上帝,只是要人信仰他,凡是有不相信这种爱的,他便投以恶眼和威吓。怎么?一种有条件的爱,是一个全能上帝的感情!这种爱却只不过是荣耀的感觉,且不能免于激烈的复仇欲!"[3]尼采独具慧眼,一语道破基督教爱的本质,这话也是对《圣经》耶和华上帝的一个逼真的写照。在基督教的道德中,所谓爱,其实只是服从上帝膜拜上帝的报赏而已。憎恨与复仇的心念不时点燃在爱的情感中。耶和华说是一个"爱的上帝",其实骨子里凶残暴虐,他击杀了数百万人命,都是在"爱"的面罩下进行的。

---

[1] 《反基督》,3。
[2] 《愉快的智慧》卷三,140。
[3] 《愉快的智慧》卷三,141。

丙、教士的职业化：尼采批评教士发明"罪恶"等教义，当成生活的粮票。他说：

> 上帝的概念成为教士手中的工具。①
>
> 所谓"上帝的意志"，只是教士权力保障的必要条件。……教士靠"罪恶"过活，他需要人们犯罪，好向他忏悔。最高律则是："上帝宽恕悔改者"——事实上是：好使悔改者服从教士。②

耶稣有生之日，往来于下层社会，同情贫苦民众而攻击富人，等到后来基督教得势，掌握实权之后，信徒对象和教义都变了质；基督教成为上层社会的装饰品，教义成为教士手里的工具，教士们悠游于生活水准之上，基督教变成了一个舒适的宗教。现代教会更沦为商业式的公司组织，教堂成为富人炫耀世俗成就的场所，宗教精神已荡然无存。

三、增强生命感

读尼采作品，不自觉地有一种生命涌现感、外溢感，他那诗的语言，激起你内在生命的动力。我们且听听看，尼采对我们说

---

① 《反基督》，25。
② 《反基督》，26。

了些什么!

（一）生命是什么？

尼采说：

> 生命是不断地从自己抛弃将要死灭的东西。①
> 生命是欢愉的泉源。②
> 生命告诉我这个秘密："看！"它说，"我们必须不断地超越自己。
> 真的，你称它为创造的意志，或是向目的、向高处、向远方、向多面的冲力。"③
> 生命是用柱子和阶梯把自己建立在高处，而后可以投视远方。④

人生实是一个自我征战的过程，今日之我向昨日之我挑战，"不断地从自己抛弃将要死灭的东西"；生命的意义：把自己从庸俗和动物性中提升出来，并且"不断地超越自己"，更新自己。人生犹如登高，拾阶而上，每步路都是脚踏实地的，"把自己建立在高处"，如大柱般地坚实磐固。

---

① 《愉快的智慧》卷一，26，《什么是生活？》。
② 《查拉图斯特拉如是说》卷二，《贱民》。
③ 《查拉图斯特拉如是说》卷二，《自我超越》。
④ 《查拉图斯特拉如是说》卷二，《毒蜘蛛》。

（二）增进力量感

充沛的生命力，是新价值创造的泉源。它表现为勇于思考探索，勇于向问题挑战；生命便是一个创造的历程，在其中培蓄更大的工作能力。生命蕴藏着无穷的潜在力，我们当激发自己的冲创意志以增强生命的活力，丰富生命的内涵。

（1）用自己的脚走路：一个人当努力成为独立思考者。知识的重担压垮了无数的学人，使他们一辈子忙于阅读参考书籍，而无暇自我思索。尼采的经验很值得我们作为借镜。他说：

> 当我埋头工作时，在我的身边看不到书本；我小心翼翼地不让任何人在我面前说话甚至思考。[①]
>
> 我的眼睛坏到使我停止一切学究的工作，我离开书本；好几年我没有读什么书——这是我给自己的最大恩惠！本来的我，好像早已被埋葬了，在不得不听从别人（这就是阅读的意义！）的压力下，失去了表达能力。这时慢慢地，胆怯地，犹豫地觉醒了——最后又开始表达自己。[②]

读书的用意就是参考别人对于问题的思考过程，所以一个人如果成天只让别人替我们思考，久而久之，依赖性的孳长将会渐渐地丧失自己的思考能力。当然，基本的训练是必需的，相当程

[①] 《看，这个人》，《为什么我如此聪明》，3。
[②] 《看，这个人》，《人性的，太人性的》。

度的吸收是必要的。就像尼采那样，在他青年的时代，就已经有了深厚的学术基础。当他开始表达自己时，便阖起书本，走出书房，运用自己的思考力。反观现代学者，自傲于旁征博引，如果要他走出书房，搬开所有的参考书，他将一片茫然。所以尼采讽刺说："学者是颓废者。"他说：

> 实际上无所作为而只知埋头在书堆的学者，最后完全失去为自己思想的能力。要是没有书本在手上，他根本不能思想。……学者是一个颓废者。①

尼采说："书房使我生病。"②对于学究式的学者，这是一句很有意义的话。现代学者"不坐在太阳晒到的阶梯上"，只是"张着嘴看别人思想"。③这种学风是很值得反省的。

尼采鼓励人们要"表达自己"，养成独立思考的习惯，培养独立思考的能力；尼采不但要人用自己的脚走路，还要人不循旧路，另创新途。他说："我的精神不再在已用过的鞋底上奔跑。"④

常人安于既定的习俗观念里，如蛹之安于茧中，一旦要他独立思考，要他表达自己的思想行为，他将如失依凭而手足无措。如同一个学者，讨论某些问题时，他只会引经据典地征引这个人说那个人讲，不是柏拉图说就是笛卡儿讲，问他自己怎么样

---

① 《看，这个人》，《为什么我如此聪明》，8。
② 《看，这个人》，《为什么我如此聪明》，3。
③ 《查拉图斯特拉如是说》卷二，《学者》。
④ 《查拉图斯特拉如是说》卷二，《持镜的孩子》。

去讲，他却茫然了。把许多大学者脑子里各家各派的学说全部掏掉，立刻就会瘫痪而失去工作能力。要脱离古人枷锁实在不是一件容易的事。尼采问说：

> 许多人够得上脱离枷锁吗？许多人一旦抛弃了为奴的地位，便同时抛开了最后的价值。①

这是一句发人深省的话。做一个思想者，必须要有勇气和魄力，要有自己盖高楼起大厦的决心，不以在别人屋檐下摆摊子搭铺位为足意。②

（2）勇于探险开拓：尼采在这方面树立了一个新道德的标准。他说：

> 什么是好的？你问。勇敢就是好的。让小女孩说：美丽动人才是好的。③
>
> 什么是好的？凡是增强我们人类力量感的东西：力量意志，力量本身，都是好的。④

尼采以生命力的强弱作为新价值重估的标准。他认为一切知

---

① 《查拉图斯特拉如是说》卷一，《创造者之路》。
② 友人韦政通有次和我聊天时说：自先秦以后，中国历代哲学家都在前人的屋檐下摆摊位，像朱熹等等，都在孔庙里搭个铺位。这是很有趣的一个问题，为什么秦汉之后的思想家，多在前人著作的注解中打滚，要不然就抱着孔孟的大腿不放？
③ 《查拉图斯特拉如是说》卷 ，《战争与战士》。
④ 《反基督》，2。

识的进步，都是勇气的结果。他鼓励人们，不仅要勤于思考，而且要勇于向"禁地上漫游"。他说："过去所严厉禁止的，常是真理所在。"[①] 这种情形，在苏格拉底，在布鲁诺，在弗洛伊德，在尼采自己身上，充分地显现出来。我常想，在儒家那套伦礼教范观念下，若非有绝大的勇气，潜意识心理学定难发展出来。一般人谈到性或有关政治社会问题时，大脑的活动就被常情俗见封住了。在思想界里，我们常可见到许多突出的见解，实是道德勇气所激发出来的。一个战斗性的思想家，不但要向问题挑战，也要向思想的禁地上作探索。

作为一个思想者，要向问题挑战，要向自我作战。人生在世，遇到外在的敌人固然不少，有时内在的敌人却更为严重。最致命的敌人常是自己。怯懦、颓丧、妥协、怠惰，无时无刻不是在围攻自己，腐蚀自己。所以尼采说："净化自己，内心留有许多禁忌和腐秽。"[②] 在这改革的时代里，无数人只想到要革别人的命，却很少留意到先要革自己的命。每个人内心，都有无数的禁忌和腐秽，敢于面对自己，勇于向自己作战，才能使自己健康起来。

作为一个思想者，必须有探险的勇气和开拓的精神。尼采说：

> 把你的城市建立在火山口下，将你的船驶向未经探测的海洋。[③]

[①] 《看，这个人》序言。
[②] 《查拉图斯特拉如是说》卷一，《山上之树》。
[③] 《愉快的智慧》卷四，283。

在思想的探险中,激发你的潜在力;在思想的开拓中,增强你的生命感!尼采这种坚忍奋发的开创精神,便是我们这一代青年所应有的精神。

(本文为1971年11月26日应台湾大学论坛社之邀所作讲稿,刊于1972年2月号《大学杂志》)

尼采的价值转换

一、哲学史上看尼采

西洋哲学史上，有三个具有开创性思想的人物，他们便是柏拉图、洛克、尼采——他们每人都开启了一个新的哲学方向——柏拉图奠定形上学的基础，洛克开知识论之先河，尼采则首创生命哲学。

柏拉图在哲学上的地位是无可匹敌的。两千年来，历代所讨论的哲学问题，几乎都在他的著作中提出过。有千余年长的时间，西洋哲学的问题、趋向和特征，都是由柏拉图决定的。尤其是在形上学方面，柏拉图一直成为传统哲学的主流。到了洛克，才把哲学导向一个新的方向。

洛克感到以往的哲学家动辄高谈宇宙，对于人类认知的能力却丝毫不加怀疑。于是他强调哲学工作首先应该探究人类理解力的限度和人类知识的可能性。洛克对于人类认知能力作了一番审查工作之后，乃划定知识的范围、确定性和证据，使哲学不在认知能力的范围外徒费精力。洛克的工作替近代知识论开辟了一条广阔的途径。

传统哲学的成就，大抵属于形上学和知识论系统的建立，但是他们往往忽略了人的内在生命，对于人类本身的问题无所了解。正当体系哲学的重压下，尼采异军突起，首倡生命哲学，给西洋哲学注入新的血液。

尼采哲学和前人显得大为不同，他不愿因袭前人，因为他看出前人所走的路子犯了许多错误。最大的错误，莫过于把一个完整的世界割离为二——在具体真实的世界之外，虚构另一个世界。他们更把虚构的世界视为真实，把真实的世界反倒视为虚假。[1] 这种二元论的世界观，始于柏拉图。柏拉图把宇宙分为两个世界——表相世界和理型世界。他以为我们所经验的现象世界是变动不居、幻灭无常的，它只是个表相的世界，在这个世界中，我们既无法发现客观的实在性，也无法求得永恒的价值。所以柏拉图认为我们应该运用理性追求一个永恒不变的理型世界。柏拉图断言任何经验事物都是虚假的，唯有它的"理型"才是完美的。他的理型论替西方二元论的宇宙观奠立了一个牢固的基础，影响所及，将近两千年之久。[2]

柏拉图的两个世界之说，到了中世纪恰好和希伯来宗教"人

---

[1] 怀特海（A.N.Whitehead）称之为"具体性误置的谬误"（Fallacy of misplaced concreteness）。

[2] 19世纪的科学思想（如伽利略和牛顿的物理学）便受传统二元论世界观的影响，误把自然割裂为二：一是知觉或经验中的自然，另一是引发知觉或经验，作为知觉或经验之原因的自然。怀特海称这种思想犯了"自然二分法"（bifurcation of nature）的谬误。洛克的"初性"（primary quality）和"次性"（secondary quality）便是根据这种"自然二分法"的思想产生的。

间""天国"之说相吻合。本来，柏拉图的哲学就给神学留下了一个很大的篇幅。而他的卑视肉体、轻视感情以及否定现实世界，和基督教思想更是一拍即合。无怪乎尼采会称他为"先基督存在的基督徒"。在这些观点上，柏拉图哲学和基督教思想深为尼采所痛恶。尼采热爱生命，重视创造热情，肯定人世间的价值，并且视自然世界为唯一真实的世界。所以尼采力破基督教，同时追溯根源而直击柏拉图。

从柏拉图下达笛卡儿而至于莱布尼兹，尼采作了一个历史的透视。他指出他们把一些虚构的抽象观念视为客观的实在。尼采还说：

> 我们和所有柏拉图学派与莱布尼兹学派在思想方式上最大的不同点便是：我们不相信有所谓永恒的概念，永恒的价值，永恒的型式，永恒的灵魂；而哲学对我们仅意指概念"历史"的不断扩展。[①]

以往的哲学家总喜欢谈"永恒"，论"绝对"，把一些抽象的观念铺排而成一个虚构的世界，把虚构的世界当作"实在界"，而后又把实在界说得极其渺茫，极其怪诞。他们谈宇宙论最后总要搬出所谓"造物主"作为自己学说的护符。这一切的思想都是"幻影崇拜症"。[②]

---

① 引自摩根（George A.Morgan）著《尼采的意义》，第243页。
② "幻影崇拜症"这一名词见李石岑著《尼采》，第43页，启明书局出版。

依尼采看来，从柏拉图（公元前 427—前 347）到莱布尼兹（1646—1716），历代的形上学家都犯了幻影崇拜症。莱布尼兹以后，德国出现了一位集大成的人物——康德。这位矮小的教授，胸怀大志，他企图解决哲学上所有的难题。他的成绩使一般人认为他是柏拉图以来最伟大的哲学家。然而尼采对他的评价却不如一般人那么高。尼采对于康德的道德哲学批评得很厉害，他认为康德想证明"每个人都是正当的"，这简直是笑话。[1] 康德把道德律的存在毫无疑问地视为先验综合判断，并以为所有理性的人都能认识它。康德把这个道德律作为建立意志的自由、灵魂的不朽、上帝的存在以及道德世界的秩序之基础——他肯定先验综合判断的可能为一无可置疑的前提。其实他所肯定的前提是很成问题的。依尼采看来，道德律并不具什么先验性，它只不过是人为的习俗罢了！

尼采并没有忽略康德的优点：他称赞康德的智慧与大勇，并承认他在哲学上具有决定性的贡献。[2] 但是在另一方面，康德颇受尼采的微词，例如他死守在大学里，他屈服于政府，并且和宗教信仰妥协等等。尤其普遍道德律的存在问题上，尼采的攻击是很致命的。

在一般人看来，康德无疑是个极伟大的哲学家，但在尼采眼中，他只是个"哲学工作者"。尼采告诉我们，哲学工作者和哲学家本身应有所区别。工作者——包括康德和黑格尔——继承传统价值：他们容纳过去，形成一个新的形式。但是真正的哲学家

---

[1] 《愉快的智慧》，第二卷，第 193 节。
[2] 参看考夫曼（W. Kaufmann）著《尼采》，第 87 页。

是"征服"未来的：他们创造新价值，他们有强烈的责任感关怀人类命运，他们是历史的主要推动者。

尼采卑视哲学的理想为安全隐居的生活与客观的沉思。他认为哲学家应该像个医生——外科医生，能运用自己思想的利剑来解剖时代；哲学家不仅探讨外物，更须解剖自己。尼采强调哲学家用他自己的血来写作。如果以这个标准来衡量康德和黑格尔，显然他们的思想都很退缩。

康德的独创性虽然不如柏拉图和尼采，但他的组织力却是惊人的。想不到康德之后，又能出现一个黑格尔。他把所有的问题都网罗到他的体系之中，把形上学弄得和蜘蛛网一般。黑格尔认为宇宙的本体就是"绝对理性"，自然乃是理性的表现。他把宇宙的一切事物都纳入一个理性的系统之中。因此，凡是主观情意和非理性的存在都受排斥。这个观点，为尼采所极力反对。在他认为，理性固然重要，但是非理性更不可忽视。在现实生活中，一个人从早到晚，绝大部分的行为是受非理性的情意所牵缠，你不时会无因无由地感到忧郁，或不明不白地感到空虚，你时而意气昂扬，忽而又垂头丧气。情绪的变化是多么微妙！多么难以捉摸！然而不能因为难以捉摸便置之不理，我们应该体验回省的工夫，作分析彻查的工作。只有当理性能落实到情意的层面上时，才不会失为浮泛空洞；只有当理性能深入到非理性的层域中时，才不会失为观念游戏。在西洋哲学史上，尼采是第一个关心非理性情意的人，并且赋予它以极高的价值。以往的哲学都莫不以理性绳诸万事万物，然而人非机械，他的表现，内容不一，形态各殊，如果以一定的理性法则来衡量，则不仅抹杀人的情意部分，同时也贬抑了人的个性。

黑格尔的哲学强调"整体"而忽视"个体"。然而如无个体，何来整体？个体如果残缺，怎能有完整的整体？黑格尔这种浮泛的思想受到尼采和齐克果（Kierkegaard，一译克尔凯郭尔）强力的攻击。他们都强调个体性（individuality）与特异性（particularity），关心每个人在现实中所发生的特殊问题，重视自我生命真实的感受，反对用理性来固化自我。

传统的哲学都以理性观察宇宙，观照人生，并运用逻辑的推演程序而建立以理性为思想中心的系统。然而人是一个非逻辑的存在，"存在"常常是违反逻辑的或为非逻辑的，所以无法纳入特定的形式中。因而尼采极力反对系统化。在传统的观念里，一个哲学的建立，系统化是必要的条件，这自古以来成为不争的事实，但尼采独排众议，以为"建造系统是孩子气的"。首先，他认为人的存在是变动性的、开展性的，而系统则是封闭性的；系统造成之后，就把自己的思想囚住了。

以往的系统哲学家要求确定性（certainty），但尼采认为渴求确定性是弱者的象征，因为强者是爱好不确定与冒险性的。尼采认为宇宙并非确切不移的，思想并非一成不变的，人生乃是一个无限反应的过程，反应是自由自主的表现，如此，思想才能不断地创新。

尼采并不是一个系统的思想家，却是一个问题的思想家（a problem thinker）。他和苏格拉底一样，无所惧地探索——向思想的禁地上探索。尼采认为，思想便是一种"探险"，一种"征取"。

西洋哲学，自尼采之后，体系哲学解体，一切空洞理论都受唾弃。

尼采出现之后，将哲学由"非存在"（non-existential）的架构上，转向"存在"的进路。他揭示生命的感受，引起现代心灵无尽的共鸣。

二、基督教的颓败史

尼采出生在德国，那时普鲁士军队在欧陆建立德国政治上的霸权；科学与工艺突飞猛进；乐观主义盛行。然而在他看来，武力的胜利并不意味着文化的胜利。而那时代一切物质上的进步只不过是为了他们的奢侈与舒适。所以在他的眼中，这时的德国已变得自满而没有灵魂。

尼采对于现代的各种景况作了一个敏锐的观察[①]，他发觉颓

---

① 尼采从不同的领域里来观察现代文化的特征：
在社会上：各阶层发生很大的变动。中产阶级控制大局，下层阶级与妇女得到解放；各种制度的崩解，包括家庭和传统上的信仰；暴虐群众的一致性（tyrannical mass-uniformity）削弱了个体性。
在政治上：民主的兴起，虚伪的领袖必须笼络群众；国家至高无上；愚昧的国家主义。
在经济生活上：社会充斥着商业化的价值，为着营业的目的而降低了文化的兴趣，工作过度，无意义的浪费精力；机器使工人沦为非人的奴隶。
在科学上：古老道德与宗教的观念已告破灭，而没有力量能造新的观念以代替旧的观念。人不再是神圣的创造之中心，而是在宇宙的机械秩序中的一个无意义的偶生物。专家们从哲学的控制中解脱出来。然而在"客观性"或"为知识而知识"的口号下，专技性的知识成为逃避内心空虚的一个途径。
在教育上：庸才居高位，主要的目的是替政府制造充当特别用场的奴隶。在宗教上：一个妥协的、懦弱的基督教，由一个恐惧的宗教变为舒适的宗教。在哲学上：哲学家都变成为政府的御用者。

废者的精神弥漫着这个时代,虚无主义者的价值支配着现代的世界。尼采寻找它的根源,最后在基督教找到了答案。

于是,尼采对于整个基督教做了一个彻底的批评。在他展开批评之时,他把拿撒勒的耶稣和信条中的基督,耶稣的使命和门徒的信仰,原始福音和现代基督教,作了一个区别。在他看来,现代基督教的种种活动完全违反原始福音的旨意,门徒信仰歪曲了耶稣的使命,拿撒勒的耶稣和信条中的基督也大不相同。

关于拿撒勒的耶稣,尼采有两个画像:

(1)尼采在《反基督》一书里,说耶稣:

> 反抗正人君子,反抗"以色列的圣人",反抗社会上的僧侣阶级——并不是反抗它的崩溃,而是反抗阶级,特权,形式化;否定任何教士或神学家。……这位无政府主义者,喜欢接近被逐的人和"罪犯",如果福音是可信的话,在今日他可能会被视为政治犯而被送往西伯利亚。[①]

这是可敬的反叛者的画像。

(2)尼采在《查拉图斯特拉如是说》的《自由之死》一章中说到耶稣:

> 他只知道希伯来人的眼泪和悲哀,以及正人君子的憎恨——这希伯来人耶稣:求死的意念攫取着他。

---

① 《反基督》,27。

> 他若留居在旷野，远离正人君子，也许他能学会如何生活，学会如何爱大地——也学会如何笑罢！
>
> 相信我，兄弟们！他死得太早了；如果他活到我这般年纪，他会撤销他自己的教义！
>
> 但是他还没有成熟。这青年的爱是不成熟的，他也不成熟地憎恨着人类和大地。他的灵魂与精神之翼还是被沉重地拘束着。

这是生命否定者的画像。

耶稣由于反抗犹太教的传统秩序而被视为一个反叛者，就这一个观点来说，他正从事于"价值的转换"。这是很值得尊敬的。但尼采却否定他对于我们的时代有什么意义：

> 当我们在礼拜听到钟声时，我们便不免自问：这是可能的么——一个天神，与尘世妇人生子；一个智者，叫人停止工作，抛弃法庭，却要注意世界末日的征象；一种正义，要将无辜者代作牺牲；一个说教者，叫他的徒众饮他自己的血；对于奇迹的祈求；十字架的形象当作一个时代的象征；期望一个来世，便是那世界的门——这一切是多么的荒诞！①

耶稣接近俗众与罪犯，他的价值也赖于这班庸俗的徒众来肯定。而耶稣对于生命的否定态度，尤受尼采指责。耶稣去世后，

---

① 《人性的，太人性的》，第三章113节。

由于他的惨死，门徒乃借信仰之名，隐蔽着狂热的憎恨。复仇的情绪在他们心中燃烧着，因而耶稣的教义尽被曲解。历代基督徒从来没有实践耶稣的教言，教会完全违反耶稣的教训，教士完全失去耶稣的反叛精神，他们仅仅承袭他否定生命的教义——承袭了最坏的一面。

尼采透过几个阶段来追溯基督教的历史，从历史的发展上，他对于基督教的性质重新加以解释：

尼采指出，柏拉图之攻击情感、贬抑本能，替基督教的发展铺下了一条路。在基督教成立以前，柏拉图学派与斯多葛学派的反自然之伦理（The anti-natural ethics）和犹太人的神学的改变，对他们都有很深的影响。基督教成立以后，这些观念成为他们最基本的教义：憎恨肉体，视自然冲动为罪恶，建立另一世界的形上学。

在尼采看来，旧约中的犹太人充满着自信，他们的道德符合于他们的自然条件，他们的部落神乃是他们感谢生命和他们潜能意志的投影。但是当政治失败之后，他们不惜任何代价以求生存，这代价便是将真实的东西加以曲解，加以伪化。最典型的例子便是改变道德价值。教士将耶和华从一个部落的神改为一个普遍的神——一个表现懦弱价值的"善"神。[①]并且虚构罪与惩罚

---

① 《反基督》，16。

"如今他却变成一个鬼鬼祟祟的、胆小的以及谦逊的东西；他劝说'灵魂的平和'，容忍，甚至'爱'朋友和敌人。他不断地道德化。

"他爬进每个私德的人心中，他变成每个人的神，他成为一个大同主义者。

"从前，他代表一个民族，一个民族的力量，一个民族心灵的侵略与权力欲；如今他只是个善意的神。"

的故事，解释犹太人的被逐乃因原罪之故。犹太的教士——罪的发明者——他们主要的工作便是解说不幸与犯罪是相关联的。

犹太在罗马的统治下，创造了一种怨恨的道德，他们以复仇的心理开始作"奴隶的反叛"。

耶稣的出现，宣扬一个"佛教式的和平运动"。他主要的教义，不是一种神学的独断或教仪；而是一种生活方式——求内心平和的生活方式。所谓"天国"，乃是一种内在的状态。在耶稣看来，任何人都是"上帝之子"。他否认"选民"的说法，他反对犹太人的社会基础与犹太人的教堂，因此而招致他的死亡。

福音立刻变了质。即连他的嫡亲弟子们——无知而单纯的俗众，也误解他。尼采认为，死于十字架上乃是新的生活方式的一个典范，因为它表现了在最羞耻的凌辱下却能免于憎恨与抵抗。但是门徒并不能把握这点；他们都激荡着复仇的激情。所以他们把耶稣解释为好战的默西亚，法利赛的死敌，以及上帝的唯一儿子——建立了一个外在的天国，以荣耀他的门徒而审判他的敌人。

最先造成这一项大曲解的人便是保罗。他将独断与教义引进基督教，以代替它原先之为一种生活方式。然后准备恢复教士的特权。在他之后，他的工作仍在一步步的向前推展，终使教会和政府、战争、仇恨、拷刑、审判、惩罚以及整个世俗活动联系在一起，教会的作风和耶稣的教义完全相反。无怪乎尼采说："只有一个基督徒，他已经死于十字架上。"[1] 而基督教的历史，始于十字架上的死亡，它是一部被误解的历史。

---

[1] 《反基督》，39。

在这种情形下，犹太教战胜了原始基督教，而基督教经过犹太教化以后，征服了罗马。尼采解释，原先这个爱与和平的宗教，完全颠倒过来，转变而为有组织的复仇运动。保罗使这个运动赢得整个帝国的下层社会。他把基督教形成一个神秘仪式的宗教，形成一个普遍反抗异端的运动。最后迫害的刺激煽起了憎恨的火焰。[1]这群激情的信仰者遂发动攻击而获得胜利。

尼采感到难以说明次一个阶段的基督教——它转为统治阶层，诉诸统治者的本能来控制群众，使基督教成为一个庞大的"群体宗教"（flock religion），它教人要服从。基督教由一个低层阶级的运动转变成为上层阶级活动，它和帝国结合的结果，在基督教的传统上注入了完全不同的因素。

尼采认为，基督教定居于罗马，也渐渐地受到条顿野蛮人的习俗影响，而注入了野蛮的色彩。[2]基督教之条顿化、野蛮化，在"宗教裁判所"的酷刑上表现得尤为明显。

中世纪的教会成为制造罪恶的场所，由于它本身的腐败以及政教冲突的结果，基督教的盛势逐渐衰弱。到了近代，经过若干世纪无数自由思想家的攻击，基督教不得不再柔顺起来。然而教徒们世俗活动的欲望依然未减，结果尽其所能地迎合群众的口

---

[1] 尼采在《反基督》（21节）中说："基督徒具有某种残酷感以反抗自己并反抗别人；基督徒恨所有不同思想的人；他们具有迫害的意志。基督徒也恨骄傲、勇敢与自由的精神；基督徒憎恨各种感官，憎恨欢欣的感觉以及欢悦的本身。"

[2] "当基督教离开它的本土，离开最底层的阶级，但它开始在野蛮民族中寻找力量时，它不再遇到疲倦的人，而是遇到内心残暴的民族——强壮而粗劣的人。这时，基督教需要粗野的概念与价值以控制野蛮人；例如圣餐时饮血，轻视文明，以及祭典时的盛列。"（《反基督》, 22）

味,并享受文明的成果。因而,如今基督教成为一个适合于俗众的"舒适的宗教";教士们生活优游,成为寄生虫型的人物。

尼采和齐克果一样,痛击现代基督徒的生活,他们自称信奉古老的信仰,却过着舒适的世俗生活。每个星期,他们或许有六天过着悖于良心的日子。第七天,他们成群集队地挤进教堂,低吟着:"主呀!请你宽恕我的罪,我敬爱你,请你祝福于我。"——这就是所谓信仰;信仰成为整批的交易,事实上,基督教早已名存而实亡了。

基督教已名存而实亡。他们的中心信仰也告崩溃,尼采遂宣称:"上帝已经死了!"

三、上帝的死亡和价值的转换

"上帝死了!"

尼采假借一个狂人的寓言,发布上帝的讣闻:一天早上,有个狂人手提灯笼跑进市场不停地嚷道:"我寻找上帝!我寻找上帝!"——许多人围观着。他跳到人群中,叫喊着:"上帝在哪里?我告诉你!我们杀死了他——你和我!"[①]

"上帝的死亡",乃意指另一世界的理想之被排斥;人类生命不再有一个"永恒的背景",也不再受绝对的信仰所约束。超自

---

① 虽然,尼采的格言——"上帝已死"——首先出现在《愉快的智慧》中,其实他在第一部著作《悲剧的诞生》中就已经写着:"我相信古代德国的寓言,所有神祇都必须死去。"

然的境界已经消逝。它不仅不容于现代的知识,也不适于现代的生活方式。

"上帝的死亡",意指恢复自我的责任,恢复自我的决定。毫无疑问地,尼采哲学的大前提是无神论。[①] 基督教上帝的存在,没有证据。若有,都是反对它的证据,因为一切遭遇既不仁慈,也不理智,复不真实。

上帝的存在与否,事实上是微不足道的事。但是,既然尼采心中没有上帝的影子,那么何以说是上帝死亡呢?因为说上帝"死亡",岂不意指它曾经活着吗?

原来尼采所谓的"上帝",是指一般人心中的上帝,尤其是基督徒心中的上帝。尼采反对基督教的上帝,因为他看出,它之存在于人心中,实足以减损人的价值与意义。

尼采认为,基督教的上帝是怯懦者与病弱者的上帝,也是颓废的上帝。凡是坚强的、勇敢的、征胜的与骄傲的东西,都会被销蚀;基督教的上帝"不再是生命的变形或永恒的存在,而是颓废生命之矛盾体"。[②] 所以尼采认为基督教的上帝是"这地球上所有最败坏的神的概念"。他坚决地认为这种败坏的神的概念应予铲除。

许多学者以为尼采宣布上帝死亡与超人诞生,乃是推翻旧神

[①] 尼采在自传中曾说:"'上帝','灵魂不朽','拯救','超越',这些只是观念,我并不注意这些,也从不在这上面浪费时间。"(《看,这个人》,《我为什么如此聪明》)

在《反基督》中,尼采又说:"上帝的概念是伪造的,道德的概念也是伪造的。这些牧师完成了一个伪造的奇迹。"(27)

[②] 《反基督》,18。

而另建新神。由是断定尼采是个新宗教的创始者。这种说法，完全是一项未经思考的附会。

尼采只希望成为一个哲学家，决不想做新宗教的创始者，他也决不是一个新宗教的创始者。在尼采看来，所有宗教创始者都缺乏理智的真诚（intellectual integrity），他们渴求反理性的事物。[①] 尼采痛斥虚伪与欺骗，而宗教家都是善于编造美丽谎言的人，什么来生啦！天国啦！其实都是虚幻的。尼采也蔑视没有疑问的弟子。[②] 他在自传中宣布："我不要信仰者……我不向俗众讲话。"

尼采的基本精神全然是反宗教的：他反对崇拜、牺牲、独断、教条、仪式、教会组织以及属灵思想——这一切都是构成宗教所必需的要件。尼采肯定生命，呼吁大家忠实于生命，"守实于大地"（remaining true to the earth）。他重视人类生命自身所具的价值，他欣赏本能，歌颂大地与肉体。然而一切宗教都是离弃生命，贬抑本能与肉体。尤其是基督教，他们全然否定生命，并视大地为泣涕之谷。它们一切的价值都是颓废的，败坏的，垂死状态的！

"上帝的死亡"，只是个象征语言，它意示着古老中心价值的腐朽。

---

① 《愉快的智慧》，319。
② 尼采在《查拉图斯特拉如是说》中说："你们还未曾寻找自己，便找到我了。所有的信仰者都是如此；因此所有的信仰都是微不足道的。
"现在我要你们抛开我而寻找你们自己。"（引自卷一《赠予的道德》）
在《愉快的智慧》中，尼采就说过同样的话：
"做一个男子汉，别追随我，追随你自己！你自己！"

古老的价值丧失了力量，然而人不能够生活在无价值之中。尼采是一个有强烈道德责任感的人，他热切地关怀着人类应走的方向与选择的准则。他的工作，大部分在于否定西方传统价值观念。他认为人们在考虑新的价值之前，首先应该了解古老价值是不足取的。

"价值的转换"是尼采哲学的一个中心课题。它意指改革，彻底推翻古老的价值表——尼采将否定（no-saying）和转价（revaluation）联系在一起。

尼采在《查拉图斯特拉如是说》中说："凡是堕落的，都应该把它推倒。"正如新约上所说的，新布不补在旧衣上，新酒不装在旧瓶里。古老的价值（尤其是传统的道德价值），在尼采看来是不可避免地要趋于沦亡——一棵垂死的树不可能因结着新的果子而得救。

四、道德重估

一切价值的转换中，道德价值的转换居于首位。尼采看出我们的文明表面看来是健康的，其实已经受到严重的威胁。因为揭开我们文明的底层，发觉里面充满了颓废与怨恨的色彩。尼采乃追溯根源，结果发现，欧洲道德传统实以基督教为主流。于是尼采对于基督教的批评乃集中在道德的问题上。

尼采以前，有不少人攻击基督教，尼采的批评所以显得特殊，乃在于他的抨击基督教道德甚于基督教教条。尼采看出，前人攻击基督教所采取的历史和科学的路线,并没有产生多大的效果。于是他转移方向,彻查基督教在道德上的影响,他发现基督教教人怜悯,自我否定,禁欲主义,结果把这世界涂上了浓烈的悲观色彩。基督教这些怜悯的说教者,只看到人的动物性,他们缺乏对于人的尊严的尊敬。如果按照基督教的道德观点或生活观点来看,世界岂不变成一个大病院。

基督教企图传播怜悯的德行来攻击人的尊严,因为怜悯本身就包含"俯就",同时还包含"蔑视"(可不是吗?我们从来不怜悯我们所崇拜的人)。基督教传布怜悯之情,以缩限人的能力与独立性,使每一个被怜悯的对象都不能自立——你愈不能自立,便愈需外力的援助,于是基督教那套"神之救助"的幻想,便笼罩着你。

同时,基督教又梦想着最后的审判和永恒的地狱之火。他们一方面讲谦逊、温和、苦难,另方面却根据这些理想来审判别人。于是,憎恨乃成为道德的核心。甚至于他们所宣扬的"爱",也只是无能的憎恨之模品。

道德的目的,乃在于求人的自我完成,而基督教的道德观却有害于人的自我完成,因而必须加以扬弃。

尼采解剖基督教的道德观,同时他也研究人类道德的发展历史。他发现以前的道德盲目的服从习俗,建立在迷信的恐惧上。不管任何人违反了习俗,都会使整个群族感到有罪,他们对于违反习俗的人,都期待着超自然的惩罚。他们视受难为美德,视残酷为美德,视虚饰为美德,视复仇为美德,视否认理性为美德。这些都是群族道德所具有的共同特征。尼采把道德分为群族道德和个体道德，不过他认为迄今所有的道德都还具有某些集团性。

群族道德最古老的类型是"群体道德"，尼采说，群体形成的基础是怯懦与恐惧——强者则本性上是独立的。因此，一个群体重视一致与平等，憎恨差异与独立性。所以群体道德倾向于凡俗，诉诸平庸。一方面，群集动物由于不能自立而需要领导，群居的生命养成强力的服从本能。另方面，一个群体常迫害天生的领导者——优越的强者。

尼采指出群体道德的着重点在历史过程中曾经发生变化。早先处在一个危机的环境中，由于恐惧的心理，群众养成好战的冲动，只要对于团体有利的行为都被赞扬。但是，当外在危险消除时，恐惧就转向群体中的某些分子。他们并求安全、和平。群体道德共享颓废道德的价值：诉诸怜悯，免于痛苦，苟且偷安。

群体道德起于无产阶级的社会，主人道德与奴隶道德则相附于社会上层与下层之别。"主人道德"（master morality，可译成"自主道德"）是一种自我肯定，它的价值来自自我主宰（selfmastery），它表现着奋发的精神。"奴隶道德"是一种自我否定，它呈现出懈怠的心态。前者是健康的道德，后者是颓废的道德。健康的道德由健康的本能所指引，它在于肯定生命，发挥潜能意志。颓废道德却受萎靡的生活所左右。作为一个颓废者，丝毫不能抵抗刺激，任何东西都容易损伤他。颓废者的心理常常充满着无能的怨恨。教士为受难者寻找他怨恨的对象，便说一切受难者都是由于罪。从这里出发，这些人又产生了自我的憎恨。

尼采观察人类道德的种属之后，他诊断现代道德便是传统群体的、颓废的以及奴隶的道德之混合——它们同时也构成了基督教道德的主要成分。这诸种德行，根深蒂固地影响于世人。习俗上所谓的"好人"（要不偏不倚、要圆和、要通达、要识时务……），其实一经分析，这些人不是无能的颓废者便是群集动物（a flock animal）。

习俗上所谓的"好人"，乃是寄生虫型的人物——自满、保守、缺乏创造性。在这一个新的时代，我们要培养负重和踏实的精神以肩负创造和生长的使命。我们需要养育刚健的生命，刚健的生命乃是力的表现，骁勇（特别是道德上的勇迈）、坚毅自信，都是力的表现——从"冲创意志"中激发出来。

五、冲创意志

"冲创意志"（The will to power）是尼采超人哲学的动力。尼采之前的叔本华，首倡意志哲学，他认为世界是意志的产物，这个意志乃是"求生的意志"，也就是求生的意欲。它是盲目的，无止境的，永远无法满足的，所以它常把人生卷入痛苦之中。人生充满了痛苦，唯有在艺术的沉思与禁欲的实践中才能获得暂时的逃避。尼采早年的思想深受叔本华的影响，但是由于叔本华对于生命的消极态度而终使尼采感到不满。尼采抛弃叔本华的思想，但他还保留了"意志"的概念。然而尼采立即指出叔本华误解意志的性质与作用。因为叔本华将意志贬为欲望而忽略了它是自主的要素。

意志为自主的要素，它是力量的源泉，尼采称这种意志为冲创意志。尼采所谓的冲力（power）乃是来自人类的本能。它是属于人的内部的潜能，而非外在的权力。

通常，"power"一词具有下面几个意义：

（1）物理的作用力（physical force）；

（2）生命的能量，活力的强度（vital energy, vitality, vigor strength）；

（3）心智的能量，道德力（mental energy, moral strength）；

（4）社会的或政治的主宰力、影响力（social or political ascendancy, mastery, influence）。[①]

英文中的 power 通常是指暴力或社会支配力（brute force or social domination），但是尼采用 Macht，是指充满活力的或智力的能量和才能（vital or intellectual energies and ability）。

许多人误以为冲创意志便是权力意志，更由此而误会尼采倡导"强权即公理"之说（他被希特勒和墨索里尼奉为神明，实为莫大的曲解）。事实上，他所说的"冲创意志"只是指人类活动最基本的动力，尼采试图用这心理学上的一种最内在的冲动来说明人类的行为。

尼采早期的思想为二元的倾向——即理性与热情并重，后来却发展成这一元动力系统。我们在叙述这一观念之前，且先追寻它的演变经过：原来，尼采在他第一部著作《悲剧的诞生》中发挥了两种精神——阿波罗（Apollo）和狄奥尼索斯（Dionysus）。阿波罗代表古典希腊天才的一面：创造和谐与均衡之美的力量；狄奥尼索斯则代表一种冲创力、无穷的生命力，他沉醉狂欢，为

[①] 引自摩根（G.A.Morgan）著《尼采的意义》，第121页。

破坏一切形式与法则的力量，反抗一切限制，作不休止的奋斗。这两者被尼采视为同等的重要。在后来的著作中，这两者的关系发生变化，他们不再企图维持均衡，狄奥尼索斯不再是不拘形式的狂乱作风，他吸收了阿波罗的精神，在面对艰难的情境中，他变成肯定生命的一个象征。狄奥尼索斯所贯注的生命是灿烂的、欢欣的、刚强的。当尼采将"冲创意志"引入他的思想时，所有二元的倾向都化归为这一基本动力的表现。

"冲创意志"是在文化上的狄奥尼索斯原理以及在自然中的生机原理（the vital principle）。它是一个心理学上的概念。离开升华作用（sublimation），便无法了解尼采这个概念。[①]它是一种提升力（sublimated power），它被升华而为创造力。

威廉·詹姆士曾经说过：一个天才就是此人能够发挥自己的潜能到十分之七八的程度，而一个平常人则只能发挥自己的潜能至十分之一二的程度。尼采的看法也是如此，个人生命价值的高低，全都有赖于他自己所能发挥的潜能之多少，全都依此而决定。

尼采所谓的超人便要不断地发挥自己的潜能，不断地自我创造，自我超越。尼采的"冲创意志"便是一种"自我创造的意志"，也是一种"自我超越的意志"（the will to self-transcendence）。

* * *

[①] 在这一点上，尼采对于弗洛伊德心理分析学派有很大的影响。

尼采处于一个各种传统加速崩溃的世界中：古老的宗教信仰、社会结构、道德标准、生活理想——一切都已崩落，或正要崩落。他努力去了解这个逆境，彻查它的根源，预见它的结果，并求建立一个未来的文化哲学。

从尼采所有的著作中，我们可以找出他的思想发展的路痕，他试图把启蒙运动带进浪漫主义运动，以糅合两者的力量。尼采借助于浪漫主义的深知睿见，也就是对于人类非理性的部分之更加基本的了解，深入发掘启蒙思潮的真质；他又以自由热情的尊敬来代替盲目的崇拜，以此来武装浪漫主义。这就是他的"冲创意志"的心理学的含义——他以此新血注入启蒙运动；这也是他的"自我超越"观念的含义——他以此新血注入浪漫主义。所以尼采的理想人物就是一个能均匀地糅合理性和热情于一身的人。

（本文原收在陈鼓应编《存在主义》，台湾商务印书馆1967年初版）

尼采哲学的价值重估

一、尼采哲学对西方思想界的影响

（一）对西方价值观的重估

一位英国学者说过,19世纪德国出现了三大思想家：马克思、弗洛伊德和尼采，他们对20世纪的人类社会产生了重大的影响。他们之间的思想观念，虽然有很大的歧异，但却有其共同处：他们都是无神论者，认为相信神乃是人的懦弱和盲从的表现；[1] 他们都对传统观念及现存价值提出过震撼性的挑战，企图将人类从囿于陈规陋习的思想囚笼中解放出来。在对人类的心理动机、意志及内在生命的发掘与探讨上，弗洛伊德和尼采在方向上较为接近。弗洛伊德还曾赞赏过尼采的某些心理学的观点，曾说尼采"比其他任何活过的人都更能深切地认识自己"。[2]

---

[1] 史丹（J.P.Stern）：《尼采》（英国，企鹅丛书，1980年版），第17—22页，分析马克思、弗洛伊德和尼采三者思想的同异。

[2] 根据琼斯（Ernest Jones）的记载。引自考夫曼（W.Kaufmann）：《存在主义》（陈鼓应、孟祥森、刘崎中译，商务印书馆），第一章。

尼采哲学的核心是价值观。他对于传统文化发出了"一切价值转换"的呼声；他批评西方二元论的世界观，认为传统哲学、宗教、道德的价值准则，都应随二元论世界观的崩溃而加以抛弃；他指责西方传统哲学注入了过多的神学的血液[①]；他抨击自柏拉图以至康德所建构的"蜘蛛网式"的抽象概念体系是"违反自然"且远离人生、疏离生命。[②]

希腊哲学与基督教文化为欧洲文明两大先河，尼采在古典文化的研究中十分赞赏古希腊悲剧文化。他发现悲剧文化中的酒神狄奥尼索斯因素为生命活力与创造冲动的象征，这观点奠定他日后思想发展的基础。他在悲剧文化与基督教文化的对比中，发现基督教的厌世观腐蚀着生命的战斗意志，散播着萎靡温驯的羊群式道德。尼采认为基督教这种羊群式的道德意识，已普遍地根植于西方人心中，致使他发出"一切价值重估"的呼声。

早在《曙光》中，尼采就提出"对事物作价值重估"（《曙光》，第534节《少量药剂》），并且在批评基督教"在这广大的世界中只不过是个小角落"时，提出"对过去作一切价值评估"（《曙光》，第61节《需要的牺牲》）。在《愉快的智慧》中，尼采说："新生事物经常被视为'恶的'，它要征服并推翻旧的界碑和古老的虔信。"（《愉快的智慧》，第一卷第4节《什么保存了

[①] 尼采指出："我们整个哲学——血管里具有神学家的血液。"（《反基督》，第8节）他并批评德国哲学界及康德哲学，已被神学家们的血液所败坏。（《反基督》，第10节）

[②] 在《反基督》中，尼采批评抽象概念之束缚生命活动，并说康德是个巨大的蜘蛛。（该书第11节）在自传中，尼采自诩对西方传统文化"两千年来违反自然及人类堕落之攻击的成功"。（《看，这个人》，《悲剧的诞生》，4）

人类》）他宣称："一切东西的价值都要重新评估。"（《愉快的智慧》，第三卷第269节《你相信什么》）在后期作品《查拉图斯特拉如是说》和《反基督》等著作中，尼采对基督教文化展开了全面的攻击。他的攻击面，不仅包括基督教的虚妄的信仰、颓萎的人生观与遁世的世界观，而且尤其侧重在抨击基督教之病弱生命的道德观。尼采之宣告"上帝已死"及其对基督教价值观的批判与否定，动摇了千年来西方人思想信仰的基石。这方面的影响之深远，是无可比拟的。

尼采推崇希腊悲剧文化，他认为"这种悲剧文化最重要的特色是以智慧取代科学的地位而作为我们最高的目标"。（《悲剧的诞生》，第18节）正当近代西方处在科技猛进，商品经济蜂拥发展而乐观主义信念流泛的时代，尼采却敏锐地觉察到这时代的文化危机及文明社会的病根。在《悲剧的诞生》中，尼采说：这个时代，"科学指导人生，将个人局限于某些可解决的问题的狭窄范围内"（《悲剧的诞生》，第17节）。在这著作里，他"对科学的乐观主义改变悲剧的方向"作了历史根源的探讨，并指出我们现代文化的阴郁面与荒芜性（《悲剧的诞生》，第20节）。在《反时代的考察》中，尼采认为："它暴露了我们的科学事业的危险性，以及对于生命的腐蚀性和毒害性——非人化和机械主义导致生命的病态；工人的'非人格化'。"（《看，这个人》，《反时代的考察》，1）在《偶像的黄昏》中，尼采沉痛地说："十七年来，我不厌其烦地揭露我们当代科学研究带来的毁灭精神的影响。科学的巨大领域使今日每一个人屈于粗暴的被奴役状况，这就是为什么不再出现具有更全面、更丰富、更深沉的性格的教育和教育者的原因之一。我们的文化所遭受的苦难莫过于如此众多的专横的雇工和人性的凋残。与他们的愿望相左，我们的大学实际上是造成这种精神本能的萎缩的强制殿堂。"(《偶像的黄昏》,《德国人所缺乏者》)

尼采对现代科学主义及文化的庸俗主义深表不满；他"攻击资本主义的世俗性"[①]；批评中产阶级的知识分子眼光狭隘，"对于真正重大的问题从不关心一顾"(《愉快的智慧》，第五卷第373节《科学的偏见》)。他还描绘"美国人的淘金狂热；工作之窒息的急遽——灵性的缺乏正像毯子似地展布着。现在的人多羞于喘息，即使稍长时间的沉思也似乎会使人感到良心惴惴不安。人们思考时手上还捏着一只表，如同在用餐时眼睛盯着股票市场的新闻一样"(《愉快的智慧》，第四卷第329节《闲暇和懒散》，下引同)。这一幅美国式生活的缩影，即使在一百多年后的今天读来，也还是使人感到如此生动逼真。而这"缺乏灵性"，"将一切高尚的趣味缢死"且导致"人与人之间缺乏真诚交往"的生活情景，却正像毯子似地向世界各地展布着。尼采所揭露的现代人精神上之"无家可归性（home lessness）"(《愉快的智慧》，377节《我们无家可归者》)所抨击的种种"现代风"，[②]也正是当代文学与存在主义所经常关注的一项论题。

---

① 引自日本工藤绥夫：《尼采——其人及其思想》，李永炽译，1969年，水牛出版社，第21页。
② 在《反基督》里，尼采批评"现代风"的弊病："懒散的和平、怯懦的让步、现代是非观念的整个道德上的不净。"在《愉快的智慧》中，愤慨地表示他不能忍受这时代抛掷其如此之多的"时髦垃圾"(该书第378节)；他抗议这是个嘈杂喧嚣的时代，"对于一个思想家来说，这真是个邪恶时代"。(该书第331节)

（二）对现代哲学和文学的影响

尼采的影响是多方面的，特别在哲学和文学的领域里。现代西方哲学主流派别之一的存在主义，便与尼采思想有密切的渊源。[①] 考夫曼（W. Kaufmann）教授说："在存在主义的演进过程中，尼采占着中心的席位：如果没有尼采，那么雅斯培（Jaspers，一译雅斯贝尔斯）、海德格和萨特是不可思议的，并且，加缪《薛西弗斯的神话》的结论，听来也像是尼采遥远的回音。加缪也曾经详细地写过尼采。在萨特的主要哲学著作《存在与虚无》中，尼采是第一个被提到的名字。雅斯培撰写过两大册有关他的书籍，且在其他的几本著作中，也详细讨论过。而海德格，在他后期的作品中，比雅斯培更为重视尼采。"[②] 是的，在存在主义哲学影响力最大的这几个人之中，海德格写过四本论述尼采的著作，而萨特，虽然没有发表过有关尼采的专著，但他的哲学的基点，却始于尼采宣称的"上帝已死"的命题。萨特在论人文主义的演讲中，明

[①] "存在主义"之作为一个学派及其基本主张，彼此的看法是相当分歧的。如考夫曼在《存在主义》的导论上说："存在主义不是一种哲学，只是一个标签，它标示着反抗传统哲学的种种逆流，而这些逆流本身又殊为分歧。……在每一种《存在主义者》的名单上都被列名的三位作者——雅斯培、海德格和萨特——他们在根本的问题上，意见都不相同。……拒绝归属于思想上任何一个派系，否认任何信仰团体（特别是对于各种体系）的充足性，将传统哲学视为表面的、经院的和远离生活的东西，而对它显然不满——这就是存在主义的核心。"一般的说法是："存在先于本质"为该学派的基本命题。但柯普勒斯东（Frederick Copleston）在他的《当代哲学》书中《存在主义导论》一章上，认为这样的说法还不够，他还提出存在主义强调人的主体性及从行动者的立场去从事哲学活动等主题（参看陈鼓应编《存在主义》，1978年台北商务增订6版，第30—41页）。

[②] 考夫曼：《存在主义》，1975年New American Library版，第21页。下引同书，第22页及12页。

确地表示:"存在主义不是别的,只是一种企图从一种前后一致的无神论的观点去获得所有结果的看法。"萨特从无神论中所获得的最重要的结论便是:如果没有上帝,就没有任何普遍必然的道德律和绝对确定的价值观念。事实上,这就是尼采的声音。

尽管现代的存在主义,一方面是以基于异常的宗教体验而明确意识到自己之"存在"的巴斯噶(Pascal)或齐克果(一译克尔凯郭尔)为其思想源流,但却产生出另一种倾向,即逐渐远离了巴斯噶或齐克果所指向的目标——与基督在人格上的交会,而与反基督的尼采发生了共鸣,从而探索无神性的深度。[①] 在无神论方面,尼采宣称"上帝已死",否定传统以上帝为创造泉源及准则的价值观,建立以人为中心的价值观,这对西方思想界引起了很大的冲击。尼采推崇希腊悲剧人生观,贬抑基督教之奴隶道德观,进而对西方传统文化进行"一切价值的转换"。这些论题对当代哲学与文学都有很大的启发,对于存在主义影响尤大。

虽然学者们常把尼采置于存在主义的先驱人物之列,但我们不可混淆彼此的不同点:在尼采的作品中,我们呼吸不到存在主义那种疏离感和挫败的情感,在存在主义的著作中,我们也感受不到尼采那种昂然的生命力和奋发的意志力。

"存在主义只是尼采所产生的多面影响之一。把尼采称作存在主义者,表示对他全部影响力的认识不够。"考夫曼教授还说:"任何时代很少思想家能够和他的影响力相等。在英国和美

---

① 参看松浪信三郎:《存在主义》(梁祥美译,台北志文出版社新潮文库1982年版),第68页。

国,长久以来都惯于把他和纳粹党连在一起。尼采影响力的特异之处并不是纳粹党——整个说来,纳粹党对于他的任何一本著作都没有作用,厚颜无耻地利用他——而是在他死后的一世代中,他深深地影响到如里尔克、赫塞、汤玛斯·曼、司蒂芬·乔治、萧伯纳、纪德和马尔卢这样的人物——的确,他的影响力及于德、法的整个文学界和思想界。雅斯培、海德格和萨特的存在主义只不过是这多方面影响的一面而已。"

的确,尼采的"影响力及于德、法的整个文学界和思想界"。此外,他的作品也给现代深层心理学的研究提供了不少富有启发性的观念。

早在1868年,尼采以《自我观察》为题写了九篇短文,"作为弗洛伊德的先驱者,尼采已经在这些短文中认识到自我是个多面体,自我的各个组成部分处在矛盾之中,他还意识到进行自我分析的种种危险性。"[1] 其后在《愉快的智慧》中,尼采谈到人们进行自我观察时,应深入"隐藏在'意识'背后的意识"。(《愉快的智慧》,第四卷第335节《向物理学家致敬》)在《人性的,太人性的》里,尼采提出脑功能最受影响是记忆能力之说,以及关于笑的心理分析,这与弗洛伊德的理论有很多相似之处。[2] 尼采在谈到"求真意志"时,提及"死亡意志"的概念,这概念为弗洛伊德日后(1920年)在《超越欢乐的原则》中所发挥。[3]

---

[1] 海曼(Ronald Hayman):《尼采评传》(英国牛津大学出版社企鹅丛书,美国版1984年本),第103页。
[2] 同上书,第200页。
[3] 考夫曼(W.Kaufmann)英译本《愉快的智慧》第282页附注。

尼采认为，被压抑的冲动在梦幻中得到满足，包括夜梦和昼梦。弗洛伊德以《梦的解析》（1900年）一书为精神分析学奠基，而尼采比他早二十年到三十年就对梦的作用和机制作出类似的分析。对于无意识的研究，尼采似乎已触及日后心理学家荣格所提到的"原始意象"的观念。① 他说："在激情的奔放中，在梦境与疯狂的幻想中，人可以重新发现他的本来面目和人类的史前模样：动物性及其狰狞状。在这种情景下，他的记忆会追溯到遥远的往昔，而他的文明形态是从遗忘这原始经验即抛开这记忆之后发展成的。"（《曙光》，第312节《遗忘》）他还说："我发现自己对过去的人性与兽性，乃至整个原始时代以及一切有感觉的存在体的过去，在我身上继续沉思着、爱着、恨着、推论着。"（《愉快的智慧》，第一卷第54节《表象的意识》）尼采认为这种"表象意识"是经常如梦般地浮现出来的。

尼采还在意识的背后进一步探讨其深层的心理活动。"由于意识的灵敏性，往往使一些敏锐的人也会以为意识活动的背后，并没有隐藏什么似的。"（《愉快的智慧》，第8节《无意识的德行》）而"意识乃是人类器官最晚也是最近的发展，因此它是最粗糙而无力的。无数的错误都源于意识"（《愉快的智慧》，第11节《意识》）。尼采一反众说，对意识活动作出极低的评价，他认为："意识只是人与人之间一种联系的网，隐士便不需要它。……人和其他生物一样，不停地思想，却不自知；思想之成为意识不

---

① 周国平：《尼采：在世纪的转折点上》（上海人民出版社，1986年7月），第156、158页。

过是其中最小的一部分——可以说是最表面和最坏的一部分——这种思想的意识以语言的方式表达出来，亦即沟通的记号，由此而揭露意识的起源。总之，语言的发展和意识的发展是并进的。……人是群居的动物，意识并不真正属于人的单独存在，而是由于他的社交和群居的天性。"（《愉快的智慧》，第五卷第354节《人类的禀赋》，下引同）这里，尼采似乎认为意识和语言的发展是为了人与人的交通，所以它是属于群体性而导致人的个殊性的沉没。尼采进而评论："意识领域所感知的，乃是一种皮相、一种普遍化、一种象征、一种群体的特质。一切成为意识化时，便联系着一种深切的曲解、虚伪化、肤浅化。"他还说："意识只是经验偶然事件，并不是它的必要的或本质的属性；换言之，我们所谓的意识只不过是我们精神和心理世界的一种状态。"（《愉快的智慧》，第357节《老问题：德国人是怎么回事？》，下引同）尼采认为德国的思想家都没有尽心去探索精神和心理世界的深奥处。他赞同莱布尼兹的说法："我们的内心世界是十分丰富、广涵而且隐秘的。"尼采强调对于意识背后深层心理的探索，使他日后成为学界公认的弗洛伊德心理分析学派的先驱者。

由于尼采作品在西方世界影响的多面性与积极意义，我们有必要对他的学说重作一番认识与评估。尼采的思想，非以形式系统表述，而以隐喻性的散文或散文诗表达，这就增添了在"概念分析"上的困难。有位法国学者强调对尼采思想得从他的"整个思想气氛"来理解，[1] 我们不应只为"批判"而断章取义或割裂其

---

[1] 法国学者德勒兹（Gilles Deleuze）：《尼采与哲学》英译本（Hugh Tomlinson 译，哥伦比亚大学出版社，1983年版），《给英译的前言》，第7页。

原义。不幸因着欧战时期纳粹党"厚颜无耻地利用他",使得尼采学说遭到灾难性的误解。因之二十世纪三四十年代间,英语世界对他的认识流于浮面,[1]五六十年代以来,苏联的学界对他也有很深的曲解。[2]所幸在战后德、法思想界——无论是学界中的存在主义、结构主义或当代文坛,尼采的作品产生了十分严肃而正面的影响,尤其是尼采对西方传统的价值观及其对近代文明生活的反思。近一二十年来,尼采原著的英语本大量印行,[3]有关他的

---

[1] 英美学者的简化与误解,在英语世界里,一般西哲史如梯利的《西方哲学史》,误解尼采要"争取权力","创造英雄崇拜的种族"。如罗素的《西方哲学史》虽有不少独到的见解,但论及尼采时竟误解他为"喜欢无情、战争",并将尼采和马基雅弗利相比,说尼采"所景仰的全都是军人",甚而任意评断尼采笔下的"高贵人"是一个"完全缺乏同情的人,无情、狡猾、残忍,只关心自己的权力"。另一本美国通俗的哲学史——威尔·杜兰(Will Durant)的《西洋哲学史》论及尼采时,第一句话就说:"尼采是达尔文之子、俾斯麦的兄弟。"这类的误解,在20世纪30年代的英语世界是相当普遍的。

[2] 苏联学界的曲解,可以斯·费·奥杜也夫的《尼采学说的反动本质》为代表,该书指责尼采"和法西斯主义思想联系",具有"好战的本质",并指控他为"资产阶级的哲学家","帝国主义反动派的首席思想家","德意志种族主义者"。这些指控,与尼采学说完全无关。这类充斥于苏联学界的论断,显然是由于未及研读尼采的原著所致,而在学风和认知的态度上,殊不可取。

[3] 尼采著作的英语本,最早有奥斯卡·李夫(Oscar Levy)所译《尼采全集》,共十八册(纽约:麦克米伦公司1909—1911年版);稍后有汤玛斯·康芒(Thomas Common)及克利夫顿·法迪曼(Clifton P.Fadiman)等合译的《尼采哲学》(纽约,兰登图书公司现代丛书1927年版);50年代有考夫曼(W.Kaufmann)译《袖珍尼采文集》(纽约,威金出版社,1954年版)。60年代之后,尼采著作的单行本大量译出,其间最称著者,为考夫曼与荷林达(R.J.Hollingdale)所译。考夫曼译本有:《查拉图斯特拉如是说》《善与恶之外》《悲剧的诞生》《华格纳事件》《道德的谱系》《看,这个人》《愉快的智慧》(以上各书,陆续在1966—1969年由纽约兰登图书公司出版,《愉快的智慧》在1974年出版,均收入"丰年丛书")。荷林达译本有:《反基督》《偶像的黄昏》《善与恶之外》《看,这个人》(各书均由英国企鹅丛书印行,分别在1968年、1973年、1979年出版)及《曙光》《反时代的考察》(两书在英国剑桥大学1982—1983年出版)。此外,考夫曼和荷林达合译《冲创意志》(纽约兰登公司丰年丛书1968年出版)。

学术专著亦相继发表,[①] 这给我们在研究上提供了很多的便利。

本文试图根据尼采的作品阐述他的文化观及其学说的主要概念。前者介绍尼采对希腊悲剧文化的观点以及对基督教文化和德国民族文化的批判,后者介绍他的"超人""冲创意志""永恒重现"等重要学说。

二、希腊文化传统的再造

(一) 悲剧的起源

古典语言学的研究,使尼采打开了希腊思想宝库的大门。从希腊文化中,开启了他对那时代的人生观的广阔视野。

早在普夫达就学的时期,尼采便致力于古典问题的探讨。他认为德国戏剧起源于史诗,而希腊戏剧则发源于抒情诗并含有音乐的因素。这个认识在后来他的第一部著作《悲剧的诞生》中得到深入的发展。[②]

1869年,尼采在巴塞尔大学发表就职演讲,题为《荷马与古典语言学》。他认为:语言学不是一门纯科学,而是与艺术紧密交织重叠在一起的。这种对古代文化的理想化,也许是源于日耳

---

① 英语世界研究尼采的专著,较称著的有:乔治·摩根(George A. Morgan):《尼采的意义》(1941年出版);考夫曼:《尼采——哲学家、心理学家、反基督者》(1950年初版);阿瑟·丹托(Arthur C. Danto):《哲学家尼采》(1965年出版);里察·夏哈特(Richard Schacht):《尼采》(1985年出版);尼罕马斯(Alexander Nehamas):《尼采:以文学为生命》(1985年哈佛大学出版社)。

② 海曼(Ronald Hayman):《尼采评传》,第57页。

曼人对于南方的怀旧情绪，然而古典主义者应该填平理想与现实之间的鸿沟。他表明这样的观点："所有的语言活动都应当孕育于并包含在某种哲学世界观之中，这样，在个体或彼此分离的细节像所有能被抛弃的东西那样消失之后，只剩下了它们的总体，即一致性。"① 从这时开始，尼采便将古典语言学和艺术、哲学紧密结合，并提出他对希腊传统的独特看法。在《悲剧的诞生》中，他提出了两点与众不同的观点：

（1）希腊人对人生的悲苦有敏锐的感受，他们之所以能克服悲观主义而表现出旺盛的活力，乃是由于悲剧精神所产生。而悲剧精神乃来自希腊的两种自然的艺术倾向——那就是阿波罗因素和狄奥尼索斯因素。对于希腊文化形成的主要因素，尼采在阿波罗形态之外，突出了狄奥尼索斯现象，并且有力地掌握住狄奥尼索斯现象的消长为希腊文化盛衰之主要线索。

（2）尼采将希腊文化划分为苏格拉底以前和苏格拉底以后两个不同的阶段。而对苏格拉底以后的文化精神的表现，非常不满。他认为正是由于苏格拉底的影响，遂将悲剧中的狄奥尼索斯成分完全排除去，这是导致希腊文化衰落的关键因素。②

在《悲剧的诞生》中，尼采试图说明希腊悲剧精神的起源，探讨那克服悲观主义的悲剧人生观，并了解狄奥尼索斯因素及苏

---

① 海曼（Ronald Hayman）：《尼采评传》，第109页。
② 尼采在自传中认为《悲剧的诞生》有两项特殊的见解，他说："在这书上，有两个特殊的发现：首先，在希腊文化中把握了狄奥尼索斯的现象——第一次，对于这现象提供一个心理的分析，以此视为一切希腊艺术的基础。其次，第二个发现是对于苏格拉底思想的解释——在这里第一次把苏格拉底认定是希腊文化衰落的关键，视为颓废的典型。"（《看，这个人》，《悲剧的诞生》，1）

格拉底文化转变的契机。

尼采在他的第一本著作中，便对美学价值作了肯定。[①] 他认为艺术的发展是在人的生命中两种对立因素不断互相作用的结果：那就是阿波罗和狄奥尼索斯。这两种势力之间，由于相互激荡而引发出彼此更活泼的创造力。

阿波罗和狄奥尼索斯是"两个独立的艺术世界：即梦幻世界和醉狂世界"（《悲剧的诞生》，第1节）。这两个名词是借自于希腊神话中的太阳神和酒神，用以象征艺术创造活动中两种基本的心理经验。

阿波罗是光明的象征，代表"个体化的原则"（《悲剧的诞生》，第14、16各节），"支配着我们内在梦幻世界的美丽形象"（《悲剧的诞生》，第1节）；它在冷酷的现实上，涂上一层美学的面纱，创造一个理想的形式与美的世界——通过奥林匹斯的神话，通过史诗和造型艺术来表现。

狄奥尼索斯是生命之流的象征，它冲破一切障碍，排除一切限制，代表奔放的生命的活力。在狄奥尼索斯的庆典中，人群簇拥，载歌载舞，沉醉狂欢。"狄奥尼索斯的欢呼，突破个体化的力量，而展开一个返回'存在母体'的途径"（《悲剧的诞生》，第16节）；狄奥尼索斯的激奋，欣喜地贯穿整个自然，犹如春天活力的来临。在这激奋的情怀中，个人臻于忘我的境界（《悲剧的诞生》，第1节）。它的典型的艺术形态，就是悲剧和音乐。

[①] 尼采对于美学价值的肯定，是始终如一的。在他晚期的思想里，仍然强调艺术的世界观。他说："一个反形上学的世界观——不是别的，只是一个艺术的世界观。"（见《冲创意志》第1048条，考夫曼编，第539页）

阿波罗和狄奥尼索斯的历史发展的线索是这样的：希腊文化的第一个阶段，是为荷马时期（约纪元前8世纪或稍早）。这时期纯粹是阿波罗的势力，以荷马的史诗为代表——"在阿波罗的庇护之下，发展着荷马的美的世界"（《悲剧的诞生》，第4节），而多立克艺术（雕刻与建筑），亦为这形态的表现。与此同时，不可抵挡的狄奥尼索斯的冲动，也开始自发性地出现于希腊。狄奥尼索斯的歌舞，渊源于小亚细亚。狄奥尼索斯的歌舞、音乐，约于纪元前7世纪介绍进希腊，而迅速地成为一股强劲的潜力。[1] 阿波罗和狄奥尼索斯"这两种势力，在经过长期不调和之后，神秘地结合在一起，产生了一个既为阿波罗也为狄奥尼索斯的双重性的结果"（《悲剧的诞生》，第4节）。

悲剧是抒情诗的最高发展。希腊的抒情诗由纪元前7世纪的阿基罗库斯（Archilochus）建立了一个文学的风格。"抒情诗有赖于音乐精神。"（《悲剧的诞生》，第6节）它透过音乐歌唱出来，而与音乐是不可分的。一般而言，抒情诗人首先是作曲家，而后成为一个狄奥尼索斯的艺术家。

荷马和阿基罗库斯代表着希腊诗歌（史诗与抒情诗）发展的两个主流。尼采推崇荷马和阿基罗库斯，认为这两位诗歌的先驱者，"向整个后来的希腊历史，射出川流不息的火花"（《悲剧的诞生》，第5节）。他对于后者的评价尤高，认为阿基罗库斯的特殊贡献是将民歌带进文学的领域来。尼采认为，"史诗完全是

---

[1] 参看丝克（M.S.Silk）与史丹（J.P.Stern）：《尼采论悲剧》（英国，剑桥大学出版社，1984年版），第64页。

阿波罗艺术,而民歌则为阿波罗和狄奥尼索斯两者结合的最简朴的艺术形式"(《悲剧的诞生》,第6节)。由此发展出埃斯库罗斯(Aeschylus)和索福克里斯(Sophocles)的辉煌的希腊悲剧。于此,尼采提出他的独特的看法:"悲剧产生于悲剧合唱队。"(《悲剧的诞生》,第7节)①

对于悲剧合唱队的艺术表现,尼采有这样的描述:"在戏剧合唱队的过程中,戏剧的基本现象是:把自己投射到自身以外。在行动中,就好像真的进入了别个身体、别个人物之中。这种艺术不再是吟诵史诗者的艺术,因为史诗吟诵者并没有把自己与他的想象物打成一片,只是像画家一样,把他们看成自身以外的观想的对象。但在这里,我们看到的,却是将自己投入陌生者之中。这现象不是特殊的,而是普遍的:整个群体都在这种方式下欢畅奔放融为一体。"(《悲剧的诞生》,第8节,下引同)这就是狄奥尼索斯式的狂欢。"狄奥尼索斯的刺激鼓舞,把一种艺术力量传给大众,使人臻于特殊的情境中。"这种情境,尼采称之为"从阿波罗形象中所产生的狄奥尼索斯合唱队"。悲剧中的阿波罗和狄奥尼索斯这两种错综关系的进展,用尼采的话:"狄奥尼索斯说着阿波罗的语言,而阿波罗也说着狄奥尼索斯的语言;因此,便达到悲剧和一般艺术的最高目的。"(《悲剧的诞生》,第21节)

由于悲剧艺术取得这种成就,尼采遂认为:真正的文化便是

---

① 在《悲剧的诞生》第七节中,尼采说:"关于悲剧的起源,从来没有被严肃地提出过,也没有被解决过。"

生命中各种力量和形式所结合的统一体。这种艺术观，使他否定悲观主义的人生观而肯定悲剧精神的人生观。

（二）悲剧的人生观

叔本华对早期尼采的影响，在《悲剧的诞生》中明显地表现出来。这影响主要反映在以艺术转化人生的悲苦的论题上，但对于叔本华的悲观主义，尼采则加以摒除。

尼采的思想，自始至终是宣扬悲剧精神而反对悲观主义的。在尼采的自传中，提到《悲剧的诞生》时，他明白地说："这书的副标题：'希腊文化与悲观主义'是一个不可含混的标题——这表示首要的就是说明希腊人如何排除悲观主义，如何克服悲观主义。希腊人不是个悲观主义者，悲剧就是个证明：这一点叔本华是错误的。"（《看，这个人》，《悲剧的诞生》，1）的确，尼采在他这第一本著作中所着力描绘的一个重要主题，便是希腊的雄健的人生观。

希腊人是一个非常敏感的民族，特别容易感受细微而深刻的痛苦。尼采认为希腊人洞察人生的惊险可怖，但他们并不背离人生，而是面向人生。他们透过艺术的"转化"与"提升"，[①] 将这世界以一种美学的态度加以肯定。正如《悲剧的诞生》中所说的："希腊人虽然洞察自然和历史的破坏性，但他们却不曾陷于佛教那样地否定意志的危险中，艺术拯救了他们，透过艺术，他

[①] 里察·夏哈特（Richard Schacht）：《尼采》，特别强调"提升"（overcoming）与"转化"（transfiguration）两个概念在《悲剧的诞生》中的重要性。见该书第481—484页。

们重获生命的意义。"

从荷马的艺术世界开始,他的奥林匹斯诸神的人物,便显示着"旺盛而意气昂扬的生命,将一切善与恶的,都点化而为美好的"(《悲剧的诞生》,第3节,下引同)。尼采描述说:

> 希腊人创造了许多神祇,以显示他们对于生命的肯定。透过阿波罗之美的动力,渐渐地从原始泰坦的恐怖统治中,发展出奥林匹斯众神的喜悦统治,犹如玫瑰花从荆棘丛中萌芽一样。不然,一个如此过度敏感,如此情绪激动,如此深受苦难的种族,怎能忍受人生呢?那显示人生完满,并保证存在价值的艺术冲动,产生了奥林匹斯世界,这世界实为反映希腊意志的一个变形镜。

荷马的艺术世界,是阿波罗精神的表现,"在阿波罗时代中,人的意志热切地渴望着留在世上,即使他的悲叹,也变成一首赞美歌"。

阿基罗库斯的抒情诗,是狄奥尼索斯艺术的表现。透过狄奥尼索斯音乐,发出诗的火花,发展到最后,乃出现悲剧合唱队。

埃斯库罗斯和索福克里斯的悲剧艺术,则为阿波罗和狄奥尼索斯二元结合的最高艺术成就。他们世界中的悲剧英雄人物(如索福克里斯的悲剧英雄为伊底帕斯,埃斯库罗斯的悲剧英雄为普罗米修斯),莫不在荆棘的人生途程中历尽艰辛,以艰苦卓绝的精神,克服万难,而开拓生命。那些悲剧英雄人物的坚毅行为,便是狄奥尼索斯精神的体现。①

总言之,悲剧的人生观,表现出希腊人生气蓬勃的战斗力、丰富而旺盛的意志力——这也就是狄奥尼索斯精神的体现。

(三)苏格拉底文化

1870年春,尼采在巴塞尔大学作了两次演讲,其中以《苏格拉底与悲剧》为题,指责苏格拉底和尤里披底斯(Euripides,一译欧里庇得斯)导致希腊悲剧的衰落。②

在《悲剧的诞生》中,尼采认为三大悲剧之中,到了尤里披底斯就起了重大的改变。他的艺术变成为"新希腊喜剧"。"悲剧只以一种退化的形式留存着。"(《悲剧的诞生》,第11节)尼采指出:"尤里披底斯的基本意向,就是把悲剧中原始而普遍的狄奥尼索斯成分完全除去,并且在非狄奥尼索斯艺术、习惯和哲学的基础上,建立他的戏剧事业。"(《悲剧的诞生》,第12节)所以尼采批评尤里披底斯"堕落为一种'贬低希腊精神'的人物"。(《悲剧的诞生》,第11节)

透过尤里披底斯所表现的人物,"既不是狄奥尼索斯,也不是阿波罗,而是一个叫苏格拉底的新生魔鬼。从此产生了新的对立:狄奥尼索斯精神和苏格拉底精神的对立。希腊悲剧艺术就在这种冲突之中消失了。"(《悲剧的诞生》,第12节)

苏格拉底是发誓要反对悲剧艺术的。所以他除了观看过尤里

---

① 《悲剧的诞生》,10:"希腊悲剧舞台著名人物,如普罗米修斯、伊底帕斯等,都是狄奥尼索斯这个英雄的化身。"

② 海曼(Ronald Hayman):《尼采评传》,第120页。

披底斯上演一部新戏之外,据说从来不进戏院。尼采讥讽苏格拉底"唯一真正欣赏的诗是伊索寓言",他"不能以任何心情洞察狄奥尼索斯的深处"。(《悲剧的诞生》,第14节,下引同)并且,苏格拉底将乐观的因素带进悲剧中,过分成长而蔓延到狄奥尼索斯的领域,遂"使悲剧变成了上流社会的家庭剧"。

苏格拉底和尤里披底斯的目的是密切相联的。尤里披底斯走向了"苏格拉底的倾向"(《悲剧的诞生》,第12节,下引同),企图以非狄奥尼索斯因素去建立他的"悲剧"。尼采批评说:"一旦戏剧不再从音乐中产生,不再从狄奥尼索斯曙光中产生,那么它就只有采取戏剧化的史诗形式出现,也就是说,采取那排除悲剧效果的阿波罗形式出现。"而"一旦音乐精神从悲剧中离开,悲剧也就死亡了"。(《悲剧的诞生》,第17节)

尼采认为:"在所有具有创造力的人们中,本能是积极创造的力量,而意识则是批评者与劝阻者,但苏格拉底则相反,本能是批评者,意识却是创造者。这真是个怪物!"(《悲剧的诞生》,第13节)总之,由于苏格拉底的主智、辩证、科学的乐观主义及其"对狄奥尼索斯艺术的敌视"(《悲剧的诞生》,第15节),遂导致悲剧精神的消失。尼采指出这是希腊文化由盛而衰的关键因素。①

尼采将古代西方文化分为三种主要不同的类型:"即苏格拉底文化、艺术文化和悲剧文化;若以历史例证区分,可以说它们是亚历山大文化、希腊文化和婆罗门文化。"(《悲剧的诞生》,第

---

① 《悲剧的诞生》1886年序《一个自我批评的尝试》第四节中也说,自柏拉图之后,希腊人转向乐观主义;浮浅、做作、竭力追求逻辑与逻辑化的世界,这是衰退意志、精力疲惫的征兆。

18节）尼采认为，从艺术观点来看，苏格拉底文化实可称为"歌剧文化"。他说："歌剧建立在与亚历山大文化相同的原则上。歌剧是理论型的人的产物，是彻底外行而非艺术家的产物。"（《悲剧的诞生》，第19节，下引同）尼采批评歌剧是艺术中"一种浅涉文艺的表现"，是"根本没有音乐气质的人所需要的"；它将肤浅的娱乐性加在音乐上面，注入浅薄的乐观主义，而"剥夺了音乐中伟大狄奥尼索斯意义"。

尼采认为："我们整个近代世界便是在亚历山大文化的笼罩之下，这个世界的理想是产生理论型的人。苏格拉底就是这类型的祖先。"（《悲剧的诞生》，第18节）这种文化由于排除狄奥尼索斯因素，而导致创造意志的衰退。

纵观尼采的哲学，狄奥尼索斯观念不仅成为《悲剧的诞生》中的一个基本概念，也是贯穿他整个哲学思想发展的一个突出的主线。由狄奥尼索斯意志，其后发展为超人动力的"冲创意志"；由狄奥尼索斯现象，而发展成为尼采批判基督教文化之病弱性及近代文化之庸俗性的基本动力。

三、近代德意志文化的批判

（一）"俾斯麦是马基雅弗利主义"

尼采所欣赏的希腊文化，跟他所处的时代精神是十分不协调的。尼采从25岁到临终都在外国度过，在这25年间，他吸收了不同的世界观，学习到从不同的角度观察事物、反省问题。距离感及宏观的视野，使他从外眺望德意志国家及其民族文化的发展，洞察出其中严重的危机。

尼采认为，自苏格拉底迄今，悲剧文化经历了三种死亡的途径：第一次死亡是由于苏格拉底的辩证法思想。第二次死亡是由于基督教的懦弱化。第三次死亡是由于近代的庸俗化。而尼采对于希腊悲剧文化所怀抱的理想，与他那时代所流行的乐观主义的信念是截然对立的。

尼采所处的那时代，黑格尔哲学体系笼罩着思想界，达尔文学说征服着世界，在这同时，普鲁士军队在欧洲大陆建立了德国的强权政治；科学和技术突飞猛进，因而到处流露着乐观主义的信念。然而，尼采却贬称这个时代为虚无主义。①

尼采对于德国社会文化的空气，越来越感到忧愤，最主要的因素有两个：一是由于对德意志帝国战胜法国后所弥漫着一股骄盛空气的反感，② 二是由于对华格纳艺术向现实妥协而变质的愤慨。

---

① 考夫曼：《尼采》，第 96 页。
② 丹麦的布兰德（George Brandes，一译勃兰德斯，勃兰兑斯）教授，早在 1889 年第一次向世人介绍尼采思想时，便已指出普法战后尼采对德国社会文化的不满。他说："法德战争已经过去一年半了，德国人妄自尊大的思想浪潮也达到了顶峰。胜利的狂喜一变而为乱嘈嘈的自吹自擂。公众们普遍认为，德国文化已经战胜了法国文化。……

"仅仅一年前，尼采本人还以最大的热情构想着德国的未来，期盼着它能迅速摆脱拉丁文明的束缚，他并且已经从德国的音乐中听到了最令人鼓舞的征兆。但是，现在他觉得，一种思想堕落已经无可争辩地从帝国的基础中生发出来，并弥漫于整个社会。

"尼采坚持认为，所谓文化首先表现为一种艺术风格的整体，而这一风格又贯穿于某一民族生活的全部表现方式之中。另一方面，他指出，所谓学得很多，知道很多，既不是文化的必要手段，也不是文化的一种象征。它显然是与原始风尚相联系的。换句话说，它是与风格的缺乏，或者对各种风格的拼凑相联系的。尼采的论点十分清楚：一种由拼凑起来的风格而构成的所谓文化，是无法使任何敌人，特别是像法兰西这样的敌人屈服的。（转下页）

在1868年以前,尼采对于德国的现况,并没有异议。1870年德意志首相俾斯麦发动普法战争,迫使法国签订法兰克福和约,德帝从法国掠得50亿金法郎的贴款,而用之于加强兵力及军备工业的发展。1871年德意志帝国宣告成立,这帝国逐渐建立在"铁与血"的基础上,而成为一个军事专制的国家。尼采对于德意志帝国走向强权政治、军国主义倾向的不满,正如他在自传中所宣称的:"我是最后的一个反政治的德国人。"(《看,这个人》,《为什么我如此聪明》,3)

　　对于俾斯麦的强权政治,尼采表达了他这样的一些意见:早在1866年6月初,尼采给母亲的信中认为:"俾斯麦具有勇气和不可动摇的冷酷之心,但是他低估了人民的道义的力量。"在同年7月17日,尼采给友人威廉·宾德的信中抨击俾斯麦的入侵政策,指出:"高尚的目标是绝不通过邪恶的手段来实现的。"这表达了他高兴看到德意志统一但又痛惜奥地利的失败的复杂心情。①

　　在《曙光》中,尼采批评俾斯麦等"这班大人物,已经把德国这具有丰富感觉的民族,导向误途"。(《曙光》,第167节《极端崇拜》)在《愉快的智慧》中,尼采批评俾斯麦为"马基雅弗利主义(Bismarck's Machiavelism)"(《愉快的智慧》,第5卷第357节《老问题:"德国人是怎么回事?"》)。在《偶像的黄昏》

（接上页）"尼采引证了歌德与爱克曼的一次谈话:'我们德国人还是在昨天。无疑地,在过去的一百年中,我们一直在非常勤奋地开掘着我们自己,然而,大概还需要几个世纪的时间,我们的人民才能吸收到足够的知识和比较高级的文化。因为,在过去相当长的一段时期内,他们都还是一些野蛮人。'"（引自《尼采》,安延明译,1985年工人出版社出版）

① 海曼（Ronald Hayman）:《尼采评传》,第79页。

中，尼采带着讥讽性的口吻说:"爬上权力的宝座是代价昂贵的行当;权利使人愚昧……德国人——他们曾被称为思想家的民族;他们依然在思想吗?今日的德国人已经厌倦了理智,德国人不信任理智,政治吞没了一切对真正事物的严肃性——我担心这真是德国哲学的终结。在国外人们这样问我:'还有其他德国哲学家吗?还有任何德国诗人吗?还有什么优秀的德国著作吗?'我感到羞赧;但是我在沮丧的情况中仍鼓起勇气回答说:'是的,还有俾斯麦。'"

尼采虽然和实际政治没有发生直接冲突,但也算得是个持不同政见者。在他的作品中,也常表露对现实政治的不满。在尼采早期所写的《悲剧的诞生》《历史对人生的利弊》及《教育家叔本华》这三个作品中,已经直接地攻击当时的"国家",将它描绘成为恶魔。①

在《曙光》中,尼采指出:"有些人统治着,由于他们有统治的欲望,另一些人统治着,为了免于被统治——后者是两种罪恶中较轻的。"(《曙光》,第181节《统治》)他抨击德国"这个民族的风格是多么的低俗!在高官显位、权势荣华面前,表现得多么奴性!"(《曙光》,第231节《德国人的德性》)自普法战后,德意志帝国蓄意鼓吹狭隘的爱国主义。尼采对于当时统治阶级的愤慨,在《查拉图斯特拉如是说》书上的《新偶像》与《痞徒》中,表现得尤为鲜明。

---

① 研究尼采的学者多持这种看法。如考夫曼说:"尼采虽然批评'国家',但他基本上并不是个社会或政治哲学家。"(见所著《尼采》,第123页)威廉·沙尔特(W.Salter)说,尼采个人是"非政治性的"(见所著《思想家尼采》,第76页)。

在《新偶像》里，尼采谴责德意志民族至上的论调说："他们给民族高悬了一把刀与各种肉欲。这谎言从它的口中爬出：'朕即国家，即民族。'"他抨击当时统治阶级"攫取权势和大量的金钱"，彼此争夺权势，如同爬行的猴子一般，"他们互相推挤，而陷于泥泞的深渊"。他还攻击偶像崇拜，讥讽大独裁者说："'在世界上没有比我更伟大的：我是上帝发号施令的手指。'这怪物如是咆哮着。于是长耳朵和短视的都跪伏下来。"这正是日后希特勒一类人物的写照。

在《痞徒》中，尼采抨击近代资本主义社会中贪欲无度的都市生活，攻击那班"嗜权的、舞文的、肉欲的贱众"。其中有一段话表达了他对当时德国政情的愤慨："当我看到这些统治者的所谓统治，只是跟那班痞徒作权势的交易和论价时，我便远离他们！我掩住鼻子，走过一切昨天与今天：真的，所有过去和现在都散发着文氓的恶臭！"尼采目睹政风的败恶，而沉痛地避走异邦。

尼采的这种态度，是对当时德意志帝国所弥漫的不正之风的直接反应。他说："当战争过去了，奢侈、轻视法国及褊狭的民族主义，使我感到厌恶。和歌德时代相比，我们走得多远啊！可厌的肉欲主义！"他认为，当前的教育只是为了现实的目的，这种发展的趋向，改变了文化崇高的目的。[①] 的确，新德意志国家在普法战争以后的气氛中，使尼采最为忧虑的是：它变得妄自尊大、物质主义、文化的庸俗化——这种精神扩散到知识界、教育界各个阶层。正当尼采对德意志帝国所弥漫的政治与文化的空气充满

---

① 引自威廉·沙尔特：《思想家尼采》，第74页。

厌恶感的时候，又遇着"华格纳事件"的刺激。原先，尼采对华格纳寄予无限的厚望，视华格纳音乐为重振德国艺术的先声。自尼采欣赏华格纳的剧作《特莱斯坦》开始，他就成为一个"华格纳的崇拜者"。(《看，这个人》,《为什么我这样聪明》, 6) 1876 年秋，德国在拜路伊特（Bayreuth）创立音乐节，演出华格纳的全部作品。尼采兴冲冲地赶往参加，然而这时的拜路伊特已成为帝国的一个"文化"中心。尼采原本期待华格纳成为一个文化的挽救者（a cultural redeemer），结果他发现自己竟参加了一个庸俗的节日（philistine festival）。尼采惊叹华格纳变成"日耳曼帝国所赖以建立的精神典范了"！(《看，这个人》,《人性的，太人性的》, 2) 从此，尼采对德国的文化界怀着完全失望的心情。而"德国人"这名词，在他心中就是"中产阶级者，在思想上和道德上安于现况及顺从习俗者"。[①] 往后的年代里，尼采对德国的一切，从未停止他的不满和攻击。

（二）"普鲁士对所有文明国家是一种非常危险的势力"

尼采对于德国现况的不满，主要是在文化问题上。其言论散见于他的书信和著作中。

让我们先看看尼采给朋友的书信[②] 在提及德国时所作的批评：

---

① 荷林达：《尼采》，第 69 页。
② 尼采的书信集英译本有：奥斯卡·李夫（Oscar Levy）主编的《尼采书信选集》（由 Anthony M.Ludovici 英译，1921 年纽约花园城达布尔代公司出版）；考特（Kurt）编译的《尼采未出版的书信》（1959 年纽约哲学图书馆）。本文所引参看彼得·福斯（Peter Fuss）和亨利·沙皮洛（Henry Shapiro）编译的《尼采：书件中的自我画像》（1971 年美国哈佛大学出版社）。

（1）1869年5月22日，尼采在瑞士的巴塞尔给华格纳的信上，表露他对德国知识界的困惑与危机的忧虑。

（2）1870年7月19日，尼采给罗德的信，提到普法战争惊人的爆发。他说："我们这早已贫困的文化，统统掉到一个很可怕的恶魔手中。"

（3）1870年9月11日，尼采在尔冷耿（Erlangen）给华格纳信中，叙述普法战争中他三天三夜照顾伤患。这些病人都受了重伤，子弹穿过他们的骨髓，有的皮肉都腐烂了。这可怕的经验，使尼采看透了战争的恐怖。

（4）1870年11月7日，尼采在巴塞尔给戈斯多夫（Carl von Gersdorff）信中，表现他对德国的看法因战争而有重大的改变。他说："我很担心我们将来的文化情况。我认为现在普鲁士对所有文明国家是一种非常危险的势力。"

（5）1880年11月，尼采在意大利的热内亚给欧佛贝克的信上，表达他卑视"唯心主义"，尤其是德国的唯心主义。他抨击"德国精神"只是浮夸的、庸俗的，表示以后再也不要接触所谓"德国精神"。

（6）1884年4月末，尼采在意大利威尼斯给玛尔维达（Malwida）的信上，提到他和他妹妹的破裂，是由于她的反犹太的种族主义。尼采表示："我永远不可能和那满腔仇恨的复仇性恨透犹太人的鹅子和好！"

（7）1885年3月21日，尼采在法国的尼斯给他母亲和妹妹的信上表示："我对'德国国粹'运动没有兴趣，何况是所谓'光荣的'种族的纯净。恰恰相反，恰恰相反！"

（8）1886年夏天，尼采在瑞士的西尔思·玛利亚（Sils Maria）给欧佛贝克信上说："生活在现代的德国，对我来说是非常不健康的；使得我中毒，使得我蹩脚。每逢我在德国的时候，我对人们的厌恶便增长到可怕的地步。"

（9）1886年9月24日，尼采给玛尔维达信上说："在德国，有一股恶风经常吹向我，但我没有必要反击他们。这环境对我来说，是十分不适合的。今天德国人所关心的，我却漠不关心。……华格纳的主意下意识地流向罗马去，它在人们内心所隐藏的，就像俾斯麦在外面所做出来的。"

（10）1887年2月24日，尼采在尼斯给莱因哈特（Reinhard）信上说："德国政治只是冬天的一种变能，而且是一种坏天气。在我看来，最近这十五年来的德国，简直变成麻木的状态。现在的德国，像刺猬一样，我对它失掉了最后的尊敬。它代表着有史以来最呆板、最颓废、最不真实的德国国魂的形态——这幽魂吞下多少没有灵魂性的东西呀！我不能原谅任何跟它妥协的人，包括华格纳，都在美化一个大谎。"

（11）1887年5月12日，尼采在瑞士给玛尔维达的信上说："现在的欧洲，只有法国和俄国的知识分子，使我感到亲切，我对这批'德国至上'的同胞，反而没有什么认同可言！"

（12）1888年2月19日，尼采在尼斯给乔治·布兰德（Georg Brandes）的信上，以史特劳斯为例，批评德国沙文主义者是"文化市侩"。

（13）1888年10月18日，尼采在意大利的都灵给欧佛贝克的信上表示，他在各条战线上反对德国；他认为这个不可靠的民族，会给我们的文明带来巨大的灾难。他抨击德意志帝国在欧洲能统一时偏要搞分裂。

（14）1888年11月20日，尼采在都灵给布兰德的信上说，《看，这个人》一书，反对一切跟基督教有关的东西。在这书中，受到最严厉攻击的乃是德国人，他们已使西方历史上最伟大的时代——文艺复兴运动——丧失了它的意义。他们在文艺复兴时攻击天主教，其实是为了试图保存基督教。

（15）1888年12月7日，尼采在都灵给奥格斯特·斯特林贝格（August Strindberg）的信上说："它（按：指他的自传《看，这个人》）是彻底反德国的；它完全和法国文化站在一道。为了维护我反对德国的野蛮暴行，我要送几本给俾斯麦和德皇，以表示宣战。"

在尼采所有的书信中，凡是提到德国的地方，无不大肆抨击，而无一赞许之词。普法战后，德国的政治气氛与文化空气令他有窒息之感。从上面所引述的信件中，可知尼采反对反犹太的种族主义，他攻击德国的国粹主义，谴责所谓"德国国魂"是一个吃人的幽灵；痛恶"德国精神"的浮夸、庸俗；他担心德国国家主义的危害，认为这个民族会给文明带来巨大的灾难。在政治上，他不满俾斯麦的强权作用；在文化上，尼采认同于法国文化：书信中的这些观点，同样表现在他的著作上。

（三）"德意志伸展到哪里，就败坏了哪里的文化"

尼采对文化问题的兴趣，早在他受教育的青年时代——他不只因着大学期间的专业研究而关心古典文化，亦因着受叔本华与歌德等人的影响而关心当代文化。他受叔本华的一个重大影响，在于对美学、艺术的重视。而歌德方面，对希腊文化的推崇及对当代文化的平庸化病症与所谓"进步"风尚之批评，则对他颇有启发。①

在《悲剧的诞生》中，尼采对于近代文化的不满，便有所表露。他认为："西方文化的每一个时期，即使表面上看来是属于原则性而值得称赞的，但当它和希腊的典型比较时，就失去了光彩和生命。"（《悲剧的诞生》，第15节）他批评整个西方近代世界是在亚历山大文化的笼罩之下，"彻底的通俗化，对眼前事物之无价的颂扬"。（《悲剧的诞生》，第23节）他期望"在我们这衰竭的文化沙漠里，能使狄奥尼索斯精神再生，把狄奥尼索斯的行列，从印度带向希腊"。"在现代文化荒芜的废墟上，能透过音乐艺术的神奇而看到德国精神恢复活力和净化的一线希望。"（《悲剧的诞生》，第20节，下引同）尼采发表《悲剧的诞生》的动机之一，就是感到德国人在吸收传统文化的精华方面已趋于枯竭，他忧虑德国文化和希腊文化之间的联系如此薄弱，甚至于大多数学院里的人，对希腊文化竟也"达到一种不严肃而轻忽的关系，以至于常常放弃希腊人的理想，并完全曲解所有古典研究的真正意义"。尼采在回顾《悲剧的诞生》一书的写作过程时还说，他对所谓"德国精神"，是"持着一种无望和无情的观点"，认为"它是所有艺术形式中最缺乏希腊精神的"。

1872年春天，《悲剧的诞生》刚发表，尼采就在巴塞尔大学

---

① 参看丝克与史丹合著：《尼采论悲剧》，第20页。

以《德国的教育机构之未来》为题，发表了五次演讲。在演讲中，尼采认为，德国政府表面上关心提高文化水平，但是实际上是想降低教育水准。教育在国家手中会成为一个有力的武器。他认为现代国家并不想改善国民的文化素质，相反只想让人民驯服恭顺，满足现状，只需要具有专业知识的科技人员而不需要让他们掌握一般的人类文化。因此，他不相信普及教育能够解决民族文化的问题。他说，新闻学是一种传播知识、淡化知识的手段，真正的哲学家应当使学生接触了解希腊文化，还要反对"庸俗文化"。尼采批评德国人使用母语的能力太低，学校提倡的是书生气而不是真正的文化。[1]

在尼采第二本著作《反时代的考察》中，对于他本国人引以为自豪的教育体制及文化界现况有着敏锐的批评。该书第一篇论文《忏悔者与作家》，便以当时德国文化界所推崇的史特劳斯作为庸俗文化的代表而施以抨击。他指出："在德国，公众舆论似乎禁止在这个战胜国里讨论战争带来的各种邪恶与危害。"他认为："在最近普法战争所造成的种种祸害中，最为有害的就是那个被公众舆论所制造又为公众广为接受的错误认为——即在那场战争中德国文化也同样大获全胜并应为之而挂上胜利的花环。这种幻觉是极为有害的。"事实上，"战后，法兰西文化依旧存在，而我们德国人还将像以往一样依赖法兰西文化。我们不应忘记，在各方面，我们都和以往一样要依赖巴黎，我们不得不这样做，因为迄今为止，还没有过真正的德意志文化。"然而，在德国知

---

[1] 海曼（Ronald Hayman）：《尼采评传》，第149页。

识分子中竟有不少人附和舆论，随时准备为德国在战争中的胜利而欢呼，鼓吹文化上的胜利还不准发表异己之见。尼采说："我称这种势力，这一类人是文化庸人（Cultural philistine）。"（《反时代的考察》，第1、2节）

在《反时代的考察》一书的第二篇论文《历史对人生的利弊》中，尼采批评"这个时代整套杂乱的虚伪教育"（该文第6节）；"时代的整个空气都充满了如此错乱喧杂的声音"，使人们变成"随声的被动者"（该文第6节）；而"一切现代的哲学思维都受到政治的与警察式的管制，被政府、教会、学府、习俗与人类的怯懦所限制"（该文第5节）。尼采认为每个人和每个民族都需要过去的知识与经验，时而是纪念的历史（monumental history），时而是好古的历史（antiquarian history），时而是批评的历史（critical history），这不同形式的历史都是为人生的目的服务。然而我们的时代，人生与历史的关系是极其混乱的。一个民族的历史文化，应是一个生生不息的整体，然而我们的教育却不是一个有生命的东西，没有内在与外在的相应，现代人只是拖着一大堆不消化的知识石块，使人成为"走动的百科全书"（walking encyclopedias）；现代人"用抽象与计算来表示自己，而渐渐地失却自己！"（该文第4节）对于德国当时的历史教育，尼采有这几点批评：（1）古典教育的缺乏，使青年人变成没有归宿感。（2）青年人被教导一种非人性的、战争应杀的暴力历史（该文第7节）。（3）自利主义的教育，使人"从地平线的无限里撤回到自己身上，回到最小的自私的范围内"（该文第9节）。（4）基督教史观教育："一切较高的教育与教化都被这色彩忧郁而暗淡地蒙住。""它在一切的新栽植，勇敢尝试，自由热望是怀着敌意的；它反对每个向着未知事物的飞翔，因为它在那里没有爱，没有希望。"（5）黑格尔史观："将人们引向现实的偶像崇拜"；"在'历史的威力'面前折腰与低头，就像中国人机械似地向每个威力面都点头称'是'，不管这威力是一个政府，是一个舆论，或是一个大多数。"（该文第8节）

在《曙光》中，尼采批评："整个德国的大趋向既与启蒙运动敌对，又与社会的革命敌对。"（《曙光》，第197节《德国人对启蒙运动之敌对》）

在《愉快的智慧》中，尼采批评德国人受中世纪思想的影响，"中世纪的黑暗时代意味着欧洲的酒精中毒——德国人对生命的不满，本质上乃是一种寒冷冬天的疾病"（《愉快的智慧》，第三卷第134节《悲观主义者即受害者》）；他批评德国是个缺乏理性的民族，而"犹太人则能教导人们作更精细的区别和严格的推论以及更明晰更易懂的方式写作"。（《愉快的智慧》，第五卷第348节《学者的根源》）① 尼采还表达他对德国现行体制的不满："现在的政治，正把德国人的精神变得徒有其表。"他并抨击德国时下正鼓吹国家主义和种族仇恨，他沉痛地指责："在我们民族的心灵和血液中正流淌着毒素，它使我们的躯体溃烂生疮，它导致欧洲各国纷纷像逃避瘟疫似的彼此隔离和封锁。"（《愉快的智

---

① 考夫曼英译本在本节注释中，认为尼采在这里将自己和反闪族主义分开。从另一节（即《愉快的智慧》第361节《演员的问题》）中，尼采说"犹太人是个适应力极优越的民族"，并说："犹太人是天生具有文学才能的民族。"这也可作为考夫曼解释的有力证据。

慧》,第 377 节《我们无家可归的人》)

《查拉图斯特拉如是说》这部哲学散文诗,是要改造现状而投寄希望于未来的作品。该书《文化之邦》一章,反映了他对资本主义商业文化发展中种种光怪陆离的生活现象之无可忍受的沉痛心情。

在后期的作品中,尼采对于德国文化现况的抨击尤烈,他的自传里不停地有所表达。例如他有这样一类的言论:

(1)"我的血液中具有多民族的天性"

> 我的本性,使我具有一种超越于地域的、民族的、有限范围的眼光;我的祖先是波兰贵族,所以在我的血液中具有多民族的天性。(《看,这个人》,《为什么我如此聪明》)

(2)"我只相信法国文化"

> 我沉浸于少数几位法国老作家的著作:我只相信法国文化,而认为今天欧洲一切自称为"文化"的东西,都是误解的——更不用说德国文化了。
>
> 在德国,我所遇到少数较高文化的事例,都是渊源于法国。……只要德意志伸展到哪里,就败坏了哪里的文化。(《看,这个人》,《为什么我如此聪明》,3)

(3)"德意志伸展到哪里,就败坏了哪里的文化"

像我这样，在最深的根性处，跟条顿人的东西都格格不入，以至于只要一接近德国人，就会阻碍我的消化。……

为什么我永不宽恕华格纳？就是他降格屈从于德国人——他成为一个德意志帝国主义者。

德意志伸展到哪里，就败坏了哪里的文化。(《看，这个人》，《为什么我如此聪明》，5)

(4)"德国文化没有意义、没有实质、没有目的"

德国文化没有意义、没有实质、没有目的，只是"公共舆论"。再没有比这更为有害的误解，竟以为德国军事上的胜利，就证明德国文化比法国文化优越。(《看，这个人》，《反时代的考察》，1)

(5)"德国人精神上贫乏而贪婪"

我必须攻击德国人，因为他们在精神上不断变得更懒惰、更贫乏，而且以贪婪的胃口去摄取不相容的东西，把"信仰"与科学态度、基督教的博爱与反犹太主义、建立"帝国"的权力意志与谦卑的福音，毫无消化不良地囫囵吞下去！(《看，这个人》，《华格纳事件》，2)

尼采在生前最后出版的《偶像的黄昏》中，仍然抨击"德国的精神已变得越来越粗陋，越来越浅薄。……我时常与德国的大学有所接触：在学者中弥漫着一种什么样的气氛，多么贫乏的精神，变得多么自满，温水一般！"（《偶像的黄昏》，《德国人所缺乏者》，下引同）他指出："如果一个国家把自己消耗在权力，盛大的政治，经济事物，世界商业，议会机构，军事利益——如果他在这方面消耗了他的大量理智、严肃、意志、自我征战，则其他方向就会贫乏。……德国作为一个大国崛起的当儿，法国则作为一个文化国家而获得了重要性。大量当代的精神严肃性和激情已转移到法国。"

总之，从尼采的作品中，看到他抨击近代文化之"彻底的通俗化"；他谴责近代经济主义之"非人化和机械主义导致生命的病态"；他指出德国的大趋向跟启蒙运动和社会革命是敌对的；他批评德国军事主义导致德国文化的盲目性与贪婪性。当时德国的发展趋势，使敏锐的尼采警告说："德国人的良知积压了四百年来所有反文化的最大罪行。"（《看，这个人》，《华格纳事件》，下引同）

从尼采的原著中，一贯地并且越来越强烈地看到他对德国民族文化的不满。可见二十世纪三四十年代英美言论界及五六十年代苏联思想界交相指责尼采为德意志种族主义者或纳粹主义者，是毫无根据的，而且是颠倒黑白的！

尼采对德国文化的不满（扩言之是对整个西方近代文明的不满），探索其病根，乃导源于基督教文化。上比于古希腊的悲剧文化，则基督教的病态性更加彰显，所以基督教遂成为尼采哲学攻击的一个核心问题。

四、基督教文化之价值转换

（一）基督教既非阿波罗式也非狄奥尼索斯式

"烈酒和基督教，是欧洲人的麻醉剂"（《愉快的智慧》，第三卷第147节《问题与答案》），也是欧洲人给予其他民族的毒品。而基督教的价值观更是麻醉人类的有害物，所以基督教成为尼采思想的最大敌对者。

尼采对于基督教批判的思想发展的线索，大致是：第一个时期对基督教保持"敌意的沉默"，第二个时期对基督教之反科学及其基本教义之批评，第三个时期则对基督教之世界观、人生观展开全面性的攻击——特别是在基督教的道德观方面。

在《悲剧的诞生》中，虽然没有提及基督教，但确如尼采写这书的十四年后所说的：对它持着"敌意的沉默"（1886年新编序：《一个自我批评的企图》，下引同）。在这书上，尼采对世界所作的审美的解释，与基督教的论点正相反："例如上帝之绝对真理，这真理将所有艺术都丢弃在虚伪的领域。"基督教的价值系统，不仅是反对艺术的，而且也含着对"生命的极端仇视"。它是"一种病入膏肓、阴郁、疲惫以及生物由于缺乏阳光而变得苍白的征象。"

在尼采的自传中，提到《悲剧的诞生》时，也明白地说："全书的特色是对基督教表现出一种深沉的敌意的缄默：基督教既非阿波罗式的，也非狄奥尼索斯式的；它否定一切审美价值——而这正是《悲剧的诞生》一书所唯一肯定的价值。在最深刻的意义上说，它是虚无主义的，可是在狄奥尼索斯的象征中，却是达到了最大的肯定。"

关于宗教的负面作用，尼采在《悲剧的诞生》中说过这样的话："一切宗教的先决条件，就是神话到处被麻痹。"（《悲剧的诞生》，第18节）可见尼采不仅将神话的价值和宗教截然分开，而且视宗教为腐蚀神话质素的麻痹品。

尼采出身于宗教家庭，他的反基督的思想发展，是饶有意趣的。大约在尼采进入普夫达中学以后，他开始接受良好的古典教育，渐渐开启了他的思想视野；古典文献的天地，展开了一个和他家庭信仰截然不同的世界。

1861年，由于尼采对于文学的爱好，致使他对基督教教义与主张投以冷眼，使他对"上帝的存在，灵魂不朽，圣经的权威，圣灵神迹等，产生怀疑"。[①]

1865年6月间，尼采给他妹妹的信上说："人们有多种途径可循：如果你希望得到心灵的平静和安宁，那就去信仰吧！如果你要为真理而奉献，那就去探讨！"这年秋天，尼采读到叔本华的《意志与表象世界》，其中的无神论思想是他所受到的重要影响之一。

在莱比锡大学期间，尼采从古典希腊文化遗产中所汲取的丰盛营养，不仅为他的思想发展奠定了坚实的基础，也形成他的反基督的思想泉源。

（二）基督教信仰与希腊神话的最大区别

在尼采第二期作品《人性的，太人性的》里，对基督教信仰的批评，主要是从科学及其心理学的观点出发。

[①] 参看丝克与史丹合著：《尼采论悲剧》，第18页。

尼采指出："在实在性上，宗教和科学是没有任何关联的——他们简直生活在不同的星球。"(《人性的，太人性的》，第110节《宗教的真理》)他说，宗教信仰是盲目的，没有科学的分析；由于宗教受到科学的威胁，所以那些神学家就添加了一些伪造的哲学理论到它的系统中。尼采分析宗教崇拜起源时，认为古人并不知道自然的规律。由于没有自然规律的概念，所以人们以为自然界的变化是神力或魔力所致。宗教缺乏"自然发展"的整个概念，乃将人对奇迹的幻想投放在自然律上。宗教崇拜，只是给自然加上一个规则，而不是探讨它本身的规律。(《人性的，太人性的》，第111节《宗教崇拜的起源》)尼采还从心理学的角度，分析"基督教贬抑人格，将人陷没于深沉的泥沼中，这是过度的病态的情绪"(《人性的，太人性的》，第114节《什么是基督教中非希腊的因素》)。

在《人性的，太人性的》一书《什么是基督教中非希腊的因素》一节中，尼采指出希腊神话和基督教之间的一个最大不同点，在于希腊人并不觉得荷马的神祇是高于他们，而犹太人则不然，他们视神祇与人们的关系为主仆关系。

在《愉快的智慧》书中，尼采进一步分析基督教和希腊神祇的区别：其一，基督教的神被视为至高无上的东西，人们需匍匐在他的跟前。而希腊人所崇拜的神却是平等的。其二，希腊传统的世界，没有罪的感觉。基督教却宣扬："你要悔改，上帝才给你荣耀。"基督教所预设的一个强有力的上帝，喜好复仇，所谓罪孽，乃是对神的亵渎，而不是对人类本身。其三，基督教将人和上帝分成两个对立的阶层，将世界分成自然与超自然的不同领域。他们崇扬超自然，视自然界的一切都是卑下的。而希腊人则肯定自然，崇尚人生。基督教以渎神为万恶之首，而希腊人则以渎神为庄严而具高贵感——以此为悲剧产生的根源（见《愉快的智慧》，第135节《罪的起源》）。由是观之，希腊人神话中的神与人的关系是：（1）平等的，（2）无罪感，（3）自然主义，（4）以渎神为庄严之悲剧精神——这些都是和基督教教义迥然不同的。①

在《曙光》这一作品中，尼采指责基督教教人盲从，视怀疑为罪恶（《曙光》，第89节《怀疑为罪》），批评基督教的罪恶报应说（《曙光》，第13节《朝向人类的新教育》），基督教发明了罪的观念（《曙光》，第29节《德行与罪的演员》），发明赎罪说（《曙光》，第53节《有良心者的谬妄》）并捏造地狱说（《曙光》，第77节《精神虐待》）——这些评论亦屡见于尼采第三期作品中。

（三）基督教之病弱世界

尼采在第三期作品中对基督教教义的批评②，在观点上是和

---

① 在《愉快的智慧》中，尼采还描述了"圣洁的残忍"（见该书第73节），并批评基督教所夸耀为人类最伟大的"宗教战争"，不过是教派之间的争嚷——只是由所谓"灵魂永生"一类的小小的概念争论所掀起的一场残酷的大屠杀（见该书第144节《宗教战争》）。在《愉快的智慧》中，最值得注意的，是尼采借一个狂人之口宣告"上帝已死"的讯息（见该书第343节）。

② 尼采第三期作品对基督教教义的批评，这里着重介绍《查拉图斯特拉如是说》和《反基督》两书的观点，未及引用自传中的意见，但有些材料，仍有参考价值。例如，尼采说："'上帝''灵魂不灭''拯救''彼岸'——这些都只是概念而已，我从不留意这些，也从不在这上面浪费时间，甚至在小时候就这样。"（《看，这个人》，《为什么我这样聪明》，1）"它们都来自有害的谎言——所有这些概念，如'上帝''灵魂''美德''罪恶''来生''真理''永生'等等。"（同上，10）"我揭露了基督教道德的面具。……它是一种罪行的心理上的欺骗。……是违反生命的罪行。"（同上书，《为什么我是宿命论者》，7）

他第二期作品相一致的。其间的相异处，除了第二期作品受到科学实证主义的影响之外，其表达方式则为文学性随感式的点滴透视，而第三期作品对基督教的论点，则不再是零零散散，而是从哲学性的总体观点作出系统性的批判，也就是提到一个世界观和人生观的高度对它展开全面性的批判——特别是对基督教所固守的道德堡垒的攻击。①

在《查拉图斯特拉如是说》中，尼采对于基督教的人生观之沦为人死观及其两个世界之说，在《序言》（第三节）中已有概括性的评论。此外，可以《死亡的说教者》及《来生论者》两章为其代表。

在《死亡的说教者》（第一卷）诗章中，尼采批评基督教：宣扬"人生只是苦恼""肉欲是罪恶""怜悯是必需的"；基督教的人死观，将人的生命"悬在稻草上""包在浓郁的郁闷中"，暮气沉沉，弄得人像一具具"活棺材"。

在《来生论者》（第一卷）诗章中，尼采批评遁世者将自己的幻想抛掷到人类以外去，由于"痛苦和无能而造成一切来生世界"。事实上，彼岸的世界，是贬抑人性的非人世界，只是"天上的虚空"。尼采劝告那些蔑视肉体与大地的"病人与垂死者"，"别再埋头于天上事物的沙滩中"，要抬起头来，为大地创造意义！

在基督教的各种教义中，怜悯和罪孽说是尼采攻击的两个焦点。"怜悯造成包围一切自由心灵的沉闷空气。"（第三卷《归来》）

---

① 在《曙光》中，尼采对基督教道德已多所批评，如抨击基督教宣扬屈服、卑顺、憎恨、复仇等概念。（见该书第60、63、71、72、201等节）

在《怜悯者》一章中，尼采抨击基督教所散播的怜悯意识如病菌一般地蔓延着、藏匿着、侵蚀人的身心。在《查拉图斯特拉如是说》中，并抨击基督教宣扬人人有罪，"如黑铅一般地压着"，锁禁人心，使信徒们个个变成"病夫"（第一卷《苍白的罪犯》）。

对罪与怜悯的教义，尼采在《反基督》一书中，再度施以猛烈的抨击。① 尼采指出基督教伪造历史，"他们将自己民族的过去历史转变为宗教事项，也就是说，他们把它转变为对耶和华所犯罪过的无聊的拯救和惩罚机构、对耶和华虔诚和报偿机构"（《反基督》，第 26 节，下同）。教士们假借"上帝的意志"，诱使信徒们向他们"缴纳各种税捐"，所以尼采说"教士们靠'罪'来过活"。《反基督》一书中，对基督徒作了许多心理分析，尼采从基督教信仰中指出"基督徒对自己和对他人的虐待感；怨恨所有和他的思想不同的人；具有迫害意志"（《反基督》，第 21 节）。

---

① 《反基督》一书，主要地抨击基督教的"敌视生命"，此外还批评它的敌视科学——凡是带有科学倾向的人，都被视为"上帝的敌人"（该书第 13 节）。对于基督教之扭曲真实而虚构一个想象的因果、想象的目的论及想象的自然科学，尼采提出了这样的评论："在基督教中，道德宗教与真实，可以说一点接触都没有。除了想象的原因（"上帝""灵魂""自由""精神""自由意志"——因此也包括"不自由意志"）以外，什么都没有，除了想象的结果（"罪恶""赎罪""神恩""惩罚""赦罪"）以外，也是什么都没有。想象物（"上帝""魔鬼""灵魂"）之间的接触；一种想象的自然科学（以人类为中心的；没有任何自然原因的踪迹）；一种想象的心理学（除了自我误解，除了借助宗教道德特质的象征语言如"悔改""良心的痛苦""魔鬼的诱惑""上帝的显现"等以解释那些适意的或不适意的一般感情以外，一无所有）；一种想象的目的论（"上帝之国""最后审判""永恒生命"）。

"这个纯粹虚构的世界是远逊于梦幻世界的，因为后者反映现实，而前者曲改现实，剥夺现实的价值且否定现实。一旦'自然'的概念被捏造为'上帝'的对立者，则'自然的'就必须变为'不可宽恕的'的同义语；这整个的虚构世界根源于对自然的事物（对现实）之憎恶；这是看到'现实'而产生的深刻困扰之表现。"（该书第 15 节）

尼采还讨论了《圣经》中赎罪说的生理基础(《反基督》，第30节)和"赎罪者的心理学问题"(《反基督》，第28节)。他说："福音把我们带进那个奇怪而病弱的世界——像俄国小说中那些社会废物、神经错乱者和孩童似的白痴，似是要获得一个避难所。"(《反基督》，第31节)

尼采认为基督教罪孽说将人带进一个"病弱的世界"。《反基督》中他称"基督教为怜悯的宗教"(《反基督》，第7节，下引同)。他敏锐地指出："怜悯与那些提高我们活力而使人奋发的情绪相反；它具有一种抑郁的效果。当我们感到可怜的时候，我们的力量便被剥夺了。这种为苦痛所加于生活上的力量之丧失，又进一步地为怜悯所增加与扩大了。怜悯使痛苦蔓延。在某种情况下，它可以导致生命与活力的完全丧失。"因而，尼采抨击："怜悯阻碍了发展律"，"怜悯是虚无主义的实现，也是助长颓废的主要工具"。

然而，基督教却视怜悯、谦卑、顺从为美德，将人驯化为"家禽的动物"[①]。因而尼采称基督教道德为"奴隶道德"。

（四）基督教之羊群式道德

在《善与恶之外》书中，尼采发现了两种主要的道德类型，即自主道德和奴隶道德。在高等的文明里这两种道德混合起来，即使在同样一个人里面，也可以发现这两种道德的因素同时存

---

① 在《查拉图斯特拉如是说》第三卷《侏儒的道德》中说："他们所谓道德，便是使人谦卑而驯服，如是，使人变成最好的家禽。"在《反基督》(第3节)中说："基督徒成为家禽动物、羊群动物、病弱动物者。"

在。可是要把它们分辨清楚。在自主道德中,好与坏、高贵与蔑视是相等的。在奴隶道德中,它的标准是:什么对于懦弱者与无能者是有用的或有益的,就是道德。像怜悯、谦逊和顺从被标榜为美德,而健壮而独立的人被认为是危险的,因而被认为是"恶"的。所以用奴隶道德的标准来看,自主道德中的好人就会被认为是"恶"的。奴隶道德是羊群道德。它的道德评价是由羊群般的教徒的需要而定的。①

这观点在《道德的谱系》书中被更系统化地表达出来。在这本书里,尼采用怨恨的概念来解释传统道德(基督教道德)产生的根源。他说,一个能发挥自己积极性而创造较高价值的人,是因为他有充沛的生命力与丰富的生活内容。由于他的充沛健壮,因而使温驯的人感到害怕。为了要使充沛健壮的人温顺,所以懦弱者就宣称他们的家禽的价值是绝对的。他们的怨恨的感情,并不公开承认,而由曲折的方式和道德观来表现。可是研究道德生活的心理学家能够觉察到这种怨恨的存在,而将它复杂的运作方式暴露出来。

因而,我们在道德的历史上,看到两种不同的道德态度的冲突。从较高层次来看,这两种道德是可以共存的。换言之,如果羊群式的人本身不能产生较高价值的事物,而能满足于自己的道德观念的话,彼此仍可共处,不过羊群式的人不满足于此,他们千方百计将自己的价值观念加到所有人的身上,把它当作一个普

---

① 本节有关"奴隶道德"的介绍,引自柯普勒斯东(F.Copleston)《哲学史》1985年合订本第三册第七卷,第401—402页。

遍的价值。依尼采看来，羊群式的人物在这方面的努力，西方的基督教可为其代表。因此，当尼采说要超越善与恶时，便是要超越基督教羊群式的道德观。

尼采从道德历史的演变观点出发，将道德类型区分为两种，并把奴隶道德和基督教联系起来，而把自主道德和古希腊精神联系起来。他谴责基督教的奴隶道德把人的身体、冲动、本能、感情、心灵自由及美的价值，都加以贬抑，而认为自主道德可以激励人朝着各种可能的途径及更高的方向发展，这类型的道德"包含了更加肯定生活的世界观"。① 尼采强烈地相信，传统的基督教道德对于现代人是过时无用的。他认为，随着社会及世界上的条件的变化，需要有一种新的道德——一种作为"世界公民的新道德"。

（五）"上帝已死"的意义

在尼采反基督教的战斗中，最具有震撼性的，莫过于发布"上帝已死"的宣言。尼采第一次提到"上帝已死"的观念，是在《愉快的智慧》中。他说佛陀死后，他的影像在洞窟里仍然展示了几个世纪。"上帝已死"，而人们所采取的方法亦复如此。所以尼采认为：新的斗争在于，我们必须把他的阴影消除掉。②

---

① 宾克莱（L.J.Binkley）：《理想的冲突》（马元德、王太庆等译），第四章。下引同。
② 《愉快的智慧》第108节《新的斗争》："自从佛陀死后，他的影像在洞窟中仍然展示了几个世纪——一个巨大而可怖的影像。上帝已死，但是如果依照人们的方式，仍然会建构一些洞窟，他的影像数千年内仍会在其中闪现。——而我们——我们必须战胜他的阴影。"

尼采并借一则富有诗意的寓言透露出"上帝已死"的讯息。这寓言描绘一个狂人提着灯笼到市场上高叫:"寻找上帝,寻找上帝。"他向人们宣说:"上帝到哪儿去了?我告诉你们,我们杀死了他。"(《愉快的智慧》,第 125 节《狂人》)

尼采用散文诗的语言,引喻基督教世界观的破灭是必然的。由于科学的进步,旧的托勒密天文学的信念被打破了:"按照近代科学的世界观,人们不可能再相信基督教关于上帝的传统观念。"[①]

毫无疑问,尼采哲学的基本前提是无神论。他描述自己是本能的无神论者。在他看来,没有任何证据证明基督教上帝是存在的。相反地,所有的经验正是否证它,"因为从发生的一切看来,既不仁慈,也不理智,且不真实"[②]。这乃是一个心理学和历史说明的问题。[③]宗教信仰起源于人类蒙昧无知的时代,现在的世界不是中世纪时代的欧洲,在近代科学世界观及社会文化的发展下,基督教信仰之趋于衰微是必然的事,接着来的是对基督教价值和基督教道德教训之绝对性和普遍可行性的怀疑。[④]这样,必然引起西方思想界的混乱或面临虚无主义的情境。

尼采认为,西方人从孩提到成长便被教导了一些道德价值,

[①] 宾克莱(L.J.Binkley):《理想的冲突》(马元德、王太庆等译),第四章。
[②] 引自乔治·摩根(George A.Morgan):《尼采的意义》(纽约,哈泼出版社,1965 年版),第 37 页。
[③] 里察·夏哈特(Richard Schacht)认为:"上帝已死"也是一个心理学的及社会文化的结果。见所著《尼采》第 120 页。
[④] 柯普勒斯东(F.Copleston)在《当代哲学》一书《无神论存在主义》文中说:"现在,尼采说,一旦对基督教所谓上帝的信仰没有了,那么,相信基督教道德规范为一种普遍有效的道德规范的信心,最后也必然会跟着消失。说得更普遍一点,如果没有上帝,就没有任何普遍必然的道德律,也没有任何绝对客观的价值。"

而这些道德价值是和基督教信仰连起来的，甚至依赖于基督教信仰。因此，如果西方人丧失了他对这些价值的信仰，他也会失去他对所有价值的信念。由于西方人只认识一种道德观念，而这种道德观念长期被基督教视为圣典的一部分，并给予一个神学的基础，因而，当人们认识到"上帝已死"——基督教价值的崩溃时，西方思想界必然会落入虚无主义的境地。

尼采将虚无主义分为两种：一种是"主动的虚无主义"，一种是"被动的虚无主义"。[1] 打破基督教价值观，使人们从上帝所厘定的价值体系中解放出来，[2] 尼采认为这种主动的虚无主义一定要到来，它是"推动历史前进的必经途径"[3]，是"创造新价值之前所必然面临的过程"[4]；它会在"震动世界的意识形态的战争中表现它自己"[5]。等到新价值的创造者——超人出现时，虚无主义的情境乃得以克服。

在《查拉图斯特拉如是说》一书中，尼采一开始就宣告"上帝已死"，超人诞生。这时期的尼采，认为基督教的本质，不仅与实在性（Reality）敌对，而且与生命敌对。

---

[1] 尼采说："虚无主义有两种含义：一、作为精神力上升征象的虚无主义：即主动的虚无主义。二、作为精神力衰颓与后退的虚无主义：即是被动的虚无主义。"（《冲创意志》，卷一，第22条，考夫曼编译英文本）

[2] 参看布朗修（Maurice Blanchot）:《经验的限度：虚无主义》一文，收在阿尔桑（David B.Allison）编《尼采新论》（The New Nietzsche），纽约 Dell 出版公司 1979 年版，第 121 页。

[3] 德勒兹（Gilles Deleuze）说："尼采诊断虚无主义为推动历史前进的运动。对于虚无主义概念的分析，没有人比他做得更好。"（见 Hugh Tomlinson 英译本《尼采与哲学》序，第 7 页）

[4] 参看阿瑟·丹托（Arthur C.Danto）:《哲学家尼采》，第 228 页。

[5] 引自柯普勒斯东（F.Copleston）:《哲学史》合订本第三册，第 406 页。

就世界观而言，尼采的焦点在于攻击传统哲学和神学的"形上学的假设"（metaphysical hypotheses），而"上帝的假设"是世界解释的一个中心论题——这乃是"神学中心的解释"。[①] 尼采认为，这种世界的解释都是虚构的，与"实在性"敌对的。

就人生观而言，基督教之敌对生命，成为尼采攻击它的核心论点。上帝的概念是与生命敌对的。尼采对这观点的表达，越来越强烈。在《偶像的黄昏》中，尼采说："上帝的概念是生存的最大的反对者。"在《反基督》中，尼采说，"只要有上帝这观念，对生命就已经是宣战了！只要有上帝这观念，对大自然与存在的意义，就已经是宣战了！上帝是一种反对这世界的毁谤的公式，也是每一个有关超越另一个世界的谎言的公式！"

在《看，这个人》中，尼采说："人类的精神导师和领导者们——所有的神学家，都是颓废者；因此，他们将一切价值的重估都转变为对生命的敌视；因此，他们所谓的道德，乃成为所有'颓废者的变态症候'（the idiosyncrasy of decadeuts）。"

总之，尼采认为：基督教或上帝的信仰，是否定生命的，而狄奥尼索斯精神或超人的意志，是积极肯定生命的。

[①] 见里察·夏哈特（Richard Schacht）：《尼采》，第三章《形上学的谬误》，第118—120页。

五、超人学说

（一）超人学说不是英雄崇拜

尼采宣称"上帝已死"，对传统文化进行一切价值的重估。他认为，西方传统文化自苏格拉底开始，便已丧失希腊文化中狄奥尼索斯的因素——尤其是基督教文化，那是与狄奥尼索斯精神正相敌对的颓废文化。基督教的世界观、人生观及其道德观早已成为新时代人类前进道路上的障碍。以此，他在一个新的世界观、人生观的基础上，建立新价值的创造者——"超人"的形象。

尼采哲学以超人学说而著称，但"超人"这概念却最遭误解。尼采死后，尤其是第二次世界大战期间，他的"超人"学说竟被曲解为与他原意完全相反的所谓"德意志种族主义者"之诬称。

尼采生前，已经指出超人与"基督徒""虚无主义者"正相对立，并力斥将他的学说混淆为"英雄崇拜"的思想。他说：

> "超人"这个字，是指一种具有最高成就类型的名称，这种人与"现代人""善人""基督徒"以及别的虚无主义者正相反。但"超人"这名词几乎到处被无知地误解为正是查拉图斯特拉所全然要抛弃的那些评价——如将"超人"误为"圣者"、半"天才"的人。还有些博学的笨牛，因此而猜测我是达尔文主义者，甚至有人认为我的学说是那不自觉的大骗子卡莱尔的"英雄崇拜"的思想——这种英雄崇拜是我深恶痛绝所要厌弃的。（《看，这个人》，《为什么我写出如此优秀的作品》，1）

的确，尼采是反达尔文主义的，在他死后编辑的《冲创意志》书中，多次标明着（见该书第647条《反达尔文主义》，第684条与685条《反达尔文》）。他批评达尔文将外在环境的影响估计过高。早在《愉快的智慧》中，提到达尔文学说时就说："最近，最糟糕的，是达尔文主义那种为'生存而挣扎'的片面之见的学说。""整个英国的进化论充满着英国那种过度拥挤而令人窒息的空气。"（《愉快的智慧》，第五卷第349节《再谈学者的起源》）尼采的超人学说，也绝不是卡莱尔"英雄崇拜"的思想。卡莱尔以为，伟人创造历史，社会依赖于英雄崇拜，没有英雄则成混乱无政府状态。但尼采认为，超人并不是一个统治者或一种维持社会的工具价值。

有人因为尼采欣赏拿破仑和恺撒的某些方面，而误解他的超人思想。事实上，尼采欣赏拿破仑，不是因为他在军事上的胜利或他的皇冕，而是将他作为一个"良好欧洲人"的象征——而这正是德国要走向国家主义道路的对立面。尼采肯定拿破仑具有"统一的欧洲"（《愉快的智慧》，第五卷第362节《我们对欧洲较具活力的信念》）的构想；[①] 他并不欣赏拿破仑在战场上的能力，而是欣赏他如何在艰难中创造自己及其具有开阔的心胸，这也就是黑格尔所称之为"世界精神"的——这精神也启发过贝多芬和歌德。尼采并不认为拿破仑是个超人。在《道德的系谱》中，称他为"最后的人和超人的综合"。尼采也很不欣赏拿破仑的不人

---

① 考夫曼说："尼采一贯地反对国家主义是够明显的，他对一个'统一的欧洲'的观念，并非国家主义，他从来没有殖民非洲的主张。"（见《愉快的智慧》英译本第97注）

性的品质。在《冲创意志》的札记里，批评拿破仑"被他自己要运用的东西腐蚀了，以致失去了他性格中的高尚部分"(《冲创意志》，第1026条)。尼采还嘲笑"拿破仑是一个纸鹰，当人把光移走，他就成了一片可怜的纸！"

尼采也曾欣赏过恺撒，但当论及他的政治作风时，批评恺撒是个"专制者"。(《愉快的智慧》，第一卷第23节《腐化的特征》)至于尼采对恺撒所欣赏的，也不是战争或政治的成就，乃是他的热情，并能控制他的感情：他面临着一个普遍腐败的社会，仍能自我整合、自我创造和自我自宰。他在条件极坏的情况下，克服自己的病痛而继续奋斗。①

尼采的观念是反偶像主义的。"英雄崇拜"的思想，正是他"深恶痛绝所要厌弃的"。至于诬指他的"超人"学说为德意志种族主义者，更是毫无根据的说词。

(二)"超人是大地的意义"

事实上，尼采的超人学说，乃是针对基督教的颓萎遁世观而提出的一个积极开拓生命的人生观。在《查拉图斯特拉如是说》的序言中，尼采宣称：上帝已死，超人诞生。关于超人的意义，说了这样一段重要的话语：

> 我告诉你们什么是超人。人是要超越自身的某种东西。

---

① 有关尼采对卡莱尔、拿破仑及恺撒的评论，参看考夫曼：《尼采》，第313—316页。

对于超越自己，你们做了什么呢？一切存在者都能从他们自身的种类中创造出较优越的来。你愿意做大潮中的退潮么？……

听呵！我告诉你们什么是超人。

超人就是大地的意义。让你们的意志说："超人应该是大地的意义吧！"

我的兄弟们！我极愿你们对大地忠实，别信那些传说来世希望的人！他们都是荼毒者，无论他们是自知或是不自知。

他们是生命的侮蔑者、自甘颓废与自我荼毒者，对于他们，地球厌倦了："快让他们去吧！"

从前把渎神看作是最大的亵渎，但是现在神已经死了，这些亵渎者也一同死去。如今最可怕的罪恶是对于大地的不敬；这些亵渎大地的人，把不可思议的灵魂高举在大地的意义之上。

从前灵魂蔑视肉体，那时以为这种蔑视是最高尚的事：灵魂希望肉体瘠弱，惨白和饥饿。以为这样就可从肉体和大地中逃开……

诚然，人是条污秽的川流。一个人必须成为一个大海，可以容纳污秽的川流而不失其净洁。

看呵！我教你们以超人：他就是这大海。

关于超人的涵义，这段话里有两点最为重要：一是说："人是要超越自身的某种东西"——这是就人类或个人而言，激励人要发挥潜力以超越自己。二是说："超人就是大地的意义"——

这是就世界观而言，为否定传统二元论世界观，肯定大地（人间世）为唯一的实在世界。下面对这两层意义略加申说：

一、"人是要超越自身的某种东西"。尼采认为，每个存在体都具有巨大的"冲创意志"，他称之为"创造的生命意志"（《查拉图斯特拉如是说》，第二卷《自我超越》）。这种意志的发挥，使人们可以不断地自我塑造、自我发展。这层意思，在《查拉图斯特拉如是说》中一再提到。例如：在第一卷《创造者之路》中说超人是："那想创造以超越自己的人。"在第三卷《漫游者》中，以登山作比喻，晓喻人们要不懈地"超越自己"，以"达到自己的峰顶"。在《序言》中，尼采还说：

> 人是系于禽兽与超人之间的一条绳索——一条凌驾于深渊之上的绳索。
>
> 一种危险的途程，一个危险的回顾，一个危险的震颤与停足。
>
> 人的伟大处，在于他是一座桥梁而不是一个终点。

"人是一个桥梁而不是一个终点。"这是说，人生是个不断前进的活动过程。其路途之坎坷，其进程之惊险，犹如"一条凌驾于深渊之上的绳索"，在艰辛怖惧的生命过程中，要以坚忍的毅力，排除万难，开创新义。这就是尼采早期所肯定的希腊悲剧的人生观。

"人是个桥梁"——是个超越过去而奔向未来的存在。这也就是尼采在另一处所描述的：人的存在如"千百桥梁与阶梯，投向未来"(同书第二卷,《毒蜘蛛》)。在尼采看来,人是个自我创造、自我超越的主体。这观点对当代的存在主义也有很大的启发。

二、"超人就是大地的意义。"这是尼采哲学的根本要义。上面所引尼采借查拉图斯特拉之口宣示超人意义的一段话,乃明显地针对基督教背弃现实的世界观及其唯灵论的人生观而发的。它的要点是:1.指责基督教"亵渎大地"——这是抨击基督教之虚构来生论而否定现实世界的美好价值。2.指责基督教信仰为"生命的侮蔑者"——这是抨击基督教的敌视生命。3.指责基督教教义之"蔑视肉体"——这是抨击基督教的虚妄的唯灵论。

"怨恨生命和大地"(同书,《肉体的蔑视者》),是尼采对基督教批判的一句概括性的话。总之,西方传统二元论世界和基督教之敌视生命的厌世观,成为尼采攻击的核心论题。

在西方传统思想里,超越世界及其唯灵论的论调固然弥漫于基督教统治的时代,而始作俑者则可上溯于大哲学家苏格拉底与柏拉图。苏格拉底虽不避死难,但他的勇气是由于他相信死后可与众神一起享受永恒的福祉。所以罗素有这样的批评:"《斐多篇》之重要,就在于它不仅写出了一个殉道者的死难,而且还提出了许多学说,这些学说都成了基督教的学说。圣保罗和教父们的神学,大部分是直接或间接从这里面得来的;如果忽略了柏拉图,他们的神学就差不多是不能理解的了。"[①] 柏拉图的《美诺篇》和《斐多篇》,竟认为"知识是灵魂从生前的存在里带来的"。他的形上学,将整体的世界割裂为二:即现象世界与形相世界,视

---

① 罗素:《西方哲学史》,卷一第二篇第十六章。下引同。

前者为幻灭无常的影像世界,后者为永恒价值的理型世界。这种价值倒置的两元论世界观,正成为延续千余年的基督教所谓天国与人间、来世与今生两个世界说之张本。

形上学家所虚构的"超越世界",乃是宗教"另一世界"演变的"一个旁枝"。在《愉快的智慧》里,尼采评论说:"在宗教思想的统治下,人们习惯了'另一世界'的概念——当宗教思想被摧毁了,人们便由于 种不舒服的空虚和丧失感而不安。从这种感觉又再次生出'另一世界',但这回不再是宗教的而仅是形上学的。但是在原始时代最初导致假定'另一世界'的,并不是某种冲动或需要,而是由于在解释自然事件中出现的一个错误,一种智力上的失误。"(《愉快的智慧》,第151节《宗教的起源》)在《偶像的黄昏》中,尼采批评:"千年来哲学家所从事的一切思考都成为概念的木乃伊(conceptual mummies)。"(《偶像的黄昏》,《哲学中的理性》,1)无论这种"另一世界"的概念,或空洞概念的盲目崇拜(conceptual idolaters),都可上溯于柏拉图思想。于此,尼采批评:"柏拉图逃离现实而只想着苍白的精神图画中的事物。"(《曙光》,第448节《尊重事实》)他批评柏拉图有观念狂(ideomania),说他对于形式(form)几乎有宗教式狂热。他还说:"以往的哲学家都恐惧感官;他们以为感官会诱使人走出自己的世界——走出'理想'的冷静的世界。'耳朵里的封蜡'几乎是那些哲学思维的写照;生命是乐章,而真正的哲学家却不再聆听,他弃绝了生命的乐章。"这样,他们的哲学生命便愈来愈苍白。因而尼采归结说:"总之,所有哲学上的唯心主义都是有些病态的,就和柏拉图那样。"(《愉快的智慧》,第五卷

第372节《为什么我们不是唯心主义者》)

尼采指出：柏拉图和基督教信仰，都是肯定"另一个世界"而否定我们这个人生、自然和历史的现实世界（《愉快的智慧》，第344节《我们仍旧虔诚》)，这种二元对立及价值倒置的思想倾向，连康德都不免受影响，所以尼采抨击说："哲学已被神学家们的血液所败坏……实在（reality）已被降为单纯的现象（appearance)，而一种虚构的世界却被尊为实在。"（《反基督》，第10节）事实上，并无柏拉图等唯心论者所谓的"真实的世界"，那不过是神话罢了！（《偶像的黄昏》，《真实的世界如何终于变成神话》）世界只是一个，就是我们所存在的这个生生不息的现实世界。

以此，尼采宣称"超人是大地的意义"，乃是对西方传统二元论世界观所作的一种价值转换。归结地说，尼采所谓的超人，乃是敢于作一切价值转换的人，敢于打破旧的价值表，特别是基督教的价值表，并以其丰富的生命力来创造新价值的人。[①]

六、冲创意志的概念

（一）"冲创意志"根源于狄奥尼索斯因素

超人表现着充沛的生命意志。有的学者将超人学说归入尼采意志哲学的范畴，因为超人学说反对懦弱、缺乏生气，而以冲创

[①] 参看柯普勒斯东（F.Copleston）：《哲学史》合订本第三册第七卷，第414页。

意志为其生命的本质。

尼采认为，世界是创造的，创造世界的不是上帝，而是"冲创意志"，尼采称它为"Der Wille zur Macht"，英译为"The Will to Power"。

"The Will to Power"以往中译为"权力意志"，这是个错误的译名，容易使读者产生误解，以为它是讲究政治权谋的意志。事实上，尼采是反对政治权谋的。

在尼采思想中，文化的意义远大于政治。尼采的意志力哲学不是一种政治权力的含义，政治问题在他的观念中只占很少的部分。考夫曼教授说"尼采反对野蛮主义，而政治的权力在他看来本质上是一种野蛮主义的形式"。[1] 他很不欣赏德国，正当德国很强盛的时候，他对德国进行强烈的批判，表示政治权力是败恶的。

早期的尼采认为，世俗的权力是邪恶的。在《悲剧的诞生》中，他说："政治本能占绝对优势的国家，必然会趋向于极端的世俗化，罗马帝国便是这种国家最明显、最可怕的表现。"（《悲剧的诞生》，第21节，下引同）而他所肯定的"悲剧英雄人物，便是把我们从追求尘世满足的贪欲中解放出来"。

在《反时代的考察》第三篇《教育家叔本华》中，尼采抱怨有权力的政府、教育，憎恨孤独的哲学家。在《愉快的智慧》中，他攻击"那些有权势的人对自己可笑而荒谬的作为没有任何羞耻感，他们将自己所喜好的而令人厌恶的东西强加于人，使

---

[1] 考夫曼（W.Kaufmann）：《尼采》，第197页。

人变成一种新的习惯，最后形成一种新的需要"（《愉快的智慧》，第一卷第39节《改变鉴赏力》）。在《查拉图斯特拉如是说》中，则更加不停地抨击权势人物及权势欲之伸展（见《查拉图斯特拉如是说》中《新偶像》《痞徒》《毒蜘蛛》《著名的智者》《自我超越》《路过》《三件恶事》各章）。在《偶像的黄昏》中，直指"权力使人愚昧"，并沉痛地指责一个国家把自己消耗在权力的争逐，而导致文化的停滞与精神的贫乏，因而认为"在文化意义上伟大的都是非政治甚至是反政治的"。(《偶像的黄昏》，《德国人所缺乏者》)

以上是尼采对政治权力的态度。但他对"力"（Power）的概念，却有两重看法：在《反时代的考察》第四篇《华格纳在拜路伊特》中，曾批评青年的华格纳不满足地追求权力与荣耀，但他能将权力转化为艺术创作。在《人性的，太人性的》中，批评华格纳被世俗的成功与权力所腐化。为了保持和增加它们，就和政府、教会以及公众舆论妥协。从华格纳身上，尼采似乎看到"力"的两面，一种是世俗权力的意念，另一种则转化为艺术的创作力。《曙光》之后这概念转向了心理现象的分析。[①]

在《愉快的智慧》中，尼采提出"力量感的原则"（第一卷第13节）。一年后，这概念在《查拉图斯特拉如是说》中发展而为"冲创意志"的学说。

冲创意志这个概念第一次出现，是在《查拉图斯特拉如是说》中，而这概念的产生可以追循这样的一个发展线索。

---

① 考夫曼（W.Kaufmann）:《尼采》，第179—189页。

一般都认为，尼采的意志论渊源于叔本华，但是，在尼采的思想中自始就不接受叔本华"求生意志"的悲观论调，即使在他早期深受叔本华影响的时候，在他最早的作品《悲剧的诞生》中所赞扬的希腊意志也是"一种充满喜悦的生命活力"（《悲剧的诞生》，第3节）。他呼吁"大胆地过着悲剧人的生活，把狄奥尼索斯的行列从印度带向希腊"（《悲剧的诞生》，第20节）。

基督教是走向和希腊意志相反的方向。尼采认为，它是"毁灭意志所能采取的一种最危险、最邪恶的方式，也是一种病入膏肓、阴郁、疲惫以及生物由于缺乏阳光而变得苍白的象征"，"基督教使生命自我嫌恶"。（《悲剧的诞生》，《一个自我批评的企图》第5节）由此，尼采就更加重视希腊意志中的狄奥尼索斯因素，而排除基督教的"毁灭意志"。

希腊意志中的狄奥尼索斯因素为尼采所推崇，而冲创意志实渊源于此。在《反时代的考察》第二篇《历史对人生的利弊》中，尼采论及："一个人、一个民族、一个文化都有它的可塑性的能力（the plastic power）。这种能力在自身中表现出来，能改变和容纳自己的过去或外来的事情，能治疗创伤，代替已经失去的东西，并创造已破损的规模。有些人没有这种能力，很容易一受挫折就消沉，好像一点小小的外伤就流血致死。"（该篇第1节）这里所讲的可塑性的能力和它日后所发展的意力概念是相一致的。

在《愉快的智慧》中，尼采第一次提到"冲创意志"这个概念，认为它是"生命的意志"。（《愉快的智慧》第五卷，第349节《再谈学者的起源》）在他写《查拉图斯特拉如是说》的时候，才将之系统地总结为一种理论，视它为普遍内在于一切存在体的动力。

统言之，尼采使用冲创意志这个名词的原意，是他发现宇宙间每个存在体都具有一种特别的意志力，推动着本身与自我发展。在我们人类中，每个人都有巨大的潜力，用他的话来说，有一种"创造意志"（Will to Procreation），它是"向着更高、更远、更复杂目标发展的动力"。

（二）"冲创意志"是"创造生命的意志"

在《查拉图斯特拉如是说》的《一千零一个目的》《自我超越》和《救赎》这几章里，都曾提到冲创意志。这概念第一次见于《一千零一个目的》，原文是这样的：

> 查拉图斯特拉看过许多地方、许多民族：因此他发现了许多民族的善与恶。查拉图斯特拉感到，世界上的力量没有比善与恶的力量更大的了。
>
> 任何民族若不先估定价值，便不能生存；假若一个民族要维持它自己，它必不可依持邻族所定的价值为价值。
>
> 我发现甲民族以为善的，乙民族以为可鄙而轻蔑。我发现在这里被视为恶的，在那里却饰以紫色的荣光。
>
> ……
>
> 一张价值表建立在每个民族之上。看呵，这是他们的胜利的纪录；看呵，这是他们冲创意志的呼声。
>
> 他们认为凡是困难的事，便是可称赞的；
>
> 凡是不可免而艰难的，便叫善。

……人就是价值的估定者。

这里，尼采提出道德的相对论：认为不同的民族有不同的道德观念；不同的民族有不同的价值准则。但这都由冲创意志所产生。这里，尼采又提到人是价值估定者，凡是发挥毅力、克服困难的，就是"善"。

在《自我超越》中，尼采再度肯定推动着人们往前进的就是冲创意志，即使在价值估定时也是如此。他借查拉图斯特拉之口，滔滔而谈：

　　现在这条河载着你们的船前进：这河必须载着它。虽然波浪沸涌，怒涛阻舟，那有什么要紧呢！
　　大智者啊！你们的危险和你们的善恶的判断，不是这条河，而是那意志的本身；冲创意志——这生生不竭的创造生命意志。……
　　生命自己向我说了这奥秘。"看呵"，她说，"我必须不断超越自己的。"
　　真的，你们称这为创造意志，或者向着更高、更远、更复杂的目标发展的动力。……
　　凡有生命之处，就有意志；但不是求生意志。我告诉你们，乃是冲创意志。……
　　最大的恶也是最大的善的一部分：但这是创造性的善。
　　让我们的真理打破一切该打破的东西罢！许多房子还要建立起来！

这里，尼采明确地说冲创意志是永不耗竭的"创造意志""创造生命的意志"。这也和《救赎》章所说的"意志是一个创造者"具有相同意义。

（三）冲创意志是一种经验的说明性的理论

在上面所引的《一千零一个目的》里，尼采说查拉图斯特拉看过许多地方、许多民族，最后发现了每一个民族的价值表都是冲创意志的呼声。在《自我超越》里又说："我发现有生命之处，就有冲创意志。"据此，考夫曼教授认为，尼采冲创意志的理论，是建立在经验观察的基础上。① 对这观点，柯普勒斯东（F.Copleston）也有清楚的解释。他认为：我们不可以将尼采谈到这个世界误解为具有形而上的超越的意义。因为尼采不断地攻击这种分别：即在这个世界之外虚构一个超越的世界，并把它们对立起来，而又认为这个世界只是一个表象，超越的世界才是真正的实在。尼采认为这个世界绝不是一个幻觉，冲创意志也不在超越的世界中存在着。在他看来这个宇宙是一个统一体：这个世界是一个生成变化的过程。任何地方、任何事物都看得到表现着它自己的冲创意志，因此，他得出这样的结论：冲创意志是宇宙中内在的实在。

尼采这个理论是对宇宙的解释、是对宇宙的一种描写，而不是把它当作一种形而上学的理论，因为形而上学的理论是把它当作可见的世界的背后的东西，而且是超越性的东西。

---

① 考夫曼（W.Kaufmann）：《尼采》，第 207 页。

尼采的心底里当然受到叔本华很大的影响，但他并不是因为读了《意志与表象的世界》就跳到一个宇宙的一般理论。比较妥当的说法是，他在人的心理过程中，觉察到冲创意志的表象，然后把这观念扩充到一般有机的生命里。所以，尼采的这个理论并不是一个观念的、形而上学的假定，而是一个范围很广的经验的假设。

七、永恒重现

（一）赫拉克利特变动说之影响

尼采的意志哲学，展现了两方面的视野，一是超人学说，另一是永恒重现的概念。前文论及冲创意志是建立在经验基础上的一个说明性的假设理论，现在论述的永恒重现也是一个预设的概念。

永恒重现的概念，令许多读者感到含混不清。有的学说认为它和超人学说是不一致的，[1] 较多的学者则认为这二者间看来有矛盾，但仍认为它们是相容的。[2] 永恒重现这概念的确使人费解，

---

[1] 布朗修（Maurice Blanchot）认为"永恒重现"这概念在逻辑上是混淆的。见艾里森（David B.Allison）编《尼采新论》，第125页。

[2] 参看考夫曼（W.Kaufmann）：《尼采》，第307页；柯普勒斯东（F.Copleston）：《哲学史》合订本第三册第七卷，第416页。此外海德格也认为永恒重现和超人是一致的，但他是从"存有"（Being）的观点去作解释的，而事实上尼采恰恰是反对"存有"的形上学观点的，他是从生成变动的观点去解释宇宙的。

但尼采晚年曾经强调它的重要性，所以，学者们不能不对这个概念进行探讨。下面先介绍这个概念形成的过程。

尼采在自传《看，这个人》中，谈到《查拉图斯特拉如是说》这本书的写作时说：

> 现在我要告诉你们关于《查拉图斯特拉如是说》的历史，这著作的基本概念——永恒重现，也就是人类能够达到最高肯定的形式，是在1881年8月间形成的。

根据尼采自己所说的，这概念形成于1881年8月间。在他的著作上，这名词的第一次出现是在《愉快的智慧》第四卷第285节。在这卷的末了一节（第341节）对这概念有这样的说明：你现在过的生活与过去的生活，你仍要一直过下去，包括痛苦的生活和欢愉的生活。在尼采看来这是一种反复出现的生活，一种考验，一种挑战，虽然知道生命是痛苦的，但仍能接受。

在《查拉图斯特拉如是说》第三卷《康复》上，有一段话表达了永恒重现的思想：

> 我，查拉图斯特拉，生活的辩护者，苦难的辩护者，循环的辩护者，我呼唤你，我的最深邃的思想！
>
> 万物方来，万物方去；永远地转着存在的轮子。万物方生，万物方死，存在的时间，永远地运行。
>
> 万物破灭，万物新生；同一存在的空间，永远地自我建立。万物分离而相合，存在之环，永远地忠实于自己。

> 每一刹那都有生存开始，"那里"的球绕着每一"这里"而旋转，中心是无所不在的。永存之路是曲折的。

这段话里提到：1. 肯定生命，承受苦难的生命。2. 宇宙间的事物是不断地变动——分离而结合地运行着。3. 宇宙间每个时间、每个空间都有新生事物出现。

《查拉图斯特拉如是说》第四卷《醉歌》，对永恒重现有一段颂词：

> 痛苦也是一种快乐，咒诅也是一种祝福，黑夜也是一种阳光……
>
> 噢，我的朋友们，你们曾肯定过快乐吗？那么，你们也会肯定一切痛苦的。一切事物都互相联系着、纠结着、相恋着。噢，你们热爱这个世界。
>
> 你们是永远存在着！永远爱世界！而且向痛苦说"去吧，但还要回来！"因为，一切的快乐要求永恒！（《醉歌》，10）
>
> 世界是深邃的，
>
> 远过于白昼所能想象的深沉。
>
> 痛苦说：去吧！
>
> 但一切的快乐要求永恒——
>
> 要求深沉、深沉的永恒！（《醉歌》，12）

在这里，不难看出尼采认为欢乐与痛苦是交织在一起的，接受生命就是要接受生命的全部即欢乐与痛苦的交织与交替。

在尼采的自传里提到这个概念的由来时曾经说，这概念是受到赫拉克利特永恒循环理论的影响。他说：

> 接近他，比在别处要使我感到更温暖，更舒适、安逸。肯定万物的流变与毁灭，在狄奥尼索斯哲学中的决定的要素；肯定矛盾和斗争，生成的观念，强烈反对Being（实有）的概念——在这些方面，使我认识到他一直是和我的思想最密切接近的。"永恒重现"的学说——就是万物绝对而永远循环的重现——查拉图斯特拉的这个学说，也就是赫拉克利特所宣扬过的。

尼采和赫拉克利特一样，认为世界变动不已。尼采否定世界的发展有一个终极目标；他反对世界事物发展是直线的目的论。尼采的世界观比赫拉克利特的内容多些东西，它具有两个重点：1.所有事情的发生都有一个基本规律。2.世界在两个极端中演变，从简单到复杂，从复杂到简单。①

---

① 里察·夏哈特（Richard Schacht）认为这观点也许是从叔本华哲学发展来的。叔本华认为大多数人是被迫承受生命，盲目意志推动着人活下去，或惧怕死亡而活下去，但有一种人认为生命是真实的，喜爱生命，因为其中有可爱的东西，所以，也能接受不可爱的东西，可是这种人如果一旦明白这个真理，生命的本质是不停地受苦——如果这样就宁可灭亡而不愿活着，就要放弃这种忍受。尼采可能受到叔本华这种影响，可是有一点是很不一样的，尼采知道生命是痛苦的，而且要不断地受苦，但仍能欣然地接受。这就是希腊悲剧精神的人生态度。（见里察·夏哈特《尼采》，第260—261页）

(二)理论之经验假设:有限的"力"在无限空间之运转

尼采生前,在1883—1888年,写下许多零散的札记,他的亲友在他死后把它们编辑成册,名为《冲创意志》。这本书的最后一节是关于永恒重现的,这里除了提到永恒重现这概念使人欣然接受一种悲剧的人生态度之外,还提供了我们这两点重要的材料:一是尼采将这概念和科学观相结合,二是将这概念作为一种宇宙观而提出——用它来代替及排除一切传统玄学及有神论的宇宙观。下面分别引述:

> 一切价值重估不再有确定性的欢愉,只有不确定性的欢愉;不再有"因与果",只是不断地创造;不再有保存的意志,只有冲创意志。(《冲创意志》第1059条)
>
> 忍受这永恒重现的观念,我们需要:从道德中解放出来,需要新的方法去对抗痛苦的事实(将痛苦视为一种工具,作为愉快的根源;没有累积的不愉快的感觉);欣然承受一切不确定的东西,欣然接受实验主义,作为对极端的宿命论的对抗,废除必然的概念;废除本身的知识。(同上书,第1060条)

从这两则札记中,透露了一种肯定人生的讯息:宇宙间的事物虽然会一再地重现,所重现的事物并不是一定性的欢愉,而包括着许多"痛苦的事实",但要"把痛苦视为一种工具,作为愉快的泉源",这就是说,如果一个真正的狄奥尼索斯型的人,就会以一个坚定的、勇敢的、乐观的态度来迎接宇宙事物的变化。

永恒重现这个概念的形成，不仅是由于尼采受到赫拉克利特的影响，而且还和当时科学的宇宙观相联系，特别是能量守恒定律。在《冲创意志》第 1063 条尼采曾明白地说："能量守恒定律要求'永恒重现'。"尼采认为：

> 这世界是一个巨大的能量，没有开始，没有终结，只由很多的力（force）组成，这种力的总数不会增多，也不会减少。这些有限的力在有限的空间里，不断地演变，像海洋一样，冲浪似地永远在波动，很多年以后，相同的浪波还会再回来。这些简单的形状，一直不断地努力前进，形成越来越复杂的状态。从最宁静的、最硬的、最冷的状态也会慢慢变成最热的、最动荡的、最自我矛盾的状态，在这丰富的东西里，然后又回到"家"——回到原来的状态。在这丰富的状态、矛盾中互相地冲击，又回到和谐的欢乐中。在这过程中，它肯定它自己——肯定这道路的一致性。作为一个生成变化（becoming），不知道饱满，不知道厌恶，不知道疲倦，这就是我的自我创造的狄奥尼索斯的世界……这个世界就是冲创意志，此外无他，而你们自己也是这个冲创意志，此外无他。（《冲创意志》第 1067 条）

尼采称以上的观点为"新的世界观"，它可以概括为下面几个重要观点：

（1）宇宙的能量是固定的，空间充满了力，而时间是无限的，有限的力在无限的空间中活动，所以，一定会有机会重新组合。在尼采看来这就像掷骰子一样，在无限的时间内抛掷无限次骰子，则必然会重复出现。

（2）这世界永远在变动中，它呈现着这样的规律，即由简单到复杂、由复杂到简单循环发展的规律。

（3）尼采认为这永恒重现的世界观和基督教的世界观有这几方面的不同点：a.尼采认为这世界没有开始，也没有终了，基督教认为世界始于神的创造，而终于目的——一个最后审判、到永远受罚或永生的世界。b.尼采认为人是自我塑造的，而基督教却认为人是神的被造物。c.尼采认为冲创意志创造世界，生命的意义和价值是人类本身所给予的，而基督教却认为世界是神创价值，是神所赐予的。

柯普勒斯东教授认为，永恒重现这一理论被当作一个经验的假设提出来，而不仅是当作一个有约束性的思想或对人的内在力量的测验这种方式提出。他说：尼采之所以重视永恒重现的理论，有一个主要的理由是：这理论填补了他哲学上的一个空缺。这理论在万物生成变化之流中寻找它们自身的永恒性，而无须引进任何超越宇宙的实存概念，尤其是尼采用这理论来避免引进一个超越的神的概念，同时也用于避免引进泛神论的论调。按照尼采的说法，如果这个宇宙永不重现它自己，而且不断产生新的形式，就会出现对上帝观念的一种向往。而所谓有创造的神，在永恒重现理论中是被排除的，这理论同时也排除个人在超越世界的永生观念。虽然永恒重现也提供了这观念的代替品——一个生命过程中一次次地重复，对一般人来说是个有限的吸引力。换言之，永恒重现表现了尼采要肯定这个现实世界的坚决意志，并认为一个真正强壮的人是真正的狄奥尼索斯型人，这个人会以坚定的、勇敢的、欢乐的态度肯定宇宙。的确，《冲创意志》第1062条就表达了这些观点：

> 如果世界有一个终点的话，它就到达了……然而，"精神"作为一个"生成变化"的形成之事实，证明这世界没有终点，没有最后的状况，并且不可能成为"存有"。
>
> 然而，古老的习惯是很顽强的，每个发生的事情都要和终极目的相联系，或者将世界和神相联系，这老习惯是很深固的，以至于要求一个思想家不能有这世界是漫无目的的想法。旧的宗教式的想法希望世界仍有一个古老的创造性的神存在，斯宾诺莎在他著作中也表达了这种欲望。
>
> 最近达到的科学精神压倒了宗教的精神，但仍然没有清楚地用科学概念表达出来。世界只是力，世界不是无限的；没有无限的力，所以没有无限的世界。

这里，非常明显他批评了有神论的宇宙解释，认为传统玄学的实有概念仍是一种古老宗教的思维方式。尼采并指出近代科学虽然否定神，但仍先说有一种原始的力量操作世界，因而他批评科学的世界观仍不能脱离古老的思想模式。可知尼采永恒重现的理论主要用意在于排除一切传统玄学及神学之目的论的宇宙观。

然而，尼采永恒重现的理论却有很大的缺点。早在1907年，乔治·齐美尔（Georg Simmel）在《叔本华与尼采》一书中便已指出尼采建立这理论是失败的，因为，尼采虽然努力地将当时的科学观（如物质不灭定律，能量守恒定律等）引进他的宇宙论里，而认为有限的力在无限的时间中活动，从而得出一定会重复出现的结论。可是，这或然性在数学上却是无限小——几乎近于零。不过里察·夏哈特（Richard Schacht）教授则认为乔治·齐美尔虽然批评得很有力，但不影响尼采哲学的主要精神——如何增进生命。[①]

尼采试图运用科学的观点解释生命，他说："宇宙有很多的'力'，彼此相连，而有共同的影响，我们叫作'生命'。"(《冲创意志》，第641条)"精神只是一种方法式工具，为丰富生命的内涵而服务。"(《冲创意志》，第644条)

总之，尼采讲的是生命的东西，而不是科学的。虽然永恒重现的理论在数学的或然律上几乎是不可能的，但这理论在于试图排除一切古老形而上学及有神论的宇宙观，而以冲创意志作为创造世界的动力，仍然是值得肯定的。

结语

正如英国学者史丹（J.P.Stern）教授说的：尼采"不是一个

---

① 里察·夏哈特（Richard Schacht）《尼采》中提到，尼采认为生成的力量是持存的，从高点到低点永恒轮回。这一循环的底部散乱无章，但它并非一直如此。在"从力量到牛命的变化"中，它得以组织重构。实现了最大潜能的生命代表着世界的顶级状态（见里察·夏哈特《尼采》，第253—257页）。

唯心的哲学家"。他的思想不是讲什么是好，什么是不好，而是讲如何创造一种道德观念。[①] 他认为，我们评价历史，一定要从人的创造性这方面来看。

纵观尼采的生命哲学，它在西方崇尚"超越世界"的玄学传统的主流思想中是独树一帜的。其发布"上帝已死"的讯息，宣称对传统文化（基督教文化）进行"一切价值重估"，以及对柏拉图以来二元论世界观的否定，并指责传统哲学家注入了太多神学的血液，这在西方文化史上具有深刻的意义。

尼采诚然是个"精神界之战士"（借用鲁迅的话）。他的作品似乎预告资本主义种种恶质化的弊害：拜金主义、军国主义以及现代化生活中的庸俗主义，即使在现在读来，仍是如此动人心弦。他那浪漫主义代表作《查拉图斯特拉如是说》所洋溢着热肠孤愤、发扬蹈厉之激情，带给人们无比的共鸣与启发，它的确是"给予人类的一项伟大赠礼"。

然而，尼采的思想却也有着很大的局限性。例如，由于他过分强调发挥个人主观能动性，而忽视社会的共同基础以及人群共进共策的一面。[②]

尼采思想介绍到我国，早在梁启超时代，王国维、鲁迅、陈独秀等都受到不小的影响。尼采攻击基督教传播"奴隶道德"，

---

① 史丹（J.P.Stern）：《尼采》，第66页。
② 周国平：《尼采：在世纪的转折点上》，对尼采思想的缺点有这些评论："尼采脱离人的社会历史进程考察人性。"（该书第92页）"尼采式的个人主义终究是一种个人主义，它有发展个性的积极面，却也有排斥社会和蔑视群众的消极面。"他"把社会与个人完全对立起来，片面强调社会对于个性的损害，而无视更重要的一面：社会是自我实现和个性发展的唯一场所"。（该书第123页）

萎靡人心，这与我国五四新文化运动之反封建礼教与提倡个性解放，正相类同。鲁迅唤醒"群之大觉"，关心国民性的改造，陈独秀之抨击礼教"忠孝节义，奴隶之道德也"，即是尼采的回声。

在今天，对于尼采的思想需要作一番重新的评估。我们应进一步研究他的作品，由于它对当代文学与哲学有着重大的影响，我们可从其中取得借鉴与启发之处。无论是尼采对于传统文化的态度或其开创思想新路上，都有许多可供参考的地方。在这里，个人仅提出这几方面的意见：

一、尼采是位举世著称的反传统主义者，但他对于文化传统，并非流于简单化的全盘否定的态度。他强烈地批判基督教文化而极力推崇古希腊的悲剧文化，并从悲剧文化的狄奥尼索斯因素中发展出他的创造力的意志哲学。尼采对于西方传统价值的反思、对现代庸俗文化的反省，以及从古典文化中吸取创作的动力与泉源，颇能纠正我国传统派或西化论者在思考上的浅薄性。

二、在论及"历史对人生的利弊"问题时，尼采认为："一个人最内在的特质越深厚，他就越能消纳过去的事物丰富自己；他把一切历史的经验，无论是自身或外在的，都能吸取过来，转化为自己的血液。"然而，历史意识过量时，是有害于现存者的。如好古意识过量时，它总是贬抑与阻挠变革者，而不知道如何开创人生——尼采对于历史意识过量而妨碍现实开展与未来发展的批评，正指出我们文化保守主义者（如所谓"新儒家"）的弊害。同时，尼采也指出无历史意识者的盲点，他说："我们观察动物，它是完全无历史感的，只停驻在一个点状的视界内"，"如果一个人的历史意识和历史知识是受限制的，那么，他的视线就像阿尔卑斯山谷的居民那样狭窄"——这正道出我们文化界里全盘西化论的"视线之狭窄"——由于缺乏历史感与历史知识，以致观看问题便如动物般地平视着而"只停驻在一个点状的视界内"。而尼采认为："人之所以成为人，他能思考、反省、比较、分析、综合着去限制那无历史的因素，这种能力，把过去运用到人生，并将已经发生的事再形成历史"；"有历史感的人，考察过去为着使他们投向未来，在生活中激励他们的勇气，点燃他们的希望。"（上引见《反时代的考察》，《历史对人生的利弊》，第一节）这史观对我们的文化界颇有启发之处。

三、文化传统并不是单一的，正如哈佛大学著名教授史华兹（Benjamin Schwartz）在《关于中国思想史若干初步考察》文中说的："中国的传统并非一个清一色的单元。"确实如此，正如古希腊思想是欧洲思想的泉源一样，先秦诸子思想也是中国文化史上的一个黄金时代，儒家只不过是"百家"之一，在各家所具有的共同文化基础及在其上开拓的人文主义、人道主义、淑世主义、民本主义思想不仅成为我们优秀的文化遗产，而且也丰富了世界思想史的内涵。尼采宣称"上帝已死"及其抨击西方哲学注入太多神学的血液所表现的人文主义精神，同我国先秦各家所提倡的人文主义思想有着人类历史性的互映之处。在文学的领域里，《诗经》以来所表现的现实主义文学传统，《庄子》和《楚辞》以来所开展的浪漫主义文学传统，和尼采作品中所表现的浪漫主义现实文学有其共同特色，而丰富了古今世界文学史。

在我们漫长的传统中，儒家原只是先秦诸子百家之一，它所提倡的道德规范在历史的沿袭和发展中成了泛道德主义，进而演变成了尼采所指责的"奴隶道德""家禽道德",千百年来桎梏着中国民族的心灵。因此,对于儒家进行"一切价值重估"及"价值转换",是我们思想界里一项艰巨的工作。而另方面,墨家的"兼爱"思想、社会意识,道家的开放心灵、艺术精神,法家的法制观念、悲剧精神等等优良的文化传统被长期地忽视了,对这些珍贵的文化资产也应重新肯定和再造,正如尼采对古希腊文化的发掘工作一般。

四、尼采作品中讨论了个体意识和群体意识的冲突,其论点虽然有所偏失,但也可供我们对儒家的群体意识和道家的个体意识之间的对立和补充做一番深入的探讨。此外,尼采的生命哲学及其调动个人的主观能动性对我们当有无比的动力。

(本文为1986年秋冬在北京大学讲授"尼采哲学"课的讲稿,1987年元月修改定稿)

尼采哲学与庄子哲学的比较研究

把尼采和庄子这一东一西、一古一今的哲学家放在一起做比较研究，可以说是一项十分有趣而又相当困难的工作。这项工作之所以困难，主要有两方面的原因：

首先，他们的时代背景差距太大。庄子生活在公元前4世纪的中国，西周宗法封建制度礼崩乐坏的时代，他的思想是小农自然经济的反映。而尼采是生活在19世纪的德国，资本主义开始发展，他的思想是针对西方传统哲学，特别是基督教文化价值提出了强烈批判。他们处于如此不同的时代，反映着各自不同的社会环境和文化传统。这构成了对他们的思想进行比较研究上的最大的困难。

其次，他们都是文学性的哲学家，不是科学性的哲学家。他们思想的表达，虽有实质系统，却不具有形式的系统，特别是尼采，他是一个反体系的思想家。而他们思想的实质系统，和以往的哲学却是大异其趣。他们著作中的语言文字及概念艰奥难解。他们的作品，几乎可以说是一部哲学诗，或者说具有高度艺术性的散文。他们所使用的诗的语言或文学性的语言，词句的意含性大，蕴涵性广，常常是一词多义。从逻辑学的观点来看，他们所使用的文字有时是含混而歧义的，尤其是庄子，一反常规，采用深寓哲理的寓言，来表达那芒忽恣纵的思想。因此，往往带来理解上很大的困难。

尼采和庄子都是异端的思想家，道统的非议者，旧文化的离经叛道人物。庄子强烈地抨击宗法礼制文化和封建礼教对人性的束缚，尼采尖锐地批判基督教文化的颓废性和资本主义社会的商业化、庸俗化，他们都对市场价值和世俗价值提出了深入的反省和检讨。这就显示出了他们思想的独特的意义。不管是消极面还是进步面，他们的思想和正统哲学家的思想是很不一样的。所以，比较研究他们的思想，是很有意义的。

"五四"以来，我们中国的思想家，如陈独秀、鲁迅、李大钊，都不同程度地受到了尼采和庄子的影响，特别是在个性解放和精神自由方面。有一位作家曾这样说："从鲁迅先生的思想发展过程中来考察，在初期——即在辛亥革命前后——鲁迅先生是个个性解放的倡导者；而鲁迅先生的主张个性解放，是承受尼采的部分的哲学思想的。这思想又和他那感受于中国农村社会里潜存着的庄老的哲学，并在他旧学传统中对于庄老哲学的濡染，因而养成的那种爱自由的精神，相融合的。"[①]

[①] 巴人：《鲁迅的创作方法》，收在《鲁迅纪念特辑》，1939年新中国文艺社出版。

一、东西两位哲学家所处的时代背景

据《史记》记载，庄子与梁惠王、齐宣王同时。马叙伦《庄子年表》推定，庄子大约生于公元前369年，卒于公元前286年。闻一多考证认为，庄子的死年是公元前295年。我们可以断定，庄子是战国中期的人。就大的环境来说，庄子是生活在《史记》所形容的"天下共苦战斗不休"的时代。这个时代，战争的惨烈，正如与庄子同时的孟子所说的，"争地以战，杀人盈野；争城以战，杀人盈城"。《庄子·徐无鬼篇》也说，当时的诸侯是"杀人之士民，兼人之土地，以养吾私"。《庄子·则阳篇》还写了一个蜗牛触蛮的寓言，说触氏和蛮氏"相与争地而战，伏尸数万"，也反映出这一个战祸连绵的时代大悲剧，反映出诸侯互相攻伐给人民带来的悲惨事实。时代的惨状，不能不反映到庄子的头脑中来。

庄子是宋国蒙人，而宋国是一个小国，外部经常受到齐、魏、秦等霸强的侵凌，内部受到宋王偃的暴虐统治。庄子的生年，正当宋君剔成初立之年。剔成庸碌无能，被他的弟弟偃赶跑，偃自立为宋君。偃君的暴虐是有名的，被史书称为桀宋，《史记·宋世家》说他"淫于酒妇人，群臣谏者辄射之"。庄子在《人间世》里说卫君："其年壮，其行独，轻用其国，而不见其过"，其实就是偃君的写照。正如《山木篇》所说的，庄子是处于"昏上乱相之间"。庄子生活在这样的乱世，人民性命朝不保夕，他的思想，敏锐地反映了这个时代知识分子的险境，同时也反映了人民的悲惨遭遇。

春秋战国时代，阶级关系发生剧烈变动，一个介于贵族和平民之间的士的阶层兴起，而老、庄就是士阶层中近于隐士的一系。《史记》说："老子，隐君子也。"不过，老子毕竟还担任过周守藏室之吏，他的社会地位，当然远比只在蒙县做过一阵子看管漆园的小职员的庄子要高得多。

庄周家贫，这在《庄子》书上有明确的记载。《外物篇》说，庄周穷得要上监河侯那里去贷粟；《山木篇》说，庄子穿破衣弊履；《列御寇》篇说，庄子处穷闾厄巷，靠织草鞋度日。根据这些记载，关于庄子的阶级属性，有两点可以讨论：一是他的出身问题，二是他的思想的代表性问题。庄子的出身，没有任何文字上的记载证明他是"贵族"，而且，我们也不能以成分论来给庄子作定论。至于他的思想代表性，也没有任何史实根据。相反，他过着和颜回一样的生活，穷处陋巷，织草鞋度日，充分说明了他的中下贫民的阶级地位。我们从整本《庄子》来看，他对于当时的贵族统治集团有强烈的不满和抨击，因此，他的思想是代表士阶层的要求，而不是所谓贵族的利益。士阶层属于国人阶级，国人阶级由士、自由农民和工商业者几个阶层所构成。国人阶级早在周幽时代就已崛起，周幽王、周厉王时，国人已经起来参政。到了春秋战国时期，国人阶级的活动逐渐加强。春秋晚期，国人阶级里的士阶层已经人才辈出，而且聚徒讲学。他们到处游说国君，企图以此进入仕途。虽然庄子终身不仕，是士阶层中的一个特殊者，但由他"其学无所不窥"的情况来看，他并不是一个纯粹的贫民和小农，而是一个很有学问的平民性格的知识分子。

庄子受到多种文化的激荡，因而形成他思想的丰富多彩。

（1）庄子的思想继承了老子的思想而有所发展，并以"丰富多彩的楚文化为背景孕育形成的"。[①] 楚文化所表现的富丽奇伟的想象力，从文学观点来看，属于浪漫主义，而与具有现实主义特色的中原文化有别。庄子所生活的宋国，正是中原文化与楚文化的交会区域，这两种文化的熏陶，使他的思想显得非常多彩而独特。他的思想的繁复性，与儒家作为中原文化的单调性很不一样。

（2）宋国是殷人的后裔，"殷人是比较爱好艺术的氏族"，[②] 他们的文化，"充分地带着超现实的气韵"，这种文化传统对庄子的作品当有所影响。

（3）庄子的创作多用神话作为素材，而中国的神话有昆仑神话和蓬莱神话两大系统。顾颉刚先生认为，《庄子》一书，正是这两大神话系统的融合。[③] 以上三个方面的文化因素，综合地影响着庄子，形成了他那独特的浪漫主义文风和丰富的想象力，亦成为他那蓬勃的思想源泉。

尼采（1844—1900）出生于一个基督教的家庭。他的父亲是路德派的一个牧师，在他5岁的时候，父亲因脑软化症而去世。后来，尼采就学于南堡普夫达学院，接受古典教育，又先后进入

[①] 任继愈主编《中国哲学发展史》（先秦），第389页。
[②] 郭沫若：《屈原研究》，见《沫若文集》第十二册。
[③] 顾颉刚：《庄子和楚辞中昆仑和蓬莱两个神话系统的融合》，载《中华文史论丛》1979年第二辑。张军和王景琳的硕士论文都引述了顾颉刚之说（张军：《论庄子的浪漫主义》，1982年吉林大学古典文学专业硕士论文；王景琳：《庄子散文艺术研究》，1984年北京大学中文系硕士论文）。王景琳认为庄子接触到昆仑与蓬莱两大系统，屈原只接受了昆仑系统。而庄子接受"诞生于大海的蓬莱神话"比昆仑神话要大。

波恩大学和莱比锡大学修古典文献学。1869年，尼采到瑞士巴塞尔大学教授古典语言学，1879年离开教职。从此，他结束学者生涯，在南欧一带漫游，过着飘泊的创作生活。尼采一生写了十多部著作，《查拉图斯特拉如是说》是他的代表作。尼采的一生，大部分时光都处在贫病交迫的境况，他从小患有严重的头痛、眼疾、胃病，三十多岁以后，他就一直被疾病所折腾。不过，总的说来，尼采还是比庄子的生活处境要好得多。但是，如果说他是"大资产阶级的代言人"，或者说他是"颂扬垄断阶级的政策"，他的哲学"是德帝国主义的非官方的帅旗"，① 那是非常牵强附会的。基本上说来，尼采是一个比较富有浓厚诗人气质的哲学家、文学家。

尼采的生平活动过程，正是俾斯麦掌权的时代。俾斯麦于1862年出任普鲁士首相，开始推行军国主义强权政治。1870年，他发动普法战争，接着建立德意志帝国。可是，尼采认为，德意志军事上的胜利，并不说明德国文化的优越性，他甚至很沉痛地批评"德意志文化没有实质，没有目标，只是'公众议论'，再

---

① 尼采哲学遭到很深的误解，主要是受了苏联学风的影响。在专著方面，有斯·费·奥杜也夫写的《尼采学说的反动本质》（允南译，1961年上海人民出版社出版），这本书完全不是出于学术讨论的态度，而是使用政治栽赃的方式，对尼采的观点进行恶意的解释。早在1941年上海出版了勃伦蒂涅尔写的《尼采哲学与法西斯主义》（段洛夫译，潮锋出版社），对尼采学说就产生严重的歪曲。50年代以后苏联学者所写的西方哲学史，提到尼采的部分，尽多曲解。艾思奇先生说："尼采露骨地表示了极端仇视人民群众的思想，他把人民群众看成'不过是供实验的材料，一大堆多余的废品，一片瓦砾场'。"（《辩证唯物主义历史唯物主义》，第十六章《人民群众和个人在历史上的作用》）这便是受了苏联著作的影响而造成的误解，遍查尼采原著，并没有这种言论。

没有比这更坏的误解了"。① 尼采抨击俾斯麦的扩张政策,他说:"对周遭的一切充满着无上的轻蔑——所谓'帝国'、'文化'、基督教、俾斯麦和胜利。"在他的自传里,尼采强烈反对德意志至上的狭隘的民族眼光。对于俾斯麦的铁血政策和军事扩张主义,对于德意志国家主义,尼采在他的《查拉图斯特拉如是说》的《新偶像》一章中,也有很强烈的批判。尼采的思想,受到了希腊悲剧精神、赫拉克利特哲学、叔本华哲学和浪漫主义运动的影响。

(1) 希腊悲剧精神。尼采在研究古典语言学和古典文献学中,发现了希腊悲剧的两种精神——阿波罗精神和狄奥尼索斯精神,前者表现了理性之光,后者表现了创造热情。他认为,希腊文明是由这两种精神互相激荡而形成的。

(2) 赫拉克利特哲学。对于希腊的哲学思想,尼采强烈地批判了苏格拉底和柏拉图的哲学,唯独推崇赫拉克利特的变动哲学。赫拉克利特的长流之说和一切都是斗争所产生的学说,对尼采有很大的影响。

(3) 叔本华哲学。大家都知道,叔本华哲学,特别是他的意志哲学,对尼采有所影响。但是,尼采也不同意叔本华"求生意志"的主张,而认为生命是"冲创意志"(will to power)的表现。

(4) 浪漫主义运动。18 世纪后半叶到 19 世纪上半叶,西欧各国兴起浪漫主义运动,尼采正是生活在这个文学思潮之中。作为一个文学爱好者,他受到浪漫主义运动的启发。罗素说过:

---

① 尼采自传:《看,这个人》,纽约现代图书馆(The Modern Library)版,*The Philosophy of Nietzsche*,第 857 页。

"浪漫主义运动从本质上讲,目的在于把人的人格从社会习俗和社会道德的束缚中解放出来。""浪漫主义运动的特征,总的来说是用审美的标准代替功利的标准。""浪漫主义者不追求和平与安静,但求有朝气和热情的个人生活。""浪漫主义观点宣称反对资本主义。"[1] 尼采的思想,正是承袭了浪漫主义所具有的基本的特征。

尼采认为浪漫主义是无拘无束、热情奔放、丰富多彩的复杂感情的流露;尽管它激动人心,但过于粗犷,是他年轻时代所能接受和理解的艺术。在他思想发展的过程中,在浪漫主义和古典文化比较时,他对后者有较多的肯定,尤其是对希腊的悲剧文化——认为那是旺盛的生命力的表现。[2]

在《愉快的智慧》中,尼采谈到《什么是浪漫主义》时,他说:"什么是浪漫主义?——每一种艺术,每一种哲学都可看作是一种创伤的疗剂,一种服务于不断增长的和斗争的生活的辅助物。它们总是预设苦难和受难者。然而有两类受难者:第一类是那些由于生命过于健旺而受苦——他们需要酒神的艺术,同样需要一个对生活的悲剧式的观点,一种悲剧的洞见。——另一类是由于生命的贫弱而受苦,他们寻求休息、安寂及平静,通过艺术和知识或通过陶醉、痉挛、麻醉和疯狂,将自身赎回。所有艺术中的浪漫主义都相应于后一类型的需要,包括叔本华和华格纳,

---

[1] 罗素《西方哲学史》,卷三,第十八章《浪漫主义运动》(商务印书馆,马元德译)。下引同。
[2] 参看海曼(Ronald Hayman):《尼采评传》(英国牛津大学出版社企鹅丛书,美国版1984年本),第209、216页。

这两个是我那时误解了的最著名和明确的浪漫主义。"(《愉快的智慧》第五卷第370节)在两种类型的浪漫主义中,尼采否定悲观主义者之生命衰退而寻求艺术逃避的浪漫主义,而肯定酒神式的生命奔流的积极的浪漫主义。

罗素曾说:"尽管尼采批评浪漫主义者,他的见解有许多倒是从浪漫主义者来的。"[①] 不仅如此,从他的作品风格和思想风貌看来,本质上他仍是个浪漫主义者。

二、浪漫主义的风格

一般说来,浪漫主义具有下面几个特征:第一,浪漫主义用热情奔放的语言、瑰丽的想象和夸张的手法来塑造形象,表达内心世界的感情,抒发对理想世界的追求。第二,浪漫主义歌颂大自然,诅咒城市文明,厌恶城市工业化,突出人与自然在感情上的共鸣。第三,浪漫主义表达了对个性解放的要求。让我们从这几项对庄子和尼采的浪漫主义风格作比较说明。

(一)寓言的表达方式

庄子和尼采这两位生活在不同时代和不同国度的浪漫主义者,都运用极富于想象力的寓言的方式来表达他们的思想和感情。

首先使我们想起的,是他们寓言中所描写的自己最喜爱的动

---

① 罗素:《西方哲学史》,卷三,第二十五章《尼采》。

物及其象征的意义。尼采说："我需要将我的狮子和老鹰留在身边，这样我可以得知我力量的强弱的征兆。"(《愉快的智慧》，第四卷第 314 节《新的家畜》) 翻开《查拉图斯特拉如是说》的第一页，就看到出现在查拉图斯特拉身边的爱物——鹰和蛇。当查拉图斯特拉下山来到人群中，当他穿过市场走向郊野，又出现一幕"苍鹰在空中盘旋，身上缠绕着一条长蛇"的生动景象。鹰和蛇究竟象征着什么呢？在《查拉图斯特拉如是说》中曾有这样的话："人类的勇敢具备了鹰的羽翼和蛇的聪明。"(第四卷《科学》) 那么，鹰是象征着"人类的勇迈"。至于蛇，在《圣经》上，它被描写成引诱人类去犯罪的动物。《圣经》说，上帝嘱咐亚当和夏娃，"分别善恶树上的果子，你不可吃，因为你吃的日子必定死"。而蛇却告诉夏娃说："上帝岂是说真话……你们不会死，因为上帝知道，你们吃的日子眼睛就明亮了，你们便如上帝一样能知道善恶。"可是，在反基督的尼采看来，这条引诱亚当和夏娃吃了禁果的蛇，恰恰是聪明地看穿了上帝蒙骗的灵巧之物。因此，在尼采笔下，蛇被视为聪明和灵巧的象征。

庄子最喜爱的动物是巨鲲和大鹏。《庄子》的头一篇《逍遥游》，第一段就是描写鲲鹏的寓言。巨鲲潜藏于北冥，隐喻着人的深蓄厚养；大鹏的展翅高飞，象征着人的远举之志。

尼采的代表作《查拉图斯特拉如是说》这部散文诗，以非常热情奔放的语言，来抒发作者对"生命与世界的热爱"。让我们听听查拉图斯特拉的歌唱：

> 我的热爱奔腾如洪流——流向日起和日落处；从宁静的

群山和痛苦的风暴中，我的灵魂倾注于溪谷。……我心中有个湖，一个隐秘而自足的湖；但我的爱之急流倾泻而下——注入大海！（第二卷《纯洁的知识》）

你得用热情的声音歌唱，直到一切大海都平静下来，倾听你的热望！（第三卷《大热望》）

在尼采的笔下，查拉图斯特拉时而攀登高山，时而莅临深渊；时而远涉重洋，时而飘渡孤岛；时而跨进文明的城市走向人群，时而远避嘈杂的尘俗回归自然。查拉图斯特拉的思绪，时而飞驰过历史的镜头，时而停驻在人间的焦点。查拉图斯特拉的谈话，时而明快有力，鼓舞群伦；时而如醉汉呓语，不知所云。他这一整部的散文诗，看起来语言凌乱，实际上构思精密，主题鲜明。它抨击基督教的病弱人生，鼓舞人的生命意志，肯定人的生命价值。尼采正是在这一基点之上，来宣说他的"超人"的理想和价值重估的学说。

而庄子这位古代的浪漫主义者，正如李白的《大鹏赋》所说，"吐峥嵘之高论，开浩荡之奇言"，以"谬悠之说，荒唐之言，无端崖之辞"（《庄子·天下篇》）来表达他那"时恣纵而不傥"的思想感情。《庄子》这本书，文风的瑰丽生动，文思的浩瀚恣肆，意气的广含深蕴，可以说尤胜于尼采。《庄子》寓言十九，凡山川人物，鸟兽虫鱼，乃至影子对话，髑髅对谈，任何东西到他手上，无一不是极妙的素材。《庄子》书上，每一个寓言，各具独特的色彩，各有不同的意涵。如著名的鲲鹏寓言，庄子借着经验世界里变形的鱼鸟，来打开一个无穷的空间系统，任人的精神纵横驰骋于其间。任公子钓大鱼的寓言（《外物篇》），用以开阔人们的心思视野。匠石之齐的寓言（《人间世》）意在隐喻乱世知识分子的危难处境。其他如庖丁解牛（《养生主》）、轮扁斫轮（《天道》）、佝偻承蜩（《达生》）、河伯与海若（《秋水》）、混沌的故事（《应帝王》）这些寓言着笔很少，但是寓意都很深刻。庄子非常善于运用丰富的想象力和文学的夸张手法，在他的寓言世界里，无论写景写情，写人写物，落笔奇妙，极具匠心，真可以说"其来不蜕"（《天下》），犹如"黄河之水天上来"。他的运笔，时而气势磅礴，时而非常细腻，峰回路转，顺当自如。他的文字，非常奇丽，富有节奏美感。总而言之，庄子寓言体裁的多样性，内容的繁复性，以及造型艺术的魅力，不仅是先秦诸子无出其右者，而且也是世界文坛所罕能匹比的。

（二）对大自然的歌颂和对城市文明的诅咒

尼采和欧洲其他浪漫主义作家一样，热烈地歌颂大自然，而对资本主义的物质文明和城市工商化充满厌恶感。

早在1866年春，尼采给他的朋友戈斯多夫（Carl von Gersdorff）的信上，谈到他喜爱大自然。他说人从现代的社会逃避到大自然的时候，才知道自然的宝贵。信上还说到他很欣赏爱默森描述夏天的山丘。

在《悲剧的诞生》里，尼采描述人们在庆典中，载歌载舞，借狄奥尼索斯的欢欣之情，突破个体的范限，使人的精神融入自然的整体中。

在《愉快的智慧》中，尼采说："一个有知识良知的人，在人群拥挤的大都市里，就如同在沙漠里一样孤独。"（第一卷第2节《知识良知》）他喜爱大自然的阳光与大海："凝视着一片白茫茫的大海，越过海滨阳光泳浴的岩石，天地间所有伟大与渺小的生物都在它的光明下徜徉，显得如此安然和宁静。"（第一卷第45节《伊璧鸠鲁》）

在《查拉图斯特拉如是说》中，尼采一再表达他对大自然的喜爱。他说：

> 我爱森林，城市是不宜居住的，那里纵欲者太多了。（第一卷《贞洁》）
>
> 森林和岩石分享你的沉默。再学那可爱的枝叶繁茂的大树吧，它宁静沉默，垂荫于海上。（第一卷《市场上的苍蝇》）

尼采不当教授以后，在南欧一带的海边、高山飘泊漫游，他对于工商业化的城市生活表达了深切的痛恨。他说：

> 我飞向未来，飞得太远了。……于是我转身飞回——我加速地飞，于是我到你们这里，你们现代人，我到了文明的城土。
>
> ……我从没看过这么光怪陆离的东西。
>
> ……这里竟是一切颜料罐子的家乡！（第二卷《文明之城土》）

在《查拉图斯特拉如是说》的《文明之城土》《经过》《未

来》这几个诗章里,尼采也鲜明地表达了自己对于"城市生活的憎恨之情,抨击市场上商人钱币的声音淹没了一切"(第三卷《归来》)。

著名的自然主义者庄子,也有这种对于自然的赞颂。他说:

山林欤!皋壤欤!使我欣欣然而乐欤!(《知北游》)
大林丘山之善于人也,亦神者不胜。(《外物》)

整部《庄子》书,处处描绘着他对大自然的美的喜爱,描绘着人与大自然的融合交感。尼采和庄子都热爱大自然,但是,这种热爱却有不同的侧重。例如,他们都非常爱海,然而他们爱海的意涵却同中有异。庄子以浪漫主义的夸张手法,借溟漠无涯的"北冥""南冥"及"不见水端"的"海若"而展现着辽阔无边的精神空间;尼采也以生动的笔法,借海洋之浩瀚无涯而描绘着"无限范畴"的广大自由的景象(见《愉快的智慧》,第三卷第124节《无限的范畴》)。然而尼采更以海的"那愤怒向我抗辩的"性格(《查拉图斯特拉如是说》,第三卷《七个印》),象征人生中的战斗精神。对他来说,航行大海,象征着生活里在怒涛汹涌中奋力挺进,他高唱着:

生活在险境中!将你的城市建立在维苏威火山的斜坡上!在浩瀚的海洋上扬起你的风帆!(《愉快的智慧》,第四卷第283节《开路先锋》)

他宣称着：

> 当听到"上帝已死"的消息，我们这些哲学家和"自由精神者"感到，一个新的黎明已显现在我们面前；我们内心充满着感激、惊喜和期待之情。终于，我们的视线又显得更加开阔，纵使还不够明亮，但我们的航船又可乘风出海，去面对任何危难；一切知识爱好者的探索又得到认可；大海，我们的海，又展现在我们的眼前；也许是前所未有的如此"开阔的海"。（《愉快的智慧》，第四卷第343节《我们喜悦的含意》）

这是说，"上帝已死"，人们的思想不受古老价值的束缚，展开在我们面前的，是一个有待我们去迎战、去开拓的新天地。

如果说，尼采是着重赞颂海的激荡奔涌的犯难精神，那么，庄子则着重赞颂海的广大幽深的情怀。

（三）对个性解放的要求

在个性解放思想方面，庄子和尼采在各自的著作中都有突出的表现。他们的个性解放的主张，在本国的文化传统中都产生了重大的影响。不过，他们的个性解放思想，各有其不同的文化内涵。尼采的个性解放，是要把人从基督教道德的压缩感和宗教的罪恶感中解放出来。而庄子的个性解放，则是要把人们从宗法制度和礼教文化的束缚下、从人的世俗价值和工具价值中解放出来。

庄子学派主张人应该有"独志"（《天地篇》），成为"独有之人"(《在宥篇》)。所谓"独志",就是不同凡俗的独特之志,所谓"独有之人",就是能够独立于天地之间的人,也就是说摆脱了宗法传统、礼教文化、市场价值和工具价值的重重束缚的人。庄子在《天下篇》中所说的"独与天地精神往来",《史记》里所说的"汪洋恣肆以适己",还有他自己的行为,也表现出他的反权威主义、反偶像崇拜的思想。儒家神圣化的历史人物——自尧、舜以降,在庄子的笔下,都被平凡化了。"秕糠皆可为尧舜。"任何历史上的权威人物,到了庄子的世界里,都好像到了一个桃花源里一样,等级、权威、偶像,统统被消解了。

尼采说:"我要创造一个属于自己的太阳。"(《愉快的智慧》,第四卷第320节《再度见面时》)他还说:"生命就是要做一个人,不要跟随我——只是建立你自己!只是成为你自己!"(同书,第二卷第99节《叔本华的跟随者》)他的"超人"的主张,就是鼓励人发挥自己的积极性,不断地向前发展,努力地自我提升。尼采的哲学,也同样是反权威主义和反偶像崇拜的。他借查拉图斯特拉之口,要弟子们寻找自己,而不要被石像压倒。在《查拉图斯特拉如是说》里,有一段经常被引用的很有名的谈话,查拉图斯特拉对他的弟子说:

> 弟子们,我独自前进了!你们分头走吧!
>
> 我劝告你们:离开我,提防查拉图斯特拉!也许他欺骗了你们!
>
> 如果一个人永远只做弟子,那对他的老师并不是好的报答。你们为什么不撕破我的花冠呢?

你们崇敬我；但是有一天你们的崇敬倒塌下来，你会怎样呢？留心，别让一个石像压倒了你们！

你们还没有寻找自己，便找到了我。

一切信徒都是如此；因此，一切信仰都不值什么。

现在，我要教你们丢开我，去寻找你们自己；当你们都否定我时，我回到你们这里来。（第一卷《赠予的道德》）

三、人物形象的塑造：庄子的"至人"和尼采的"超人"

庄子和尼采在各自的作品中，都塑造了自己的理想人物形象。庄子所塑造的理想人物是"至人"，而尼采所塑造的理想人物是"超人"。虽然庄子的"至人"和尼采的"超人"都是理想人物，但他们是出于不同的文化传统和历史背景，因此具有截然不同的内涵。

庄子的哲学要在追求人的精神自由。他深切地感到，人们本来是向往自由的，可是，他们又经常地陷在人为的和自为的种种束缚之中。一方面，人们受着各种人为的、外在的规范的层层裹罩；另一方面，人们自己也自觉不自觉地投身到追逐功名利禄的圈套之中，以至自限自小。这样，便造成了人与外界的扞格、主体与客体交通的阻塞，而形成了自我封闭系统，缩限了自我精神的自由活动。因此，庄子运用文学的想象力，塑造他的理想人物——"至人""神人"，借以冲破束缚人们的重重罗网，打通人与外在世界的隔离,使人与外界交感融合。所谓"至人无己,神人无功,圣人无名"乃是要人从社会市场价值网中超脱出来。所谓"乘天地之正,御六气之变",庄子所理想的人物,其精神活动是无限开放的,与宇宙万物融合一体的。

从哲学观点来看,庄子是从同质的概念去看待人与外物的关系的。《大宗师》上说"通天下一气耳",而人的生死,也是气的聚散("人之生,气之聚也;聚则为生,散则为死")。这就是说,人与天地万物的原质是相同的。从这概念出发,庄子认为人与外物、主体和客体的关系不是对立的、隔离的,而是一体的、合一的。庄子以艺术的心态,把人的主观情意投射到外物中去,使人和外物交感融合;以美学的感受,把主体的美感经验投射入外物中,将外在的物象主体化,从而使对立的主体和客体关系变成和谐的、交融的关系,从而也开阔了人的精神自由活动的领域。

然而,尼采理想中的"超人",具有完全不同的文化意涵。尼采所讲的"超人",就人本身来说,是要人发挥自己的潜在力量,不断地超越自己。就世界观来说,他深感基督教文化病弱人生,鄙视肉体,走向唯灵论。尼采主要是针对基督教的这种世界观、人生观,而提出他的超人哲学。在《查拉图斯特拉如是说》的序言中,他对"超人"的意义有非常明确的叙说,主要表达了两个意思:

(1)"超人"是人要"超越自身的某种东西",要发挥自己的无限的潜能,来提升自我。

(2)"超人就是大地的意义。"这是尼采世界观的一个表达——认为只有一个世界,就是这个大地。尼采认为,西方传统哲学，从柏拉图开始，就是两个世界之说，即把世界分为现象世界和理念世界。到了基督教，则将世界分为今生世界和来生世界、此岸世界和彼岸世界。尼采批评柏拉图把我们真实世界看成是假象，而把一个虚构的世界当作是真实的世界。基督教更是遁离现实世界，去构幻一个来生的世界。因此，在这里，尼采很明白地批评那些相信来生世界的人，说他们是人生的诬蔑者，是对大地的不敬。尼采肯定"大地的意义"，就是肯定这个世界，肯定人间世，批判来生论。也就是说，尼采既反对柏拉图的传统哲学和柏拉图以来的西方传统世界观，也反对基督教的两个世界之说。尼采的这个思想，在《查拉图斯特拉如是说》中表现得很突出。

尼采在《来生论者》一章中说："别再埋头于天上事物之沙滩中，自由地昂起头来，给大地开创意义吧！"他批评基督教的来生论者说："病人与垂死者，他们蔑视肉体和大地，而发明天国和赎罪的血滴。但，即使这甘甜而阴郁的鸩毒，也还是取自于肉体和大地！"

《肉体的蔑视者》这一章，尼采抨击基督教蔑视肉体，"怨恨生命和大地"。

在《高尚的人》这章中，尼采攻击了基督教"精神的忏悔者"是"无意志的人"。他说，这些精神的忏悔者"应当像牛一样，他的幸福应当有泥土的气息，而不是对大地的轻蔑"。

尼采在《快乐与热情》一章中，呼吁建立"地上的道德"，否定所谓善是"上帝的法条"，引导人遁入另一个世界。

在《赠予的道德》这一章中，尼采呼唤人们抛弃天国的幻

想,忠实于大地,用自己的道德的力量和知识来提升自己,做一个"超人"。他呼唤着:

> 兄弟们,用你们的道德的力量,忠实于大地吧!让你们的赠予之爱和你们的知识为大地的意义服务吧!
>
> 别让道德从大地飞开……
>
> 你把那些将迷失了的道德带回大地上吧!——是呀,回到肉体与人生:使它给大地以意义,一个人类的意义!
>
> ……
>
> 兄弟们,让你们的道德为大地的意义服务吧!让一切事物的价值由你们重新估定吧!因此,你们当成为斗士!因此你们当成为创造者!
>
> 肉体以知识净化自己;肉体用知识提升自己。
>
> 千条路径没有人走过;千种健康和生命的隐蔽之岛,还没有人到过。人与人的大地仍是无尽藏而未曾开发。
>
> 真的,这大地将有一天成为一个疗病的场所!一种新的气息围绕着它——一种救活的气氛,与一种新的希望!

从这里我们可以看到,尼采说"超人"是"大地的意义",这是要人们成为一个大地的开创者和开拓者,成为一个新价值的估定者。

四、尼采笔下的查拉图斯特拉
和庄子《内篇》所构绘的人物形态及性格之比较

庄子和尼采都通过构绘理想人物来宣扬自己的哲学思想。尼采在他的《查拉图斯特拉如是说》一书中,构绘了查拉图斯特拉的形象,而庄子的《内篇》,构绘了如哀骀它、子舆、子来这些人物,他们的人格形态和性格都有很大的不同。下面,我们分别做一些比较。

(一)激情和忘情

尼采所塑造的查拉图斯特拉这个人物,性格非常独特,他时而步伐轻快,洋溢着舒畅欢愉的心情,时而离群索居,坠入痛苦的思绪里。在《最沉静的时刻》里,尼采描写着:

> 当查拉图斯特拉说完话,他感到强烈的痛苦。和朋友别离的时间已逼近,遂放声大哭,没有人能安慰他。但在这里,他仍然留下他的朋友,独自离去。

在《幻象与迷》中,描述着:

> 查拉图斯特拉两天沉默不语,索想而木讷。

有人曾说,一个人洞察自己和时代的深度,是和他所受的痛苦强度成正比的。查拉图斯特拉的性格,正是他经常地受到痛苦的激情袭击的表现。

在《康复》一章中，尼采对查拉图斯特拉的激情有一段非常生动的描写：

> 一天清晨，查拉图斯特拉刚到洞穴不久，他从床上狂跳起来，可怕的声音喊叫着……
>
> 查拉图斯特拉说完话，他跌倒了，如同一个死人，躺着很久。当他恢复知觉时，面色灰白，战栗不已，他仍然躺着；久久不饮不食。这种情况持续了七天，他的鹰和蛇日夜地不离开他，只有鹰时而飞出去觅食，把衔来的东西放在查拉图斯特拉床榻上。……七天之后，查拉图斯特拉才在床上坐起来。他拿着一颗玫瑰色的苹果嗅着，觉得气味芬芳。于是鹰和蛇知道他说话的时候到了。
>
> 走出你的洞穴呵，世界如一座花园等待着你！

我们读着《查拉图斯特拉如是说》的时候，可以感觉到一个年轻作者的热情洋溢，他甚至是一个激情主义者。

可是，庄子对感情的看法恰恰与尼采相反。他认为，人经常地受到情绪的困扰，特别是死亡之情的恐惧感，对人有很大的困扰。因此，庄子主张"忘情"，以摆脱这种困扰。他在《养生主》里创造出"老聃死，秦失吊之，三号而出"的故事。而在《大宗师》里，庄子借子舆重病时所讲的话，表达了"安时而处顺，哀乐不能入"的思想，也就是说，对于生来死去，应该抱着顺应自然的态度，不要被哀乐之情所困扰。《大宗师》还写了子桑户死，他的朋友临尸而歌的故事。《至乐篇》记载：庄子妻死，他还鼓盆而歌。这些寓言，都是用反面的写法，表达对死亡的无惧感和顺应自然的态度。在《德充符》篇末，有一段庄子和惠子的对话，谈到人的"情"与"无情"的问题，庄子说：我所说的"无情"乃是说人不要被好恶之情所困扰而损伤自己的身体（"不以好恶内伤其身"）。这也说明庄子主张人要顺任自然，不被哀乐情绪所苦恼，而保持安然适和的心情。

（二）多梦与无梦

庄子要人们尽量免除情绪的困扰，因此，在他的笔下，至人是无梦的。他在《大宗师》里描写的真人"其寐不梦，其觉无忧"。一个人在觉醒时，有太多的欲念和忧虑，就必然反映在梦境里（这正是现代心理学家弗洛伊德研究的一个领域），正如《齐物论》里所形容的，"其寐也魂交，其觉也形开，与接为构，日以心斗"，人在白天过多地勾心斗角，所以夜里睡觉时就精神交错。因此，一个人应该超脱这种困扰，保持心境的恬和，方能达到"其寐不梦"。这也是很合乎现代医学理论的，人在安睡时，大脑皮层细胞得以充分休息。所谓"至人无梦"，是对人间事理通达透解，所以任何一种刺激都不会引起他的喜怒哀乐。

在《齐物论》里，庄子还讲了一个庄周梦蝴蝶的寓言，说庄周梦见自己变成蝴蝶，一只翩翩飞舞的蝴蝶，遨游各处悠然自在，根本不知道自己原来是庄周，醒过来时，自己分明是庄周，不知道是庄周做梦化为蝴蝶呢，还是蝴蝶做梦化为庄周！庄子用这个寓言来形容人的"自喻适志"。庄周的蝶化，比喻着人性的天真烂漫，也象征着人在没有陈规制约和戒律重压时的适逸自由。在庄子看来，宇宙就像一个大花园，蝴蝶可以无拘无束，欢欣于这个大花园的花丛中间；人生也应该无拘无束，自由自在地在宇宙自然之中逍遥漫游。相反，我们看到，近代人卡夫卡在《变形记》里描写的格利戈变成大甲虫的寓言，则是另外一种情形。格利戈是一个旅行推销员，每天都要赶四点钟的那趟火车，到公司去接受上司的遣派。上司的面孔和呆板的工作使他对这件差事很厌倦，可是为了替家人偿还债务，他不得不干下去。这天醒来，忽然他发觉自己变成了一只大甲虫，想爬起来，又觉得自己行动吃力，语言含糊。房门锁着，他开不了门，无法出去，终于赶不上那趟早车。卡夫卡的这个寓言，写出了现代人的生活的时间压缩感、空间囚禁感、与外界的隔离感和宗教的罪孽感，描写这些给人们带来的沉重的负担。庄周蝶化的"变形记"，和现代人的这种感觉恰恰成了鲜明的对照。在庄子那里，如果说人生如梦的话，那么，应该说是一个美梦。当然，庄子在这里所说的蝶化、物化，是一种艺术的观照，也就是说，是用美感经验来观照事物的变化，来泯除物我之间的界限和隔离，而达到物我的契合融和。

在尼采的笔下，并没有庄子式的悠游自在的蝴蝶之梦。相反，在《预言者》这章诗里，尼采描写了查拉图斯特拉所做的一场噩梦：

> 如是，查拉图斯特拉悲忧、徘徊不已，三天不饮不食，不休息，不说话，终于他熟睡了，沉沉入睡。……做了个噩

梦，梦见死亡的棺木，梦见一口黑棺材抛掷到他足前，在呼啸、喧哗、怪叫声中，这棺材裂开，并发出千百种笑声……千百种怪状，孩子们的、天使的、枭鸟的婴儿般大小的蝴蝶的脸，对我大笑、喝吆。我骇叫着，呼声惊醒了自己。……

查拉图斯特拉作了一个"痛苦的梦"，梦中醒来，他"克服了那致命的疲倦"。这种梦境，表现了查拉图斯特拉在人生过程中遇到的障碍和所进行的挣扎和斗争。

梦的作用，尼采认为它是白天失去快乐与美感的补偿。他说："梦的意义和价值，在某种程度上可以补偿白天'营养品'的欠缺。"梦中所显现的温柔之情、欢怡之乐、音乐之美、搜寻之苦等种种冲动，是"我们睡眠中神经刺激的信息传达，如血液和肠胃的运动，如手臂或被盖的压迫，如钟声在夜间的各种音响，在神经刺激上的映现。而这些刺激的信息传达是非常自由的"。同一本书，有不同的解释；同样的神经刺激，由于不同的冲动寻求满足，因而也会产生不同的梦境。白天也是一样，不同的人对于同一个事件，由于不同的冲动之需求，而产生不同意义的解释。此外，尼采认为"醒与梦都受冲动的驱使，并没有实质的区别"。（上引见《曙光》，第119节《经验与创造》）在醒与梦无实质区别这一说法上，尼采和庄子似乎有相似之处。庄子是从大同的境界上而提出死生一如观及梦觉无分之说；尼采则从冲动的驱动力来说明梦与觉并没实质的区分。尼采还说："醒时的生活，没有像梦中传达和映现那样自由，这是因为醒时较为实际而冲动较受约束之故。"（同上）

在弗洛伊德之前，尼采已经提示出无意识在我们精神活动中的重要性。他说："长久以来，有意识的思维被认为是思维本身。直到现在我们才明白这真理：我们的精神活动绝大部分是在无意识和无感觉中进行的。"（《愉快的智慧》，第四卷第333节《知的意义》，下引同）于此，尼采批评斯宾诺莎所想象的"永恒自身安息"情景是绝不会有的事。他还批评："哲学家的思考是最欠活力的，因而相对地也是最温和、最沉静的思考方式，如此，哲学家往往在知识的本性上把人导入歧途。"在这观点上，尼采和庄子有着基本的迥异：庄子对智性的活动，较近于斯宾诺莎式的，而尼采则肯定本能的、无意识的冲动，贬抑哲学家那种安宁的、沉静的思考方式。

对于内心世界的探索，庄子发掘到深处，认为是一片空灵明觉的"灵府""灵台"。而尼采则认为其低层是个迷宫。他说："观察自己的内在，有如探索一个广漠的宇宙，并且将银河带进自己心中的人，同时也知道所有的银河系是多么的不规则，它们导向存在的混乱和迷宫。"（《愉快的智慧》，第四卷第322节《寓言》）在这方面的探讨，使尼采成为弗洛伊德学说的先驱者。

尼采早期的作品，就很注意内心世界的创造活动，以及梦和创造冲动的关系。他认为，当人们激发其内心深处的压抑，"当他们以自己的呼喊和压抑去充实这个世界的时候，他们的创造才能也许更为精致，而他们的满足笑声听起来仿佛是优美的音乐"。（《愉快的智慧》，第一卷第56节《受苦的欲望》）谈到梦幻世界对艺术家的重要性时，尼采认为生活中所遭遇的种种情景，决不会不留下一点痕迹；而梦是"我们最内在存在，人类的共同基础",视它为艺术创作的最原始的驱动力。(《悲剧的诞生》,第1节)他还说:"只要去爱、去恨、去欲求、去感受——梦的精神和力量就立刻会布满了我们的全身。"(《愉快的智慧》,第二卷第59节《我们艺术家》)这和庄子的"忘情"观及"无梦"说是全然不同的两种境界。

(三)孤独与自适

尼采和庄子都有很深的脱群之孤傲感。

尼采的孤傲,是十分突出的。他的孤傲感,强烈地表现在两个方面:他与群众的距离感和传统文化的差距感。

在《曙光》中,尼采说:"我们飞翔得越高远,对于那些不能飞的来说,就显得越渺小。"(第574节《不要忘记》)这表达了他在精神上与人群的距离感。

在《市场上的苍蝇》中,尼采借查拉图斯特拉的口说:"朋友,逃到你的孤独里去吧,我看你被大人物的喧嚣所震聋,又被小人物的毒刺所刺伤。"又说:"凡是孤寂终止的地方,就是市场开始的地方;凡是市场开始的地方,也开始了大演员的嘈杂和大苍蝇的嗡嗡。……群众尊称这些表演者为大人物……民众围绕着大演员而旋转……市场上充满了吱吱喳喳的小丑——人们夸称他们的伟大人物,认为他们是时代的主人。"这充分表示了他对当时他所处的时代的不满和抗议。

当查拉图斯特拉从山上到市镇的途中,宣告"上帝已死"时,他来到市镇向人群宣说他的超人的理想,但是,市场上的人群不能领会,大家一窝蜂地围着马戏帮观看走绳者的表演。走绳者失足，从绳上摔下来，群众一哄而散。这时，他背负着已经死去的走绳者，走到郊外。他觉得很孤独。第二天早上，太阳出来，一线光启示了他，他要去寻找共同的创造者。在《创造者之路》里，尼采再度地表达了他与人群的距离感和孤独感。他说："我的兄弟，带着你的热爱与创造力，往孤独里去吧。正义会慢慢地拖着脚跟在你的后面。我的兄弟，怀着我的泪到你的孤独里去吧。我爱那想创造以超越自己的人。"

罗素曾说："孤独本能对社会束缚的反抗，不仅是了解一般所谓的浪漫主义运动的哲学、政治和情操的关键，也是了解一直到如今这运动的后代的哲学、政治和情操的关键。"[①] 罗素的话，也可以作为对尼采的孤独的时代意义的说明。

庄子和尼采一样，对于社群有很大的距离感，对于他所处的时代更为强烈的不满和激愤。"汪洋自恣以适己"的庄子，虽有孤傲感，却没有尼采那种孤独感。在庄子的思想里，人尽量要消除孤独情绪的困扰，要超脱人际关系中的是非纠葛，而转向人与自然的融合关系。《天下篇》里所描述的庄周"独与天地精神往来而不敖倪于万物，不谴是非以与世俗处"说明庄子提升自己的精神境界，同时仍关怀所处的社会人群。

（四）自力与安命

在庄子的观念里，对于人与社会的关系，人与自然的关系，

---

① 罗素《西方哲学史》，卷二，第十八章《浪漫主义运动》（商务印书馆，马元德译）。下引同。

采取一种顺应自然的态度。庄子的安命，就是把生死存亡、穷达贫富都看作运命的流行。在《大宗师》里，他说："死生，命也。"这就是说，死和生都是自然而然、不可避免的。在《人间世》中，庄子描述一个人处于政治极端恶劣的环境之下，无可奈何而安之若命。在庄子书中，提到命，都是指自然而不可避免的境遇。《达生篇》说："不知吾所以然而然，命也。"因此，庄子无论是对于生死问题，对于贫富问题，还是对于社会上极逼困的处境，都采取"知其不可奈何而安之若命"的态度，也就是说，采取一种顺应自然而安然接受的态度。

可是，尼采是反对这种安命的思想的。他在《查拉图斯特拉如是说》中说："我是无神的查拉图斯特拉，那些自我主宰，而不知所谓安命的人，便是我的同类。"（第三卷《侏儒的道德》）在这里，尼采主张应该发挥人的主观能动作用，去克服所遇到的困难，而创造自己所理想的环境。

（五）"健康的肉体的声音"与"游于形骸之内"

尼采的肯定自我，主要是针对基督教的否定自我，基督教蔑视肉体，逃离自我，导致了虚幻的唯灵论，而尼采针对基督教人生观的弊病，肯定肉体，肯定自我。对于灵肉的关系，尼采提出了身心合一的明确的观点。他说：

"我是肉体，也是灵魂"——小孩这么说。为什么他们不能像小孩一样这么说呢？

然而，觉醒者、明智者说："我整个是肉体，此外无他。

灵魂乃是肉体中某部分的名称。"

肉体是一个大理智，是一个有意识的复合体。

兄弟们，被你称为精神的你的小理智，也是你的肉体的一种工具。（第一卷《肉体的蔑视者》）

在《查拉图斯特拉如是说》中，尼采再度歌颂肉体的功能：

我们的精神向上飞扬，它是我们肉体的一种象征，一种提升的象征。

肉体如是穿过历史，一个变革者和战斗者。而精神——它对于肉体是什么呢？它是肉体之斗争与胜利的先驱，它的伴侣与回响。

你们的肉体高升、向上，它兴高采烈地鼓舞精神，使精神成为创造者、估价者、热爱者，以及一切事物的布施者。

肉体以知识净化自己，肉体用知识提升自己。（《赠予的道德》）

苏格拉底就认为灵魂被囚在肉体之中，肉体死亡，灵魂才能获得自由。这同基督教的灵魂不朽之说是相吻合的。苏格拉底和基督教的这种观念，造成了传统思想中鄙视肉体的不健康的人生态度。罗素对于唯灵论，对于灵魂存在的问题有一个科学的说明："我们所谓的'思想'，似乎要依赖大脑的思路组织，正像旅行要依靠铁道和公路一样。思维所需的能量似乎有它的化学起因；例如，缺碘会使聪明人变成白痴。心理现象好像与物质结构有密切联系。……我们也不能认为个人的思维在肉体死亡以后还能继续存在,因为肉体的死亡破坏了大脑组织,也驱散了利用大脑思路的能量。……我们知道大脑不是永生的,也知道生物体死亡之时它组织中的能量,假定可以这样说,是解体了,因而也便无法进行整体行动。所有的证据表明,我们所认为的精神生活同大脑的结构及人体组织的能量有着密切的联系。因此,认为肉体生命一旦停止精神生活也同时停止的看法是合理的。"[1]一个人存在,灵魂才存在;人死了,精神也就消失。因此,尼采肯定人的存在,肯定健康的肉体,呼吁人们"倾听健康的肉体的声音"。

而庄子,除了在《大宗师》里表露了他的"以生为附赘悬疣,以死为决疣溃痈"的消沉思想之外,在《达生篇》里,却表达了"形全精复"的健康思想。所谓"形全精复",就是说人的形体要健全,精神要充足。庄子认为,像单豹的"养其内而虎食其外",张毅的"养其外而病攻其内",都是各有所偏的。人要养生,必须"形""精"并重。庄子这个生动的比喻,表现了"形全精复"的健康的思想。

在《齐物论》里,庄子也反省到,一个人"一受其成形,不化以待尽,与物相刃相靡",有的人一辈子生命没有什么目标,终生役役,最后,"其形化,其心与之然",这是很可悲哀的事。因此,庄子在检讨人的身心作用的时候,他强调了一个人应该培养自己的精神生命、思想生命。庄子深感世人只是以貌取人,所以他创造了许多寓言,来描绘有些人尽管外貌完好,但心智是残

---

[1] 罗素:《为什么我不是基督教徒》,见《我的信仰》(商务印书馆,沈海康译)。

缺的；而另一些人虽然外貌丑陋，但心智却是完好的，相形之下，他宁可赞扬后一种人。因此，他在自己所创作的寓言中塑造了很多残形者的形象，来打破以貌取人的鄙见。特别是在《德充符》里，有很多寓言，描绘了一个个外形残缺而心智完善的人，表达他的"游于形骸之内"的主张，而否弃"索人于形骸之外"的偏见。不仅如此，庄子进一步提出，一个人不但要有形体，更重要的是要扩大自己的精神空间，拓展自己的思想生命。

五、尼采的投入和庄子的退隐

尼采和庄子的处世态度不同，一个是积极入世的，一个是避世或游世的。从某个方面来说，尼采的投入和庄子的退隐，是一个鲜明的对照。但是，尼采的投入的方式也并不是直线形的。他的投入的方式非常特殊，在《查拉图斯特拉如是说》序言的开头，就出现了这种投入方式。在对他的投入的方式作分析之前，让我们先来读他的一段叙说：

> 查拉图斯特拉30岁的时候，离开了他的家以及他家乡的湖畔，而隐逸山林。在那儿，他怡心悦神而玩味孤独，十年来未尝倦怠。但最后他的意旨改变了——有天早上，他和瑰丽的朝霞俱起，来到太阳跟前，并且对太阳作如是说：
> 你这伟大的星球，如果失去了你所照耀的人们，你的幸福何在呢？十年来你照临我的窟穴：如果不是为了我和我的

鹰蛇的话，你一定会倦于你的亮光与旅程。

然而我们每晨静候你，从你这儿摄取你的流光，并且为此而祝福你。

看呵！我厌足我的智慧，像只蜂儿采集了过多的蜜。现在我需要的是能伸出来接取它的手。

我愿意赠与和奉献，除非人群中的智者仍旧欣悦于他们的愚蠢，而穷人安乐于他们的丰足。

因此我必须下降于最深处，正如你在夜晚所做的一样。当你没入海底，而你仍给予下界以光亮，你这丰润泛溢的星球呀！

像你一样，我必须降临；正如我将要降临于世间的人们所说的。

那么祝福我吧！你这安谧之眼甚至看得到最大的幸福，而不含丝毫的嫉妒。

祝福这充溢着欢乐的流觞吧！

杯中时将泛溢出金波，到处都会映着你的欢悦。

看呵！这杯将再成为一个空杯，而查拉图斯特拉将再度成为世人了。

于是查拉图斯特拉开始降临。

查拉图斯特拉的"下山"[①]——"降临"人间，英文称为

[①] 莱茵哈特（Kurt F.Reinhardt）说："查拉图斯特拉的'下山'，意指什么呢？那是意指经由虚无主义的否定之极端形式而产生喜悦欢畅的肯定；经由不妥协的怀疑主义的否定而导致全部的肯定。"（见 Thomas Common 英译尼采《愉快的智慧》，绪言）

"down-going"。这里，用日的起落来做比喻：尼采的投入就像日起日落那样，是时隐时显的。他来到人间，投入人世，久之又退隐山林；但他并不是永远的退隐，而是在离群索居一段时间之后，又重新投入。

尼采的投入，如他那诗的语言所形容的，是以热烈的爱倾注于溪谷，积极地投身于社群之中。然而，当他身处人群当中的时候，又感到同人群有一种距离感。他觉得人群不能理解他，于是产生出了挫折感。因而他经常地在投入之后又退隐出来，不过，这种退出不是消极的，而是做自我思索，自我反省，自我充实，自我培蓄，作为再投入的准备。由于尼采对人群有距离感，所以他感到自己是一个孤独的创造者。他到社群里来，不是为了别的，乃是为了寻找共同的创造者。

庄子的退隐，是对世俗价值的强烈离弃感。庄子并不是没有爱国之心、入世之意，只是由于他所处的是一个大动乱的时代，人的生命朝不保夕，特别是知识分子，处境尤其艰难，而庄子自己，热爱自由，不愿意成为工具价值，因此，不得已乃采取了避世的态度。庄子的退隐，看来要比老子更为彻底。

庄子的退隐，有着几个方面的作用：第一，在乱世之中，借以保存性命。所谓："遭治世不避其任，遇乱世不为苟存。"（《让王篇》）这是一种明哲保身的态度。但是，庄子的明哲保身，还是有原则的。他始终坚持他自己的立场与原则。

第二，庄子的退隐，乃是从政治社会的网罗之中撤退出来。他所说的"无用之用"，就是不被当时权势人物所御用而成就他自己的大用。对于权力结构，庄子保持"天子不得臣，诸侯不得友"(《让王篇》)的态度,这表现了他对统治者的不合作态度。庄子的"独乐其志","汪洋自恣以适己"(《史记·庄子列传》),正是因为他不愿被世俗价值和权势结构所网罗,而保持自己精神活动的天地。

第三,庄子的退隐,是将自己从功名利禄的网罗中撤退出来,表达了他不追求权势地位。他认为,在功名利禄的世俗价值的追逐中,往往会迷失自己,因此,要保持自己的精神自由,就要避开这种世俗价值的笼罩。

所以,严格地说来,不能说庄子是厌世的,而应该说,庄子是愤世的。庄子的退隐,是不愿意在功名利禄的追逐中迷失自己,是不愿被纳入封建统治结构而成为权势人物的工具价值,是要在乱世之中保存自己的性命,来另外开辟自己的精神天地。他的退隐,是"时命大谬"而"不当时命"(《缮性篇》),这既不是厌世,也不是出世,而是一种避世,并且这种避世,是自有他的苦衷在的。

六、尼采的悲剧意识与庄子的忧患意识

先秦诸子面对大动荡的历史现实,各个人的进退取舍的态度虽然有所不同,但是,他们对于时代的危机意识,以及对于社会的关切之情,却是一致的。庄子尽管采取了避世的态度,然而,

他并不是出世的。他的处世的忧患感,①他的沉痛隐忍的程度,他对于时代的灾难和人群的祸患的敏感度,可以说超过先秦诸子其他各家。与庄子同时的孟子,所处的社会阶层比庄子要高,还能奔走于权贵之门,他的思想也部分地反映了当时开明统治者的愿望。而庄子却穷处陋巷,接触和了解大多数人的生活,他的思想敏锐地反映了当时人民的险境,同时也反映了当时知识分子的危难。

《庄子》一书沉痛地描绘了战国时代战争的灾难、政治的暴虐和人民的凄惨遭遇。"今世殊死者相枕也,桁杨者相推也,刑戮者相望也。"这是《在宥篇》所描写的一副凄惨动人的人间灾难的图像。在《人间世》的开头,写出了卫君(实指宋偃王)的残暴统治:"轻用民死,死者以国量乎泽,若蕉。"同时,庄子还假借楚狂接舆道出了处于暴虐统治下的惨状:

　　凤兮凤兮,何如德之衰也!
　　来世不可待,往世不可追也。
　　天下有道,圣人成焉;
　　天下无道,圣人生焉。
　　方今之时,仅免刑焉。
　　福轻乎羽,莫之知载;

---

① "忧患"一词,源于《易传·系辞》下:"《易》之兴也,其于中古乎?作《易》者,其有'忧患'乎?""其出入以度,外内使知惧,又明于忧患与故。"徐复观认为:"忧患意识,不同于作为原始宗教动机的恐怖、绝望。"它是一种"责任感","要以己力突破困难而尚未突破时的心理状态。"(徐复观:《中国人性论史》,第20页)

> 祸重乎地，莫之知避。
> 已乎已乎，临人以德。
> 殆乎殆乎，画地而趋！
> 迷阳迷阳，无伤吾行！
> 吾行却曲，无伤吾足！

这里，庄子对当时知识分子朝不保夕的危难处境描写得多么生动！在《山木篇》里，庄子也叙述了自己的"处势不便"，"非遭时也"，他举出比干被剖心作为例证，说明他所处的那个"昏上乱相"的时代的艰难。宋国是殷商后裔，庄子以纣影射宋偃王，而以比干自喻，可以说是他的发自内心深处的语言。从这里，我们可以看到，庄子未尝没有爱国用世之志，[①] 只是由于他生在这样一个战祸连绵、政乱如麻的时代，不甘于成为封建权势者的工具。这也表现了他作为一个学问渊博的知识分子对于艰险处境的敏锐反应。

因此，《庄子》一书深沉地描写了处世的艰难。譬如，在《逍遥游》里，他以狸狌的活动的遭遇来做比喻，多少有才能的人"东西跳梁，不避高下"，结果是"中于机辟，死于网罟"。有鉴于此，庄子才提出，应该像一棵大树那样，树之于广漠之野，可以任意地徘徊在树旁，自在地躺在树下，"不夭斤斧，物无害者"，说明庄子对处于险恶时代的困惑感。

在《德充符》里，庄子形容当时人的处境是"游于羿之彀

---

① 参看李泰棻：《老庄研究》，下卷，第 140 页（人民出版社，1958 年）。

中,中央者,中地也;然而不中者,命也"。

天下无道,处境垂危,人们随时都可能遭到射击,生命是毫无保障的。

在《应帝王》里,庄子说:"鸟儿尚且知道高飞,以躲避罗网弓箭的伤害;鼷鼠尚且知道深藏在社坛之下,以避开烟熏铲掘的祸害,难道人还不如这两种虫子吗?"又说:"虎豹由于皮有文采,所以招人来田猎;猿猴由于行动敏捷,所以被捉来拴住。"前者描写了如何避免当时社会带来的祸害;后者描写了当时有才能的人如何会招来祸害。

在《人间世》中,整篇都反映了那个战乱时代人际关系的纷争纠结的阴暗面,特别是面对统治阶级的关系的艰难性。尤其是"匠石之齐"这一节,描写了一个有才能的人在世上,就好像"楂梨橘柚,果蓏之属,实熟则剥,剥则辱;大枝折,小枝泄。此以其能苦其生者也,故不终其天年而中道夭,自掊击于世俗者也",很形象地反映了有才能的人在社会上所受到的残害。

而在《养生主》里,庄子描写了世事的复杂,有如牛身上的筋骨盘节。处在这样一个复杂的社会,他不能不怀着"怵然为戒"的处世态度。

生逢乱世,庄子的心情是很苦痛、很矛盾的。如果他不关心社会和人民的命运,就不会"著书十余万言"(《史记·庄子列传》)来表达他对时代的感受,从而提出他的哲学主张。他之所以采取"无用之用"的态度,实在是为了避免于险恶处境的不得已的出路。庄子反抗权威,对统治者采取不合作的态度,在历史上也有一定的作用。他另辟一个精神世界,以求自我安适,实际上，他是寄沉痛于悠闲，内心还是具有很深的时代忧患感的。

尼采所处的时代、国家和社会环境，较之庄子的坎坷的境遇，大不相同。尼采是生活在自己的国家资本主义正在发展、经济和政治正在上升的时期。因此，虽然他对现实的政治也是不满的，是现实政治的批评者和抗议者，但是，他的处境究竟没有庄子那么艰险。同时，尼采是一个诗人气质特别浓厚的文人、学者，他对现实政治的敏感度也不如庄子那么强烈。尼采对现实政治没有很明确的概念，没有庄子那样体会得深刻，也未曾提出过一个明确的社会政治主张。我们在尼采的著作中，可以感觉到尼采对社会政治现状朦胧的不满，却看不到他对这种状况的深刻反映。尼采对人生的看法和体验，不是从现实政治，而主要是从文化哲学方面着眼的。他不满于叔本华的悲观哲学，他痛恨基督教文化病弱的人生观，更上溯这种思想的根源，而抨击柏拉图、苏格拉底对现实人生的鄙视。他在对于西方的文化和哲学的研究中，发现了希腊的文明是由希腊人在一种悲剧精神之下所创造的。他在对于希腊古典戏剧的研究中得出结论："悲剧充分证明了这个事实：希腊人不是悲观主义者；在这方面，叔本华的观点是错误的。"(《看，这个人》)他认为，"希腊人深深体会到人生的恐怖：为了克服这种恐怖的意识，希腊人创造了神话，以显示他们对生命的肯定"(《悲剧的诞生》，3)。尼采在早期对希腊古典文献学的研究中，还发现了希腊文化是由阿波罗精神和狄奥尼索斯精神相互激荡所造成的。他说：

> 艺术的不断发展是由阿波罗和狄奥尼索斯两体的结合，

正如生殖依于两性间不断的冲突与协调活动一样。

阿波罗和狄奥尼索斯这两个希腊艺术之神,在希腊世界中为一尖锐对立的存在,在起源和目的上,阿波罗的造型(雕刻)艺术和狄奥尼索斯的非视觉音乐艺术之间,成为一个强烈的对照。这两种创造趋势并驾齐驱,又不断地互相激荡,而引发更强力的创造,这两种精神在长期的对峙下,仅在"艺术"共同的名词中取得表面的协调,一直到最后,才由希腊人意志活动奇术加以点化,而形成希腊悲剧的艺术创作。(《悲剧的诞生》,1)

尼采从戏剧、音乐、艺术的研究中,发现了希腊的悲剧精神,也就是说,发现了阿波罗所代表的理性之光和狄奥尼索斯所代表的创造热情在人生历程中所发挥的光芒。这种悲剧精神认为,人生总难免一死,并且在人生过程中,充满了坎坷曲折,可是,人们能够发挥理性和创造的功能,发挥自己的创造力量,来克服各种困难。正是人们这种在人生历程中克服困难所发挥的奋发的意志和战斗的力量留下的成果,构成了古代希腊的悲剧精神。

七、庄子的"心灵开放"与尼采的"精神自由"

尼采尝自称为"自由精神者"(《愉快的智慧》,343节《我们喜悦的含意》)。他说:"不管我们到哪里,自由与阳光都绕着我们。"(《愉快的智慧》,第四卷第294节《反抗对本性的诬蔑》)而庄子的"逍遥游",也就是表达人的精神自由活动;人在"人间世"里,要能"乘物以游心",所谓"游心"就是保持心灵的自由活动与审美意识。

从某种意义上说,庄子的哲学和尼采的哲学都是自由哲学。但是,他们所说的自由,并不是现代政治法律制度下权利义务关系规范下的自由,而是一种精神性的自由。他们虽然都崇尚精神性的自由,可是,各人的精神自由却具有很不相同的文化特性和哲学内涵。

尼采对于"固定的习性"深感厌烦。他说:"习惯使我们双手灵巧而头脑迟滞。"(《愉快的智慧》,第247节《习惯》)他又说:"我感到它有如暴君般地在我的身旁,使生活的气息窒息。"(《愉快的智慧》,第295节《暂时的习性》)他对于基督教的道德规范,尤感厌恶,认为"道德使人愚昧,它是创造新的更好的习惯的障碍"(《曙光》,第19节《道德使人愚昧》)。并视基督教道德为"意志的疾病"的产物。与此相反,"一个人可以从自我决定中产生喜悦和力量,这样的一种意志的自由:这种精神无须任何信仰或任何对确定性的渴望,而习惯于借着一线支点与可能性撑持自己,即使在深渊的边缘也能举步舞蹈,这种精神便是自由的精神"(《愉快的智慧》,第五卷第347节《信仰者及其对信仰的需要》)。

当尼采谈论精神自由的时候,他总是针对基督教的思想和道德观念所造成的人的不自由而发的。在尼采的代表作《查拉图斯特拉如是说》里,当查拉图斯特拉讲到精神自由时他这么说道:

精神自由的人，还得净化自己，他内心还有许多禁锢和泥垢。(《山岗上的树》)

我俯视下面的浓云，傲笑其乌黑及浊重……有谁能欢笑而上升？登上高峰的人，傲笑一切悲剧。……

让我们击杀浊重的精神。(《读与写》)

在这里，尼采是针对基督教对人的种种禁锢而说的。所谓"浊重的精神"，是形容基督教的与自由精神相对立的忧郁的、沉闷的、阴暗的、禁锢的人生观。

在《归来》一章中，尼采说："怜悯造成包围一切自由的心灵的沉闷空气。"尼采把基督教称为"怜悯的宗教"。这里的"怜悯"，指的是基督教的道德。基督教道德禁锢了人的精神自由。在《创造者之路》一章中，尼采又说："你以为自己是自由的吗？我愿听到你的中心思想，而不愿听你说你逃离枷锁。许多人抛开奴役的地位，就抛弃他的最后的价值。"

这里，尼采也指出了基督教的道德是奴隶式的道德，西方人的思想被基督教的道德所奴役，人们失去了他们自己的自主性、自尊心和自信力。可见，尼采所讲的自由，是为了反对基督教的灰暗的人生观，这种人生观是使人郁闷的、禁锢的。他批评基督教的人生观给人们造成的思想上和精神上的压迫，主张超越基督教的人生观而获得精神自由。而庄子在讲人的精神自由的时候，是从以下几个方面来说的：

首先，庄子认为，束缚着人、使人不得精神自由的，是人为的因素，即文化传统的规范和社会关系的规范对人的限制和禁锢。在文化传统方面，庄子批评了以儒家为代表的仁义礼智违反了人的自然本性，对人性造成了束缚。而在社会关系方面，他批评各种学派之偏见限制了人的思想，使人的心灵得不到开放。人的本性是向往自由的，但是，已有的文化传统和社会关系给人划上了许多框格规范，使每一个人都变成自我中心，这就造成了人的自限自小，精神上失去了自由。

庄子写了许多篇寓言，来描述人为的因素对人的束缚。在《养生主》里，庄子描写水泽里的野雉，它们宁可"十步一啄，百步一饮"，也不愿祈求被养在笼子里，因为养在笼子里，虽然食得饱，饮得足，神态旺盛，但是没有自由，并不自在。而在《秋水篇》里，庄子举出井蛙拘于墟、夏虫笃于时、曲士束于教的例子，来形容人们所受到的种种外加的束缚，所有这些束缚都使人丧失了精神自由。

其次，庄子认为，还有自为的因素也束缚着人，使人不得自由。这种自为的因素，是由人的自我封闭心灵造成的。所谓自我封闭心灵，也就是《齐物论》里所说的"成心"，《逍遥游》里所说的"蓬之心"。"成心"是指人们具有主观成见，这种主观成见形成了人的自我局限的格局。"蓬心"是指人的视野的短浅，胸襟的褊狭，这种短浅视野和褊狭胸襟形成了人的心灵的自我封闭。在这种情况下，人们也是没有精神上的自由的。

在《天地篇》里，庄子描写了"得者困"的情形。"夫得者困，可以为得乎？则鸠鸮之在于笼也，亦可以为得矣。且夫趣舍声色以柴其内，皮弁鹬冠搢笏绅修以约其外，内支盈于柴栅，外重纆缴，睆睆然在纆缴之中而自以为得，则是罪人交臂历指而虎豹在于囊槛,亦可以为得矣。"这就是说,一个人,只要他还陷在自为的因素的束缚之中,那么,这个人是不能说已经获得了精神自由的。

为了从人为和自为的因素的重重束缚中超脱出来,获得精神自由,庄子借鲲鹏来打开阔的世界,从宇宙的广场来安排人的精神活动。他在《齐物论》中要人的认知活动突破自我中心的局限,因此提出了"以明"的认识方法。在讨论到万物有没有共同标准的时候,庄子指出,人们不应该以人类自我为中心来衡量事物,而要对事物作面面透视,要从不同的立场和不同的角度来认识问题,来进行价值判断,这就是开放心灵的态度。《齐物论》所说的"十日并出,万物皆照",就是描绘人的心量的互融性和广涵性,这也是开放心灵的一种写照。在庄子的世界中,认为人只有视野开阔,心灵开放,才能使自己达到"精神四达并流"(《刻意篇》),获得真正的精神自由。

八、庄子的"价值转换"和尼采的"价值重估"

庄子和尼采在中西哲学史上提出了各自和以往的哲学家不同的价值观念。庄子和尼采都以价值相对主义为立场,而否定长期为人们安然接受甚或绝对化的传统价值:庄子运用价值相对主义而否定礼制文化的善恶观;尼采则运用价值相对主义而否定基督教文化的善恶观及其以上帝为绝对价值的准则。

尼采激烈的怀疑主义,使他对基督教的基本教义都发生了怀疑。在《人性的,太人性的》一书中,表现了这样的主要观点:他认为世界上不存在绝对的价值,没有超然的真理标准与圣戒;善与恶都是在人类出现后才存在的,并且是在相互的对立依存中发展着的。①

詹姆士·斯鲁威尔(James Thrower)评论说:"尼采哲学是一种积极的努力,要把我们全部价值体系重新建立在传统有神论以外的基础之上。尼采的任务是用人的环境引出其存在的理由的自然主义的道德,来取代从上帝的意志和神学目的论引出其存在的理由的先验道德。"②这评论确很恰当。

基督教认为人是上帝的被造物,上帝是人类价值的缔造者。而尼采指出,上帝是人造的、虚构的,只有人才是创造者、估价者。在《查拉图斯特拉如是说》的《一千零一个目标》一章里,尼采肯定人是价值的创造者。他说:

> 人类为了维护自己,给万物以价值——他创造了万物的意义,一个人类的意义!因此,他称自己为"人",也就是价值的估定者。
>
> 估定价值便是创造……
>
> 价值的转换,即是创造者的转换。

以此,尼采提出"价值转换""价值重估"的主张。这主要

---

① 参看海曼(Ronald Hayman):《尼采评传》(英国牛津大学出版社企鹅丛书,美国版1984年本),第197、199页。

② 詹姆士·斯鲁威尔:《西方无神论简史》。

是针对基督教的价值观而发的：他不仅极力否定西方传统以上帝为价值根源说而以人本身为价值创造者，并且进而攻击基督教的非人化及其病弱的人生观，视基督教的道德为奴隶道德。

尼采早期的作品，对基督教采取"敌意的沉默"。(《悲剧的诞生》1886年序《一个自我批评的企图》）中期作品，对基督教罪孽说等基本教义，提出严厉的批判。《愉快的智慧》一书，对基督教的道德观，有着较多的谴责。在该书中，尼采反对克制性的道德体系，而赞许鼓舞性的道德观念。（第四卷第304节《在行动的过程中扬弃》）他认为自我克制的教训，压制了一切自然的本能与欲望，也妨碍人的精神的自由飞翔。（第305节《自制》）尼采进而指出基督教的迷信及其道德行为的特征，便是自制、自贬、自我牺牲或同情与怜悯。这种怯懦、自我贬抑及自我否定是人格缺陷上所显现的病态心理。（第五卷第345节《道德问题》）当他谈到传统基督教道德对欧洲人的不良影响时说："欧洲人以道德来伪装自己，因为他变成一种有病而跛脚的动物，有很好的理由被驯服。"（第352节《为何道德是难以摆脱的》）于此，他指责基督教道德使人变成为十分平庸而温驯的"群居动物"。

尼采后期的作品，对基督教的道德价值展开了全面的攻击。尼采在《查拉图斯特拉如是说》和《反基督》中，强烈抨击基督教教人顺从怜悯。在《查拉图斯特拉如是说》的《侏儒的道德》一章中，他批评基督教"把人驯化为最好的家禽"。在《反基督》一书中，尼采同样指责基督教道德是将人变成"家禽的动物、羊群的动物、柔弱的动物"。

尼采批评说:"基督教被称为怜悯的宗教,怜悯和那些提高我们活力而使人奋发的情绪相反,它具有一种压抑的效果。当我们感到可怜的时候,我们的力量就被剥夺了。这种被痛苦所加于生活之上的力量的丧失,又进一步被怜悯所增加和扩大了。怜悯使痛苦茫然。在某种情况下,它可以导致生命和活力的完全丧失。"(《反基督》,7)他还说:"怜悯阻碍了发展力。"怜悯是虚无主义的实现,这种压抑和茫然的本能,阻碍了保全生命和提高生命价值的观念,它是助长颓废的主要因素。对于基督教的各种道德观念,尼采攻击得最厉害的是怜悯,因为正是怜悯造成了人的生命意志的消沉,也削弱了人的自信力、自豪感。

因为耶稣被钉在十字架上,所以他的信徒们就产生了憎恨和复仇的情绪。尼采认为,保罗就是所有复仇信徒中最大的一个。(《反基督》,45)基于这种憎恨和复仇的意念,基督教发明了地狱和最后审判。尼采批判了基督教的这种道德观念。罗素对于基督的这种道德,也提出了相同的批评。他说:"我认为在基督教的道德品性中,存在着非常严重的缺点,那就是他相信地狱。我认为真正仁慈的人决不会相信永远的惩罚。《福音》书中描绘的基督无疑是相信永远的惩罚的。我们也一再发现,把不听从他训导的人视为寇仇的报复心理。""把地狱的永恒之火当作是对罪恶的惩罚的这种理论是一种惨无人道的理论。"罗素指出:"恐惧是基督教的基础,恐惧是残忍的根源。"[①] 他还说:"尼采谴责基督徒

---

① 罗素:《为什么我不是基督教徒》。

的爱，因为他认为这种爱是恐惧的结果。"[1]

"基督教的目的是要驯化人心。尼采非常厌恶悔改和赎罪。"的确，尼采在《反基督》中，痛斥基督教发明罪孽，而教士们是靠罪孽而过活的。(《反基督》，26)

尼采认为基督教所宣传的那一套道德观对人生都是极其病态的。只要是神学家们的本能扩张的地方，价值判断就会颠倒过来；而凡使生命高尚化，提高生命价值，肯定生命，证明生命的意义而使其壮丽的东西都被称为"虚假的"。针对基督教的这种颠倒的价值观念，尼采提出了自己的价值重估。他说：

> 什么是善？凡是增强我们人类力量感的东西、力量意志、力量本身，都是善。
> 什么是恶？凡是来自柔弱的东西都是恶。(《反基督》，2)

尼采认为基督教的道德是奴隶道德，人类应该重建自主的道德，因而主张以生命力的强弱作为新道德的准则，以打破现代精神的虚无主义。

整部《庄子》，也可以说是对于世俗价值做了一个根本的转化，对于传统价值做了重新的评价。在《逍遥游》里，庄子的大鹏和小麻雀的寓言，说明世俗价值和理想价值的不同。小麻雀比附大鹏，是"以小匹大"，以此讥讽庸俗之徒与远举之志者的悬殊差距。忘功忘名的神人及其精神活动，确实令人"惊怖其言"。

---

[1] 罗素：《西方哲学史》卷三，第二十五章。下引同。

篇末以大树树于广漠之野，提示着庄子式的"无用之用"的价值观。《人间世》所描绘的匠石之齐的一段寓言，更为生动地表达了生活在动荡时代而不愿沦为工具价值、市场价值的态度。整个《庄子》内七篇都表达了庄子与众不同的人生观和世界观。

对于世俗人群趋之若鹜的价值，老子和庄子都持着鄙视的态度。《老子》二十章说："众人熙熙，如享太牢，如春登台，我独泊兮其未兆……众人皆有余，而我独若遗……俗人昭昭，我独昏昏；俗人察察，我独闷闷。"这说明了老子的生活态度和世俗价值取向的不同。《庄子·至乐篇》指出，举世的人都趋慕并追求富有华贵、长寿善名，都图荣华和贪求身安厚味美服好色音声，"誙誙然如将不得已"，因而苦身疾作，劳神焦思，精神常常浮荡于患得患失之间。"若不得者，则大忧以惧。"庄子对这种世俗的价值观念作了深入的反省和批判。

在《缮性篇》里，庄子对世俗价值观念也提出了批评和警告。他说："今之所谓得志者，轩冕之谓也。轩冕在身，非性命也，物之傥来，寄者也。寄之，其来不可圉，其去不可止。"庄子认为，这种"丧己于物，失性于俗者"，是"倒置之民"，把价值观念颠倒了。

《秋水篇》借着河伯与海若的论辩，很精致地应用价值相对主义，对历史和现实的一般人所接受的价值提出怀疑乃至于否定，而得出了这样的论断："贵贱有时，未可以为常也。"也就是说，在某个时空里所运行的价值判断，并不具有常住性和永恒性，而只是相对的。这一方面说明了事物的流变性，另一方面也说明了价值判断的无定性。

尼采说过："各种伦理系统，从来都是违反自然而蠢到极点的。"(《快乐的智慧》卷一，《生存目的之教师》) 庄子也是站在人性自然的立场来对于伦理系统的束缚人性，特别是针对儒家的泛道德主义提出批判的。

> 尧既已黥汝以仁义，而劓汝以是非矣，汝将何以游夫遥荡恣睢转徙之涂乎？(《大宗师》)

> 多方乎仁义而用之者……淫僻于仁义之行。(《骈拇》)

> 及至圣人，蹩躠为仁，踶跂为义，而天下始疑矣；澶漫为乐，摘僻为礼，而天下始分矣。(《马蹄》)

> 及至圣人，屈折礼乐以匡天下之形，县跂仁义以慰天下之心，而民乃始踶跂好知，争归于利，不可止也。(《马蹄》)

> 圣人不死，大盗不止。虽重圣人而治天下，则是重利盗跖也。……为之仁义以矫之，则并与仁义而窃之。何以知其然邪？彼窃钩者诛，窃国者为诸侯，诸侯之门而仁义存焉，则是非窃仁义圣智邪？(《胠箧》)

> 凫胫虽短，续之则忧；鹤胫虽长，断之则悲。故性长非所断，性短非所续，无所去忧也。意仁义其非人情乎！彼仁人何其多忧也？……仁义其非人情乎！自三代以下者，天下何其嚣嚣也？(《骈拇》)

> 昔者黄帝始以仁义撄人之心。……天下脊脊大乱，罪在撄人心。(《在宥》)

> 吾未知圣知之不为桁杨椄槢也，仁义之不为桎梏凿枘也！(《在宥》)

>夫播穅眯目，则天地四方易位矣；蚊虻噆肤，则通昔不寐矣。夫仁义憯然乃愦吾心，乱莫大焉。(《天运》)

《庄子》一书所有对于仁义礼法的批评，几乎都是从人性自然的观点出发的，它指出了仁义礼法对性命之情的违失和对人心的自然性的违背。

《庄子》一书，对于人们所习焉而不察的世俗价值或流行的市场价值，以及儒家定于一尊的锁闭心态及其阶层隶属性的规范系统，无不提出迥异的评价。庄子思想，透破传统礼制文化的价值网罗，而从一个更广阔的宇宙规模上，把握人的存在意义，提升人的精神领域，拓展人的思想视野。

总之，无论是庄子还是尼采，都对各自的文化传统提出了与所有哲学家不同的评判和观点。尼采对于基督教的价值和西方文化传统价值，作出了自己的价值转换和价值重估。而庄子则对于世俗价值、传统价值以及儒家的道德价值作出了价值转换和价值重估。而他们的哲学思想之最大启发性，也就在于对传统及现实所进行的是价值转换与价值重估。

结语

以上，我们把庄子哲学与尼采哲学的某些观点作了并列的介绍。由于篇幅所限，不能全面地对照分析他们的哲学观点，而只能就其中某些观点作部分的比较。对于这两位哲学家的本体论和认识论方面，我们没有进行比较和讨论。罗素在他的《西方哲学史》中批评尼采哲学的时候说："尼采虽然是个教授，却是一个文学性的哲学家，不算是个学院哲学家。在本体论和认识论方面，没有创造任何新的专门理论。"的确，在这方面，尼采哲学是不能和庄子哲学相提并论的。《庄子》这部书，无论在本体论上，还是在认识论上，都具有很大的独特性和独创性，虽然在现代人看来，他的观点是唯心主义的。而在人生哲学方面，庄子思想的开阔性、繁复性和多样性，也往往非尼采哲学所能及。但是，尼采在面对世界和人生改造时积极而昂扬的态度，悲切中怀着奋斗不懈的心情，则远比庄子所采取的因应和内缩的态度要可取。

下面，我们对于这两家哲学再作几项讨论：（一）比较他们思想的相似点——异中的相同之处。（二）比较他们观点的最大差异之处。（三）略评两家思想的缺失。

（一）庄子和尼采哲学思想的相似之处

1. 庄子和尼采都是文学性的哲学家。他们都属于浪漫主义类型的文学家，使用高度艺术性的语言，塑造生动的人物形象，来表达他们对于世界和人生的认识，以激发读者去认真严肃地思考和反省自身的生活。

2. 庄子和尼采都是敏锐的历史批评家，是传统价值的批判者。他们在各自的文化传统中进行价值重估的工作，这在正统道德的僵固意识中注入了一股清新的思想空气。

3. 庄子和尼采都有着孤傲的思想性格，他们都反对权威主义和偶像主义。庄子对儒家的偶像人物，却以为"尘垢秕糠将犹陶铸尧舜者"(《逍遥游》),他"诋訾孔子之徒"(《史记·庄子列传》),对后世反权威主义与反偶像主义有深远的影响。尼采宣称"上帝已死",扫除传统信仰者心中的最大偶像;他借查拉图斯特拉之口要弟子别跟随他,以免被"石像"压倒;他说:"对我来说,真理具有强大的威力就足够了,而它必须能斗争和有反对者,人们必须能够从非真理那里找到缓解——否则真理即变得使人厌倦,没有威力,使我们索然寡味,使我们变得同一个模式。"(《曙光》,第507节《反对真理的专断》)

4. 庄子和尼采都反对守旧思想,反对复古主义。尼采认为:"思想要更新,如同蛇之蜕皮。"(《曙光》,第573节《蜕下你的皮》)他说:"我的精神不愿在破旧的鞋底下奔走。"(《查拉图斯特拉如是说》,第二卷二十二章《持镜的小孩》)他又说:"我不愿像一个织绳者,他们将绳索越引越长,自己也越往后退。"(《查拉图斯特拉如是说》,第一卷二十一章《自愿之死》)庄子也反对守旧因袭,他对儒家的先王观和复古思想有精辟的批判。在《天运篇》里,庄子指出,守旧者要推行不合时宜的制度(古礼),就好像"推舟于陆"一般,寸步难移。他认为,礼与法度只是一个工具,不是作为供奉的对象,即所谓"不矜于同而矜于治"——要看它是不是适合于时代而发挥治理的效果。他举桔槔为例,说:"彼,人之所引,非引人也。"这就是说,人是主体,制度是为人而设的,制度不适合于大众的时候,就要改革。

5. 庄子和尼采都从不同的角度批评学者的因袭而无创意。《庄子·缮性篇》说:"文灭质,博溺心。"这里,庄子说博学会沉溺心灵,是很发人深省的话。《外物篇》说:"夫尊古而卑今,学者之流也。"这里，庄子认为宇宙万物是不断变动的，社会人事是不断变革的，批评了学者的是古非今的谬误。在中国的文化传统中，儒家所提倡的道统和学统都有很强的尊古卑今的倾向，庄子的这个批评是同儒家相对立的，这在思想史上具有很大的意义。《天运篇》还评论说："夫六经，先王之陈迹也，其所以迹哉！"从中国学术史来看，历代学者确实多沦于六经的注脚，而缺乏独创性的格局。

尼采批评"贵族、教士、学者，都是精神贫乏者"（《曙光》，第198节《决定民族的品位》）。他攻击学者是颓废者。他在自传里说：一个沉浸于书海中的学者，每天要翻阅大量的书籍，"最后使自己完全丧失思考的能力"，如果没有一本书在手上，就不能思考。所以他认为，"学者乃是颓废者"，"我亲眼看过禀赋好而有活力的活跃的人，在30岁的时候，就变成书虫"。在《查拉图斯特拉如是说》中，有一章题为《学者》，批评了学院式的学者缺乏独创性的思想。他批评说：他们冷静地坐在阴凉处，他们对一切事物只愿做个旁观者。……他们像那些站在街上瞻望过客的人，在等待着瞻望别人思想过的思想。他们是很好的钟表，只要留心适时拨动，于是他们可以报时无误，并且谦卑地滴答作响。"他们如同磨石和杵臼一般地工作：只要有谷粒投放进去——他们就知道怎样磨碎谷粒而使它成粉。"

6.庄子和尼采都有个性解放的思想。尼采强调个体的重要性、人的殊异性。庄子则将自我提升到"独与天地精神往来"的境界。他也反对合模化，认为人的才能殊异，如《至乐篇》海鸟止于鲁郊的寓言里所说的"不一其能，不同其事"。

在个体意识和群体意识的冲突中，庄子和尼采的思想倾向较近于前者而与后者对立。尼采以为：一个人的行为愈不自由，便会有愈多的群体本能，伦理道德压倒自己的感觉时，便看不见个体意识的表现。（《愉快的智慧》，第三卷第 117 节《群体的良心谴责》）他认为道德观念是根植于个人内心中的群体意识。（同上书，第 116 节《群体意识》）他还指出群体和个体的对立性，他说："只要有统治的地方就有群众，只要有群众的地方就需要有约束，凡有约束的地方就很少有独立的个体，而且会有群体的直觉和意识跟那些个体相对立。"（同上书，第 149 节《宗教改革的失败》）尼采进而抨击社会依旧受群体意识的支配。（同上书，第四卷第 296 节《确定的声望》）他忧虑群体意识的过度伸展会导致自我权益的损害。（同上书，第四卷第 328 节《对愚昧的伤害》）

7. 庄子和尼采都强调人的精神自由的重要性。他们的自由哲学并不是现代政治法律意义下的"自由"的概念，而是属于文学性的、艺术性的。庄子所说的海若所打开的汪洋世界，鲲鹏寓言所拉开的海阔凭鱼跃、天高任鸟飞的世界，这都是从精神上开阔人的视野，扩展人的精神境界。尼采的查拉图斯特拉的突破思想禁区，迈向新的领域探索，也是精神自由的表现。

8. 在政治观点上，罗素认为：尼采的见解和拜伦一样，"是一种贵族无政府主义的见解"。庄子则是个无治主义者。老子讲治道，在这一点上，老庄有很大的不同。

9. 庄子和尼采都运用价值相对主义对于传统伦理施以强烈的批判，一个是针对基督教伦理，一个是攻击儒家伦理。尼采猛烈抨击基督教伦理导致人的精神的萎靡颓废和堕落，而庄子则激烈攻击儒家伦理的束缚人性。

10. 这两位哲学家在宇宙论上的重要观念，就是尼采的"永恒重现"和老庄的循环往复，两者颇有相似之处。尼采在《查拉图斯特拉如是说》第三卷五十七章《康复》中，提到他的"永恒重现"的观念。"万物方来，万物方去；永远地转着存在的轮子。万物方生，万物方死；存在的时间，永远地运行。万物破灭，万物新生；同一存在的空间，永远地自我建立。万物分离而相合，存在之环，永远地忠实于自己。""永恒重现"这概念，在这里叙述得不很明晰。在自传里，尼采说这个概念是来自古希腊赫拉克利特的"生成变化"（Becoming）的概念——就是"万物绝对而永远循环的重现"，它和巴门尼德的Being，即永恒的、不变的、不动的、"实有"的概念相冲突，并且也是和历代西方许多哲学家和所有神学家所谓的创造主、上帝的概念相对立。

尼采的"永恒重现"，事实上是赫拉克利特的万物常流之说的引申。所谓万物常流中永远循环的重现，这同老庄的循环往复的概念是相似的。老子说："万物并作，吾以观复。"（《老子》十六章）就是说，万物蓬勃生长，我看出往复循环的道理。《庄子·大宗师》说：万物"反复始终"，千变万化，而未曾有穷尽（"万化而未始有极也"），这也是循环变化之说。《寓言篇》说，万物各有种类，以不同形状相传接，始终如循环，没有端倪（"万物皆种也，以不同形相禅，始卒若环，莫得其伦……"）。此外，《秋水》篇、《知北游》篇也表达了循环往复的宇宙论的观念。

11. 庄子和尼采在宇宙观上都反对二元论世界观，认为世界是一个整体，别无所谓超越于此世的"另一世界"。庄子提出

"六合之外,圣人存而不论"的说法(《齐物论》),认为"道物之极"是"议有所极"(《则阳篇》),并从同质概念,视世界为一个整体(《知北游》:"通天下一气";《德充符》:"自其同者视之,万物皆一也")。庄子"道通为一"的整体世界观,和尼采强烈反对柏拉图的"超越世界"及基督教的彼岸世界而肯定我们这一生成变化的现存世界,两者间颇有相通之处。

(二)庄子和尼采哲学思想的不同之处

1. 尼采哲学建立在希腊悲剧精神的重建以及反基督教文化的焦点上,庄子哲学则批判宗法制礼教文化对人性的束缚,扬弃市场价值对人的庸俗化,追求人的精神自由。两者的哲学虽然有他的相似点,但基本上是由不同的民族文化和社会环境中发展出来的。

2. 尼采的"down-going",乃以太阳之升降为喻,他的投入人间的方式,是时进时退、时退时进的,但基本上是一种积极入世的态度。而庄子身当战国的乱世,人民的生命如同草芥,毫无保障,其内心极为隐忧悲痛,故而经常采取一种避世的态度。

3. 尼采的思想很富有战斗性,而庄子处世待物则采取了顺应自然的态度。

4. 尼采的思想是不断地激发人的"冲创意志",而庄子则将人的意志内收,提出"心斋""坐忘"。两者对于生命活动,一为外发,一为内敛。

5. 庄子的平等观和尼采的发展观的不同。庄子的万物平等的观念在《齐物论》中有突出表现,而尼采则以反对基督教的立场出发反对平等说,在《查拉图斯特拉如是说》第二卷《毒蜘蛛》和第四卷《高等人》中,就有明确的反对上帝面前人人平等的说法,而主张人人应该发挥自己的潜力以求个人的发展。尼采说过:"千万桥梁和阶梯引向未来"(《毒蜘蛛》),并以此来反对基督教的平等说,他的阶梯说也表明人是可以依赖自己的潜力求得发展的。存在主义认为人是向未来发展的东西的观点就是受尼采的这一观点影响而提出的。

(三)庄子和尼采哲学思想的共同缺点

1. 庄子和尼采都比较地属于个人主义的范畴。庄子在谈到人与自然的关系的时候,他是开放的、开阔的,他将主体无限地投向客体,又将客体内化为主体,泯除主客关系的割裂和隔离,而使人的精神领域和思想视野扩大到"天地与我并生,万物与我为一"的开阔境界。可是,当庄子谈到人与社会的关系的时候,他的愤世嫉俗,就导致了他的退而采取明哲保身的态度。明哲保身在逻辑上有四种可能:一是能明哲而又能保身;二是能明哲而不能保身;三是不明哲而能保身;四是不明哲又不能保身。在中国广泛的历史上,受这种观念的影响,呈现了形形色色、各式各样的人物,真正能在乱世里为求保全生命而能坚持原则的是极少数。《庄子》书上说:"遭治世不避其任,遇乱世不为苟存。"(《让王篇》)这是很难能可贵的。庄子自己的"汪洋恣肆以适己""终身不仕以快吾志",确实能坚持和体现明哲保身的道理。但后来避世的人,能够做到保身明哲的,则是寥寥无几。而这种保身明哲式的个人主义,充其量是完成他自己个人的完善的生活，对于社会大众是无补的。尼采虽有改造世界的雄心，要求自我的不断提升，可是他将自我的作用过分地夸大，其结果是在面对人世、面对社会群时，势必感到势单力孤，因此，他经常地遭遇到一种明显的挫折感。

2. 庄子和尼采将自我精神的无限提高，造成与群众的高度的距离感，因而导致尼采的由孤傲而产生极端的愤世嫉俗，庄子的流于挂空蹈虚。一种思想，如果远离人群，脱离社会实践，就会成为像鲁迅所批评的"既离民众，渐入颓唐"①的境况。

3. 庄子和尼采的思想，都是强烈反现存社会体制的。庄子对于人类历史活动固然有惊人的透视，对于现实世界的观察固然极其敏锐，对于社会问题的暴露固然非常尖锐，但是，他无论是对于历史所遗留的问题，还是对于现实社会的问题，在发出一通议论以后，却并不投入现实斗争加以改造和变革，而是自个儿退到幻想的世界里去。庄子的思想是善于观察社会问题，而乏于解决社会问题。尼采富于战斗精神，他对于从上帝到混世魔王，无不磨刀霍霍，但是，个人的苦斗，依然是紧张而势孤。庄子和尼采都未能依靠群众群策群力地去改造社会的不合理的状况。

4. 庄子思想的最大问题，是缺乏奋斗精神。庄子生逢乱世，知识分子处境险危，因而采取避世的态度，有值得我们同情之处。但是，还必须看具体情况。如果遇到民族生存的危机，那么，需要的是个人奋起，才能根本地改变现状。历代像林觉民这

---

① 鲁迅：《关于太炎先生二三事》，引自《鲁迅全集》（北京人民文学出版社 1982 年版），第六卷，第 546 页。

样的烈士，其可歌可泣之处正在于此。而尼采，固然看出了西方近代人精神颓废的一面，但他却看不到西方资本主义向帝国主义发展的趋势，看不到西方民族以强者姿态凌驾于其他民族之上的一面。因此，尼采在强调人要发挥无限的冲创意志的时候，虽然意在摧垮病弱人生的基督教文化，但他对于西方民族在近代史上所表现的弱肉强食的扩张主义的一面却缺乏认识。

以上是我对于庄子哲学和尼采哲学所作的介绍、比较和评价。

（本文为1985年春在北京中国文化书院的讲稿。1987年元月修改定稿）

尼采和陈独秀的文化观比较

　　尼采是西方近现代举世闻名的诗人和哲学家，陈独秀是中国现代新文化运动中的最重要领导人物，两人在时代上刚好是前后相连接，而他们之间虽然有许多基本的差异，但是在下述几个方面作对比讨论，也是饶有意趣的：

　　一、在他们各自所处的文化环境中，无论就思想生命或现实命运来看，都是富有浓厚悲剧性的人物。

　　二、在文学的领域里，尼采是浪漫主义与古典主义的结合者，陈独秀是浪漫主义与现实主义的推崇者。

　　三、尼采对西方传统文化进行了史无前例的"价值重估"的工作，而陈独秀则对中国传统文化进行了空前的"价值转换"的工作。

　　总而言之，在近现代中、西思想史上，他们都是首屈一指的启蒙思想人物。

一、踽踽独行的尼采与结群而起的陈独秀

尼采在1844年出生，比陈独秀的生父要大4岁。陈独秀在1879年出生，就在那年，尼采刚辞去大学教授的职务，结束其学者生涯，开始作飘泊的创作者。以后，尼采贫病交迫，居无定所，漫游于南欧各地。在现实的生活里，尼采的生活越来越困顿，但创作生涯则越来越旺盛。他在45岁时病倒，生命几近终结；而陈独秀这时正值少壮时期，各方面刚开始活跃起来。（有关尼采的生平事迹，见本书《尼采年谱》。由于纪念"五四"而举办讲座，故以论述陈独秀为主，有关陈独秀早期资料，主要参看陈万雄：《新文化运动前的陈独秀》和林茂生、唐宝林：《陈独秀年谱》）。

以往，一般读到陈独秀时都从《新青年》杂志开始，实际上这是一个断头史，因为在五四运动之前，陈独秀的一段历史和他以后事业的发展是至关重要的。所以在这里略略谈谈他在辛亥革命前的一段活动。

陈独秀19岁那年（1897年），是他少年时期生命转捩点的重要年代，这一年对他有三件大事：（一）他到南京赴考，目击考场的怪状，从此便对科举制度的弊害有了透彻的认识。（二）他在思想上开始受到维新思潮的冲击。（三）他发表了他的第一个作品：《扬子江形势论略》。（孤本现存放于陈独秀家乡安徽安庆图书馆）

1901年，陈独秀到日本留学，他进入东京专门学校（早稻田大学的前身），不久就参加了留学生组织的励志社（中国留学

生的第一个组织)。翌年,他与张继、苏曼殊、蒋百里等另组一个以"民族主义"为宗旨的"青年会"。1903年,留日学界发起了"拒俄运动",由是而揭开了20世纪中国反帝运动的序幕。在"拒俄运动"的前夕,陈独秀和张继、邹容三人在留日学界中发生了一件"剪辫子事件",他们合力将清朝驻日的一名学监的辫子割掉——根据章士钊的回忆,由张继抱腰,邹容捧头,陈独秀挥剪。这事以后,三人均被日本驱逐出境。邹容回上海和章太炎合办《苏报》。(不久便发生了《苏报》案,邹死于狱中)当时,陈独秀回到安徽成立"爱国会",筹办《安徽俗话报》(这份报纸亦只有一孤本,现存放于上海图书馆,几年前曾影印成册,但发行量不多)。在辛亥革命以前,陈一面办报,一面风尘仆仆,奔走于大江南北串联革命。敲起现代革命史上第一响的吴樾炸五大臣事件,就是由陈独秀策划的。(国共两党的历史文件都记载了这件史实)陈还到上海和章士钊、蔡元培组织暗杀团,自制炸药。陈、蔡二人在这时期认识,陈办报时的艰苦毅力,给蔡留下深刻印象。后来蔡请陈到北大任文学院院长,基缘于此。

总之,在"五四"以前的陈独秀,有几件事值得一提:(一)陈在辛亥间是江南重要的革命志士,之后,他任安徽都督秘书长,曾成为安徽讨袁运动的主要策划人。(二)这时期所产生的民族危机意识,贯串了他的整个一生。无论在他所投入或领导的救亡与启蒙工作中,这种挽救民族的危机意识,是他与他同代人的共同意识。(三)陈在创办《新青年》以及发动新文化运动时所会聚的一批知识群(胡适之除外),都是他留日和参加辛亥革命时结识的朋友,用社会学上的名词来说,他们这群是一个

"Peergroup"（合意组群），借尼采的话说，是一群"共同的创造者"。陈之所以能在以后发起多次思想文化及政治社会运动，也跟他这段日子所结识的志同道合的朋友有关，这跟尼采一生之踽踽独行，从来没有结群志士相比，除了因为两人本身性格的差异之外，也与他们所处的时代环境有关。

二、尼采和陈独秀的内心矛盾冲突及其悲剧性

尼采说："有些人要死后才出生。"就他的思想生命的延续而言，确是如此。尼采生前孤寂无闻，死后他的思想迅即向世界各地传播开来，正如尼采专家考夫曼（W.Kaufmann）教授所说："在尼采死后的一世代中，他深深地影响到如里尔克、赫塞、汤玛斯·曼、司蒂芬·乔治、萧伯纳、纪德和马尔卢等人物。"——的确，他的影响力及于德、法的整个文学界和思想界。雅斯培、海德格和萨特的存在主义只不过是这多方面影响的一面而已。仅对西方世界影响已如是，在东方，特别是中国，尼采的影响似乎更加迅速而具有另一种深刻的意义。尼采死后不到几年，他的思想便对鲁迅和陈独秀产生了重要的启发。尼采对鲁迅的影响，在于个性张扬方面；对陈独秀的作用，则在于伦理改造方面。个性之张扬，可以说是所有创作者共同有的特质，就这方面言，鲁迅并未把握尼采思想的核心问题。尼采学说的核心问题是对西方传统文化（尤其是传统道德）之"价值重估"，陈独秀把握了这个最为关键的要点，并借用尼采学说中的这一基要概念作为助力来

改造中国传统文化，以此来与鲁迅相比，则意义更为显著。

尼采和陈独秀都是悲剧性人物，他们的内心都充满着种种冲突和矛盾的思想感情。

尼采内心的矛盾冲突感最为显著，他在20岁时写的一篇《心绪论》文章里说："我们的心境取决于旧世界和新世界的矛盾冲突，而心绪就是我们所说的这场冲突的现状。"尼采所崇敬的希腊文化的理想形态和现代精神之不相协调，是一个根源性的问题。尼采推崇希腊悲剧文化，认为这种文化的重要特点，是用智慧来代替科学地位，以作为我们最高的人生目标。可是，尼采所处的时代，科技突飞猛进，商品经济蜂拥发展，人们满怀着乐观主义的信念，然而尼采认为："这种科学的乐观主义改变了悲剧的方向。"（《悲剧的诞生》）他批评现代科学主义所造成的非人化和机械主义导致生命的病态，分工的细微割裂了人的整体存在，而文化的庸俗主义尤为泛滥。尼采还抨击现代人的生活缺乏灵性，人们之间缺乏真诚的交往，人们在急速的生活步伐中渐而迷失了自我，现代人精神上的"无家可归性"像毯子似地向世界各处展布着。在尼采的内心，文化理想和现实生活之间，以及个人的理性和感性生活，都引起了激烈的冲突。尼采冀求异性感情之依托，屡遭挫折。美梦成空时，他曾愤愤地说："掉到谋杀者手中，岂不比堕入女人的梦幻里要好吗？"他还借查拉图斯特拉的口说："爱情是对孤独者的最危险之物。"他似乎竭力压抑爱情，事实上他内心是十分渴求的。正如他青年时代在《自我观察》一篇文章上说："自我是个多面体，自我的各个组成部分经常处于矛盾冲突之中。"的确，他常以"孤独者"自许，而内心的感情却是始终激荡不安。在孤寂、矛盾冲突的激扰中，反倒激发他的创作灵感，激发他的"冲创意志"概念的诞生。

陈独秀的个人感情生活之表露，相对尼采来说就不太显露，这和他们所处的文化环境和时代背景有关。尼采所处的时代环境，是普鲁士在欧陆建立强权政治，战胜法国之时，举国充满着骄傲的气氛。在他青年时期，俾斯麦上台，开始统一德国并把他的国家带上富强之路。尼采在给他母亲的信上说："俾斯麦具有巨大的勇气和不可动摇的冷酷心肠，可是他低估了人民的道义力量。"普奥战争的爆发，激发了他的民族感情和爱国心，他认为祖国在生死存亡的时候，在家里坐着是不光彩的。可是，当俾斯麦入侵他国的手段越来越暴露时，他又认为："崇高的目标是决不能通过邪恶的手段来达到的。"（1866年尼采给友人威廉·宾德信函）这里反映了他复杂的心情，在大量的尼采和朋友往来的书信和著作中，可以发现他从没有停止过对德国的抨击，他的不满主要是针对当代德国文化界的现象。虽然政治上，他反对俾斯麦铁与血的扩张主义，他批评俾斯麦是马基雅弗利主义者，但是尼采并没有明显的反帝意识。这点跟陈独秀有很大的不同，因为陈独秀所处的时代正值中国受到多国侵略和欺凌，在这种危恶的处境下，陈独秀和他同时代人，在思想感情上便形成了强烈的民族危机意识。在如何挽救民族危机的问题上，陈的文章流露出浓厚的焦虑忧思之情。

在当代思想界鼓动风潮的巨子之中，早期的梁启超与陈独秀的文字，感染力之强，直到今天读来犹动人心弦。陈独秀在《敬告青年》文中，鼓舞青年说："青年如初春，如朝日，如百卉之萌动，如利刃之新发于硎⋯⋯青年之于社会，犹新鲜活泼细胞之在人身。新陈代谢，陈腐朽败者无时不在天然淘汰之途，与新鲜活泼者以空间之位置及时间之生命。"然而他目睹当代青年，年少而呈老衰之状，衷心戚然："吾见夫青年其年龄，而老年其身体者十之五焉；青年其年龄或身体，而老年其脑神经者十之九焉。"当时的中国，充塞社会的空气，确实是无往而非陈腐朽败的景象。他在《我之爱国主义》一文中，对当时政治社会的处境，有着如此概括的指陈："今日之中国，外迫于强敌，内逼于独夫⋯⋯试观国中现象，若武人之专政，若府库之空虚，若产业之凋零，若社会之腐败，若人格之堕落，若官吏之贪墨，若游民盗匪之充斥，若水旱疫疠之流行，凡此种种，无一不为国亡种灭之根源，又无一而为献身烈士一手一足之所可救治。"此情此景，陈独秀沉痛地呼喊着："国人无爱国之心者，其国恒亡；国人无自觉心者，其国亦殆！"当其时，国几不国，而普遍国人犹无自觉之心。1914年他发表的《爱国心与自觉心》这篇文章上，便充分反映了作者"无出路的苦闷，同时也标志对新道路的探索"（引自林茂生《陈独秀年谱》）。他为了敲醒沉睡的国人，有时甚至故作危言，愤激地发出许多耸听之言。

辛亥前后，陈独秀胸中感愤极深，常借诗文表露他在理想的追求与现实的压力中，个人际遇的抑郁与孤愤之情。（请参阅陈万雄：《新文化运动前的陈独秀》，香港中文大学出版社出版）

早期的陈独秀是个激进的自由主义者，由于受到巴黎和会列强分割中国领土的刺激，转而成为社会主义的开导者。但无论他的思想如何转变，民族危机意识都始终含藏在他的内心，他的思想的转折，看来似为矛盾，但那是时代大环境的必然走向，虽然反映到他的内心有着无比的冲突之情。有些看似矛盾的观念却能取得协调统一，有的则难以取得妥协并存，例如在新文化运动中的民族主义与个人主义之间，看似矛盾，但在陈独秀思想中，这救亡与启蒙的工作是应齐头并进的：要挽救民族的危机，必须唤醒每个国民的自觉、提高所有个体之质素。这时期他的接受社会达尔文思想，和严复一样，目的无非在于借此去刺激麻痹的民心。他之引介社会主义，一则激于民族意识，在思想上也是对于民主与自由概念的扩大——即由精英分子而扩大范围到更广泛的基层民众中。但当他组党之后，则在权力结构中存着许多无法调解的复杂因素，党的组织必须讲求纪律而以团体为尚，这样，群体意识之吞噬个体权益的事端自然屡屡发生。而民族主义与国际主义间之不可协调关系，表现在1929年"中东路事件"上尤为明显。在这之前（1927年之前）共产国际苏联顾问的瞎指挥，使局面一再败坏，其后在中国要收回苏联在中东铁路的管辖权问题上，联共以列强帝国主义将乘机入侵为由要求中共"保卫苏维埃祖国"，托洛茨基也呼吁托派要"完全牺牲自己来保护十月的胜利"。在这关键的问题上，陈独秀一连写了三封信给中共中央，主张以"反对国民党误国政策"的口号来代替"拥护苏联"的说词。现在看来，陈独秀的观点是确当的，而当时中共中央盲从联共的指示是错误的。在民族主义与国际主义的矛盾冲突中，虽然他遭受到横逆的打击，但他对民族意识的维护，一如他对民主信念的坚持，是令人钦佩的。

尼采和陈独秀都可说是典型的悲剧性的人物。这里所说的

"悲剧",是尼采特殊意义的解释。悲剧是对苦难人生的反抗,在人生历程中,历尽坎坷,但要能以战斗不息的精神克服重重障碍,斩荆披棘开创新路。从这看来,尼采的一生,以坚强的毅力在病痛中创作,孜孜不息地为文化理想奋斗,"以血写作"的名言(见《查拉图斯特拉如是说》,第一卷《读与写》)道出他一生从事创作的苦心与尽力。从他作品中所展现的旺盛的思想生命,可以感知其悲剧豪情之光芒四射。

反观陈独秀的一生,其成就不在诗文创作,而在其作为时代代言人的感人论说,以及其投入于实际政治改革运动的献身精神。从某方面来说,陈独秀的悲剧性尤胜于尼采,他所面对的现实环境的险恶程度实千百倍于尼采的处境。他一生因持不同政见而被捕5次,当他第五次被国民党当局逮捕时,律师章士钊曲意为他辩护以求减刑,但他起立声明:"章律师的辩护,全系个人之意见,至本人之政治主张,应以本人之文件为根据。"接着他发表了自撰辩诉状说:"自予弱冠以来,反抗清帝,反抗北洋军阀,反对封建思想,反抗帝国主义,奔走呼号,以谋改造中国。……"他慷慨陈词,大义凛然,他的辩护内容和他所表现的道德勇气,实胜过苏格拉底的《辩护书》。这位"冲锋陷阵的启蒙大师",在给鲁迅的信上说:"我无论如何挫折,总觉得很有兴致。"他晚年撰文说:"我半生所做的事业,似乎大半失败了,然而我并不承认失败……我们还是要继续抗战。"(1937年撰《准备战败后的对日抗战》)他性格倔强,如其诗句中所述:"沧海何辽阔,龙性岂能驯。"作为一个"终身的反对派",终其一生不屈不挠地坚持理想与原则。

陈独秀和尼采所奋斗的理想内容虽然有所不同，但其不屈的悲剧精神，则在各自的生命中同放异彩。陈独秀在新文化运动中所从事的"文学革命"与"伦理改造"两大运动，借用傅斯年的话，是他思想中的"尼采层"。下面让我们来看看他们的文学观和文化观。

三、尼采的浪漫主义与古典主义，陈独秀的文学革命论

尼采的作品可以说是浪漫主义与古典主义的结合。他在《人性的，太人性的》书上提出这样的看法：浪漫主义是无拘无束、热情奔放的复杂感情的流露，尽管它激动人心，但过于粗犷，是他年轻时能够接受和理解的艺术。可是只有当人们变得更加聪明、更加和谐时，才能真正欣赏荷马、索福克勒斯以及歌德的艺术。尼采对浪漫主义和古典主义的看法，显然是受到歌德的影响。本来歌德是浪漫主义的推动者，但是到他晚年，浪漫主义的文风趋于颓废，由积极转变为消极。于是，歌德和席勒一样，肯定古典艺术，而对浪漫主义持对立的态度。在《歌德谈话录》里，歌德说："近代许多作品之所以是浪漫的，并非因为它们是新的，而是它们是软弱的、感伤的、病态的。古典作品之所以是古典的，并非因为它们是古的，而是因为它们是强壮的、新鲜的、欢乐的、健康的。"

歌德在一篇《说不完的莎士比亚》文章里，列举"古典主义的特征，是纯朴的、异教的、现实的……而近代的文学是感伤

的、基督教的"……歌德所列举的古典之为异教的特征,近代之为伤感的基督教的特征,与尼采所持的观点是完全一致的。

然而,从尼采的作品内容和风格来看,他的作品应该是属于古典主义和浪漫主义结合的产物。尼采的代表作《查拉图斯特拉如是说》是用诗歌的形式来表达他对古希腊悲剧人生观的憧憬,这不全然是古典主义之作。在他的作品中,酒神精神的腾跃风格之浪漫多彩,可以说是举世无双的。浪漫主义的特征是用热情奔放的语言来表达内心世界的感情,抒发对理想世界的追求,并突出人和自然在感情上的共鸣,以及表达对个性解放的要求。就这标准而言,《查拉图斯特拉如是说》一书是浪漫主义作品的代表。

尼采在文学界里的影响,主要是透过他的文学创作而不是文学理论,这与陈独秀恰恰相反。陈独秀的影响主要是他的文学观而不是创作——虽然陈写得一手好的旧体诗。

大家都知道,陈独秀提倡白话文,但他一直都是写旧体诗,对新诗有很大偏见。他认为诗是一种美文,白话难以写出美的诗歌,他很反对把散文分成短句。他说:"诗有诗的意境、诗的情怀、诗的幻想、诗的腔调等等需要去琢磨。……有些人,把一篇散文,用短句列成一行一行的就说这是诗。不过诗歌究竟不同于散文,它要有情趣,要读之铿锵作声,要使读者有同情之心,生悠然之感。"(濮清泉:《我所知道的陈独秀》,下引同)他被国民党关在牢里时,有一次,一位创造社诗人写了一本诗,印得很新奇,有大字小字,正字歪字,加上一些惊叹符号,很像炮弹打出后的破片飞散一样,诗人拿去给陈独秀看,并请他指教。陈看了哈哈大笑起来,说他不懂诗,不敢提出评论。

对于文艺创作，陈独秀很反对形式主义和依循着思想模式去写作，他说："文艺这种作品，绝不能用模式来套住，八股文为何一文不值，就是因为这是僵尸的文字。有人以为把政治思想塞进文艺中就是革命文艺，其实是错误的，如果这样，有党的宣传部和新闻记者就够了，要文学家干么？"他不赞成对文艺家画地为牢，要他们写无产阶级现实文学，不要写资产阶级浪漫主义文学，这是办不到的，也是束缚创作自由的。他认为那些人根本不知道什么是现实主义和浪漫主义，其实优秀作品都包含着这两种的。

陈独秀主张文艺要反映社会生活，但他认为现实主义的作品一定要有精美的艺术构思；又认为现实主义不可以没有浪漫主义的色调。他说："没有浪漫主义就没有文学，文学要有幻想，要用浪漫的构思和手笔，巧妙地反映出社会生活来，否则读读历史看看报纸就够了。"

陈独秀对浪漫主义作品的喜好，源于他留日时代。据胡适的回忆，陈独秀是最早将法国文学上各种主义介绍到中国：从古典主义到理想主义（即浪漫主义）；从浪漫主义到写实主义；从写实主义到自然主义，并在以后引起大家对各种主义的许多讨论。（见胡适《陈独秀与文学革命》一文，原载陈东晓编《陈独秀选编》）

不过，陈独秀在文学界中最大的影响，要推他在1917年《新青年》时期提出的《文学革命论》的主张。他高举文学革命的大旗，为中国现代文学开辟了崭新的局面，他提出了三大主义：（一）推倒雕琢的阿谀的贵族文学，建设平易的抒情的国民文学；（二）推倒陈腐的铺张的古典文学，建设新鲜的至诚的写实文学;(三)推倒迂晦的艰涩的山林文章,建设明了的通俗的社会文学。——这可说是中国文学史上划时代的主张。

1932年傅斯年在《独立评论》(二十四号)写了一篇文章《陈独秀案》,他说:"陈独秀的思想中这个'尼采层'是使他最不能对中国固有不合理的事物因循妥协的,也正是他的文学革命与伦理改造两运动中之原动力。"傅斯年说的正是。下面让我们来讨论尼采对西方伦理改造的观点,以及陈独秀对中国伦理改造思想中的"尼采层"。

四、尼采的反基督教道德观,陈独秀的反儒家伦理观

陈独秀对中国传统文化所从事的"价值重估",一如尼采对西方传统文化所提出的"价值转换",他们在各自的思想文化界的影响都是划时代的。

研究古典语言学的尼采,对于苏格拉底之前的悲剧文化持有特殊的史观,并怀抱着无比赞赏之情。尼采认为古典希腊是由阿波罗的梦幻境界与狄奥尼索斯的醉狂境界之相互作用而激发悲剧文化的发展。这悲剧的壮阔而深邃的生命动力,是希腊人生机蓬勃的奋斗精神和丰富旺盛的意志力的表现,而狄奥尼索斯的生命豪情,更衍发为日后尼采所推崇的"冲创意志"的概念。

尼采认为苏格拉底之后,悲剧艺术中的狄奥尼索斯的成分被排除,是因而导致希腊文化衰落的关键因素。而柏拉图则是"先基督而存在的基督徒",千年来基督教文化成为西方传统的主导

文化，它继承了柏拉图二元论世界观：肯定另一个虚幻的世界而否定我们这生机蓬勃的自然与历史的现实世界。尼采指责基督教宣扬"原罪"以禁锢人心，这教义"如黑铅般地压着人心"，使人成为"病夫"（见《查拉图斯特拉如是说》）。他指称基督教信仰"亵渎大地""敌视生命"，他说："上帝的概念是生命最大的反对者。"（《偶像的黄昏》）千年来，"上帝"成为西方人的价值根源与准则，于此，尼采做出震撼性的宣言："上帝已经死了！"

尼采宣称上帝已死的"上帝"，实乃道德的上帝（moral God）。尼采批评基督教的核心问题，乃是道德问题。他指出基督教以懦弱、谦卑、驯服、盲从为美德，因而他称基督教道德为"羊群式的道德"、"奴隶道德"（Slave Morality）。

尼采认为希腊悲剧文化与基督教文化的最大不同，在于后者是对生命意志的抑郁，而前者表现出昂扬欢愉的生命意志。以此，他称悲剧精神所产生的道德为"自主道德"（Master Morality）。

尼采指称西方传统道德为"奴隶道德"之说，为陈独秀所借用。他在《青年杂志》创刊号的《敬告青年》一文抨击儒家伦理之为"奴隶道德"说："忠孝节义，奴隶之道德也；（德国大哲尼采分道德为二类，有独立心而勇敢者曰贵族道德，谦逊而服从者曰奴隶道德。）轻刑薄赋，奴隶之幸福也；称颂功德，奴隶之文章也；拜爵赐第，奴隶之光荣也；丰碑高墓，奴隶之纪念物也。"他在给读者的信上又说："宗法社会之奴隶道德，病在分别尊卑，课卑者以片面之义务。"（《答傅桂馨书》）

儒家的纲常伦教说，几乎成为所有五四人物共同攻击的焦点。如陈独秀认为:"儒者三纲之说,为一切道德政治之大原:君为臣纲,则民于君为附属品,而无独立自主之人格矣;父为子纲,则子于父为附属品,而无独立自主之人格矣;夫为妻纲,则妻于夫为附属品,而无独立自主之人格矣。"(《一九一六》)他在给吴虞的信上说:"窃以无论何种学派,均不能定为一尊,以阻碍思想文化之自由发展。况儒术孔道,非无优点而缺点则正多。尤与近代文明社会绝不相容者,其一贯伦理政治之纲常阶级说也。"(《答吴又陵书》)

陈独秀之攻击儒家纲常伦教,除了两千年来儒家伦理在政治与社会文化上之沦为"奴隶道德"的原因之外,主要是基于这两方面的现实动机:一是孔教与帝制,有不可离散因缘(参看《驳康有为致总理书》等文),二是孔子之道不合现代生活(参看《孔子之道与现代生活》等等)。

五四人物的反传统,由陈独秀首开其端,鲁迅、胡适、吴虞等继之而掀起一股巨大的思潮。五四人物的反传统,主要是集中在抨击主流文化之一的儒家。然而目前海内外学界流行着一种十分错误的意见,以为五四人物是"全盘反传统"。以当时具有最大影响力的陈独秀而言,他虽强力攻击孔教,但他却称许孔子"均无贫"的高远理想,赞赏孟子大丈夫的气概。陈独秀晚年曾对孔子作出这样的"重新评价",在《孔子与中国》一文中(1937年10月),一开头便引用尼采的话说:"尼采说得对:'经评定价值始有价值;不评定价值,则此生存之有壳果,将空无所有。'所有绝对的或相当的崇拜孔子的人们,倘若不愿孔子成为空无所有的东西,便不应该反对我们对孔子重新评定价值。"陈独秀"一分为二"地评说:"孔子的第一价值是非宗教迷信的态度","第二价值是建立君、父、夫三权一体的礼教。"对于儒家的"礼教",他们坚持一往的观点,而对孔子非宗教迷信的人文精神,则持肯定的态度。

在百家各派中,陈独秀对法家非人治,名家辨名实,阴阳家明历象,农家并耕食力,却持肯定的态度,他对墨家的勤劳、兼爱、非命诸说以及"墨翟主张利益他人为人生义务"(《人生真义》),尤为称赞。他尝说:"谓汉宋之人独尊儒家,墨法名农,诸家皆废,遂至败坏中国……"(《答常乃德书》)。并说:"设全中国自秦汉以来,或墨教不废,或百家并立而竞进,则晚周即当欧洲之希腊,吾国历史必与已成者不同。"(《答俞颂华书》)。

究其实,陈独秀是主张"九流并美""百家并立"的。他说:"仆对于吾国国学及国文之主张,曰百家平等,不尚一尊……"(《答程演生书》),"旧教九流,儒居其一耳。阴阳家明历象,法家非人治,名家辨名实,墨家有兼爱节葬非命诸说,制器敢战之风,农家之并耕食力,上皆国粹之优于儒家孔子者也。"(《法与孔教》)由此可证,陈独秀并非"全盘反传统"。

结语

尼采和陈独秀最大的共同处,就在以批判传统文化的陈旧价值而企图开创一个崭新的思想局面。在对待传统文化的问题上,他们都集中焦点于伦理的改造。

尼采由于对希腊传统持有独特的史观,由此而发展出自己的一个思想系统。从某方面看来,尼采是个激烈反传统的人,但他并非全盘反传统,他所反的是柏拉图以来(特别是基督教)的文化传统,而肯定苏格拉底前的古希腊悲剧文化传统。

就作品而言,尼采的《查拉图斯特拉如是说》这部富有哲理性的散文诗,其思想内涵之丰富多彩,及其高度的艺术性,在当代是独一无二的。当然陈独秀的论著是难以望其项背的。

就知识分子的角度而言,陈独秀的时代使命感显然要胜过强调自我提升的尼采。

陈独秀曾说过这样的话:"西洋民族,自古迄今,彻头彻尾,个人主义的民族也。英美如此,德法亦何独不然?尼采如此,康德亦何独不然?举一切伦理、道德、政治、法律、社会之所向往,国家之所祈求,拥护个人之自由权利与幸福而已。"但作为中国的知识分子,在国家危难的时代处境下,除了重视个体自由、权利之外,在民族危机的激发下,会很自然关心群体的走向。所以,陈独秀的组党并积极地介入政治社会改革运动,这是时代的浪潮把他推向历史的舞台,虽然他并非政治人物。他的反帝意识,以及对基层贫苦人的关怀(比如,他在1919年写的《贫民的哭声》等文),这些都不是尼采的视觉所能触及的。陈独秀这种反对以强凌弱,正是道德正义感的表现,他在政治上主张国民改造运动,都比尼采的个人主义为进步。

综观陈独秀的一生最为辉煌的时代,无疑是他所领导推动的新文化运动这段历史。如前所说,当代中国激进的自由主义和理想的社会主义两大思潮都是他所开创的。然而中国大陆的文化界长期以来高举鲁迅而贬抑陈独秀，在台湾及海外则高举胡适而压低陈独秀，两者都是有欠公平而不合乎史实的。事实上，陈独秀无疑是这一划时代的新文化运动的最重要领导者，而鲁迅和胡适乃是陈独秀主办《新青年》时代的左右大将罢！

从今天看来，尼采和陈独秀的文化观拥有太多发人深省之处。尼采哲学对生命意志的鼓舞，以及发挥人的主观能动性；陈独秀在标志科学与民主的大方向上，都是目前中国的启蒙工作极其需要的。

（1989年北京大学演讲稿，1990年修改定稿，1991年刊入王晓波主编《海峡评论》第6期）

附 录
尼采年谱

陈鼓应

1844 年

10 月 15 日,尼采生于普鲁士萨克森州的洛肯镇。其父为路德教派的牧师,家庭成员除父母之外,还有 66 岁的祖母和两个姑妈。

尼采在自传《看,这个人》中说:"我的祖先是波兰贵族,我的血液中因而有着多种民族性。"

1846 年

7 月 10 日,妹妹伊莉莎白出生。

1848 年

2 月,弟弟约瑟夫出生,两年后夭折。

本年欧洲爆发革命。曾经长期统治欧洲的神圣同盟垮台。普鲁士国王弗里德利克·威廉四世宣称要统一德意志。小尼采看到了乘着马车、高唱歌曲、挥舞旗帜的造反者。

1849 年

7月30日，父亲因患脑软化症逝世。父亲的去世打破了他幼年平静的生活，导致他后来终生过着四处飘荡的日子，使他变成一个无根的世界主义者。

1850 年

祖母奥德姆丝决定全家迁往小城南堡。母亲弗兰西斯卡靠每年160马克的抚恤金和救济金供养全家。家人全是虔诚信仰的女性。母亲继续教他读书。罗萨丽姑妈给他上宗教课。

早已习惯了乡村宁静生活的尼采，不适应小城的城堡教堂、街道和人群，喜欢回到美丽的大自然中去。他眼睛近视，开始患头痛症。母亲用冷敷法和淋浴、散步等方式给他治疗。

进入当地小学读书。接触到当地一些音乐家，培养了他对音乐的爱好。

1851 年

春，转入镇上的一家私立学校，在那里结识了与他同龄的威廉·宾德（Wilhelm Pinder）和戈斯多夫·克鲁格（Gustav Krug），并从此成为挚交。威廉·宾德在他的自传中写到了这时的尼采：

> 他基本的特点是忧郁。从童年时起他就喜欢独处和深思。他心地善良而又深沉。虽然还是个孩子，他当时就已经在思考许多大多数与他同龄的孩子们从不去注意的问题了。作为一个男孩子，他醉心于各种他自己发明的游戏。他从不

做任何未经思考过的事情，而且不论他做什么事情都有明显的目标和充分的理由。谦虚与知恩也是他的两个主要特点。

1854 年

尼采在私立学校学习拉丁语和希腊语，感到希腊语尤为难学。他在宗教课上花了大量时间，在德文语法与作文上成绩平平。他在学校还学习了射箭术。此时他开始写作短剧，创作了一些诗歌并且绘制了一些山水画。

尼采克服了初学希腊语时的困难，开始对荷马产生浓厚的兴趣，他和宾德合写了一本叫作《奥林匹斯山上的众神》的短剧，并由他们自己和克鲁格扮演剧中的主角。

9 岁后，由于身体不适耽误了不少学校的课程。从本年复活节到 1855 年复活节期间，共缺课五星期零六天。

尼采满 10 岁。这一年他写了 55 首诗歌。

1855 年

秋，尼采就读于多恩预科学校（Dom Gymnasium），直接进入二年级。他和威廉·宾德与戈斯多夫·克鲁格友谊甚笃。威廉的父亲赫尔·宾德是位法官，他使尼采第一次接触了歌德的作品并了解了优秀德文作品的诗韵之美。戈斯多夫的父亲赫尔·克鲁格是位私人律师。他有包括门德尔松在内的许多音乐界的朋友，对尼采进行了启蒙性音乐教育并使他欣赏到了贝多芬的音乐。母亲为尼采买了一架钢琴，请了当地最好的一名女钢琴手给尼采教授钢琴演奏。

姑妈奥古斯塔在这一年夏天死于肺病。

1856年

76岁的祖母奥德姆丝·尼采逝世。她把遗产留给了尼采和伊莉莎白。母亲带着两个孩子迁入一个公寓。

这一年他开始患严重眼疾。头痛等疾病使他在校两年缺课共33天。

1858年

尼采结束了在多恩预科学校的学习。在过去的三年里他对音乐、诗歌和书法的兴趣不断加深。

在他14岁这一年写的自传里,尼采把当时自己所写的诗歌分为三个阶段。他说他早年的诗作(其中多为描写奇怪的海上风光、风暴和烈火等)过于冗长啰唆,一点也不知道怎样学习诗坛巨擘的作品。他称自己9岁以后的诗作为第二阶段,这时他已用委婉动人的笔调和华丽鲜明的语言来力图表达自己的情感了。他认为他诗作的第三阶段开始于1858年2月。他说:"从那时起我就决心花些工夫来练习诗歌写作了。如果可能就每天晚上写上一首。"但是他未能坚持下去。

本年10月,进入离南堡4英里的以古典主义教育而闻名的普夫达寄宿学校。在以后的六年中他将在那里每周学习6小时希腊文,前三年每周学习11小时,后三年每周10小时拉丁文。古典教育使他日后拥有丰富的古代观念。

开始与同学保罗·杜森(Paul Deussen)交往。杜森(1845—1919)日后成为著名的印度哲学研究者及翻译家,曾任柏林大学讲师，基尔大学哲学教授。著有《形而上学的基本知识》，介绍叔本华的哲学。杜森在1901年出版了《回忆尼采》。

1859年

到普夫达学校后，已经写了七首诗。其中有这样一首：

> 不要问我：
> 你的故乡在何方。
> 我决不受空间的范限，
> 亦不受时间的约束，
> 我像苍鹰一般，
> 自由自在。

8月间，参加学校合唱团。

本年达尔文《物种起源》出版。

1860年

回南堡度春假。尼采对希腊神的兴趣更加浓厚，因此拟与宾德共写一部关于普罗米修斯的戏剧，并打算收集有关普罗米修斯的生平材料。他说："我们要尽量写得绚丽多彩，栩栩如生，动人心弦，总之，要写得惊人。"

6月间，与宾德和克鲁格等挚友组织文学和音乐团体——"德意志"社团，发表音乐作品。

通过"德意志"社团买的音乐期刊，尼采第一次对华格纳产生了兴趣。

对综合学习各门知识的重要性有了较为深刻的理解。他认为："在研究希腊和拉丁语诗人的时候，也应同时研究德意志的古典作品，并要把他们的思维方式加以比较。同样，学习历史要与学习地理相结合，对教学法的学习也要渗透到物理音乐中去。"在 8 月第二周的考试中他获得优秀成绩。以拉丁语、希腊语、德语和数学四门课的平均成绩升入三年级。

1861 年

1 月，为"德意志"社团作诗七首。

身体状况不佳。在给母亲信中说："我头疼不断……连续两夜不寐，间隔发冷和出汗。"

3 月，与同学保罗·杜森因共同喜爱古希腊诗人阿那克里翁的诗歌而建立深厚的友谊。

开始对北欧古代英雄故事产生浓厚兴趣，在一定程度上是由于受了学校里教文学史的老师克波斯坦（Koberstein）的影响。开始研究 the Saxo Grammatics 编年史和古代冰岛文学集（*the Eddas*）。

8 月，创作了题为《受苦得自然之旨》的一首乐曲。

9 月，尼采在考试中取得优良成绩。这一时期到年底，他先后受到席勒、荷尔德林（Hölderlin）、拜伦和莎士比亚的影响。

11 月，建议妹妹伊莉莎白读莎翁的作品，他说："莎士比亚向你展现了如此众多的强者，他们粗犷、刚强、有力，而且意志坚定。我们的时代正是缺少这样的人。"

由于对文学的爱好，而对基督教投以冷眼，对上帝的存在、灵魂不朽、《圣经》的权威、神灵等教义，产生怀疑。

1862 年

1 月，写了一篇题为《作为总统的拿破仑三世》的短文，认为拿破仑三世是个天才，但是难以从道德上评判他的所为。

3 月，在学校参加施耐德（L.Schneider）的《十八岁的上校》一剧的演出。

4 月，发表第一篇哲学短论《命运和历史》（Fate and History）。尼采对基督教产生了初步的怀疑，并试图进行深入的探讨。他说："我们现在甚至都不知道人类自身是否仅仅是整个宇宙、整个进化过程中的一个阶段或一个时期，也不知道人类是不是上帝的主观表现形式。……人类自身是一种手段呢还是一个结局？"

他关注"自由意志与命运"的哲学问题，在给宾德和克鲁格的另一篇杂文中说，"绝对的意志自由和独立的命运会使一个人臻于完美的境地，而宿命的原则却使人成为丧失自我的机械人"。

尼采对人类的生活状况感到不满。他说："在我看来，所有以前的哲学都像是古代巴比伦人建造的通天塔：所有努力的目标总是想直接升入天堂或想在地上建造天堂。"

夏季，结交学校里的朋友莱蒙德·格莱尼尔（Raimund Granier）。他读了卢梭的《爱弥儿》之后说，从卢梭那里"你可以俯拾自然流畅的文采，也可以学到你一定要信奉不渝的学识"。

9 月 19 日，给母亲信中说："在学校，我另有一个令人愉快的包括各种朋友的小圈子，可是从他们那里，并没有多大的启迪。我首先想要结交的是比自己更强的人。"

此时尼采不再打算将来献身宗教了，他开始考虑选择音乐为职业。他喜爱即兴弹奏钢琴。在普夫达学校的琴房里与戈斯多夫（Carl von Gersdorff）相识以后成为挚交。戈斯多夫说："我不认为贝多芬会比尼采在即兴演奏时更动人，尤其是在天空出现雷鸣的时候。"

发表论荷尔德林的短论及对 Ermanrich 传奇和北欧神话的研究。开始掌握学术批判的原理，对圣经开始怀疑批判，不久宣称宗教是"幼年人类的产物"。

1863 年

1月12日，给姑妈罗萨丽信中说："慰藉你心灵美化你生活的，是你内心的祝福而不是外在的恩惠，那些物质小利都是微不足道，瞬息就会失去的。"

4月上旬，尼采第一次醉酒，之后因感到有愧于老师教诲而极为内疚。

4月下旬至5月20日，身体再度不适，患黏膜炎和乳突炎住院医治。

9月，在科辛与安娜·莱德尔（Anna Redtel）初恋。同月，俾斯麦成为普鲁士首相与外交大臣，他相信在奥地利被法国战胜后，统一德意志的任务只能由普鲁士完成。

1864 年

4月，复活节期间在南堡写成《心绪论》（On Moods）。他说："我们的心境取决于旧世界与新世界的矛盾冲突，而心绪就是我们所说的这场冲突的现状。"

回普夫达后开始用拉丁文撰写有关6世纪希腊诗人西奥格尼斯（Theognis）的论文，把热心拥护贵族制的西奥格尼斯与普鲁士容克贵族作了比较研究。

7月，完成关于西奥格尼斯的论文。

8月，尼采即将结束在普夫达学校的学习。在自传简历中他写道："为了未来的求学我给自己提出了一个明确的原则：抑制自己兴趣广泛但却一知半解的倾向，培养自己对某一专业的兴趣并且探寻它最深奥的秘密。"在选择未来专业方向时，尼采决定放弃从事艺术的想法而立志钻研语言学。

尼采想致力于古典问题的研究。他认为德国戏剧起源于史诗，而希腊戏剧则发源于抒情诗并且含有音乐的因素。这个认识在后来他的第一部著作《悲剧的诞生》中得到了深入的发展。

9月，从普夫达寄宿学校毕业。他在宗教、德文和拉丁文课上获"优"，在希腊文课获"良"，在法文、历史、地理和自然课上获中等成绩。他成绩最差的课程是希伯来语、数学与绘画。

尼采与校友保罗·杜森在南堡相聚两周，后去莱茵地区度假并赴波恩。

10月中旬，在莱茵区的奥伯德利兹（Oberdreis）与保罗家人庆祝自己20岁生日，其后乘船到达波恩。

10月，进入波恩大学，读哲学和神学。

参加萨尔施密特（Schaarschmidt）教授的语言学史课与关于柏拉图的讲座课，并选听了其他关于历史和艺术史的课程。

尼采开始热心结交朋友。他在10月24日给母亲的信中说，大学的同学中大多数都是普夫达的校友,"我们差不多都是语言学者,也都酷爱音乐"。

12月,在当时风气影响下,尼采与一位过去的熟人进行了决斗。决斗中尼采鼻梁受伤,休息两三天后痊愈。

尼采阅读曾在1835年底引起人们争议的大卫·史特劳斯的《基督一生》,并开始慎重思考关于基督教的问题。他说:"这儿有个严重的后果——你若放弃基督,你就不得不同时放弃上帝。"

第一次独自离家在外过圣诞节。

1865年

2月,去科隆游览。游览期间被误领入一家妓院,但得以逃脱。

4月,复活节回南堡与母亲和妹妹团聚。此时他已更加自信。不再愿意参加任何宗教仪式。他不顾母亲的劝说拒绝接受复活节圣餐。

4月底,决意要在学年结束时离开波恩大学。打算跟李契尔(F.Ritschl)教授一起去莱比锡大学。

5月底,说服母亲同意他辞离波恩大学的决定。

6月11日,给妹妹信中说:"假如我们从小时候起就相信灵魂的拯救依赖于基督以外的别的某个人,比如说穆罕默德吧,我们无疑也会感到同样地被赐予了幸福。当然是虔诚本身而不是虔诚背后的目的传递了福音……真正的虔诚必有所得。它会给予信奉者所期待的一切,但是它却不能为说明客观真理提供任何帮助。人生多歧路。如果你祈求心灵的平静与快乐,那就去信仰吧!如果你想成为献身真理的人，就得去探索！"

8月30日，在给朋友赫尔曼·姆萨克（Herman Mashacke）信中说：再在波恩大学待下去是个错误。"在我看来（波恩大学里的）人们没有什么政治判断力。他们完全服从领导人的意见和看法。我觉得他们表现出的行为既粗俗又令人作呕。"

在离开波恩大学之前，尼采感到这所大学使他了解了自己和正在兴起的青年一代，但是除了他所作的关于德国政治诗人的一个报告，一个关于北美德国人宗教活动状况的讲座以及他关于西奥格尼斯的补充研究以外，他就再没有什么可值得骄傲的了。他认为自己没有安排好大学第一年的学习。

10月17日，与姆萨克到达莱比锡。

18日，在莱比锡大学注册学习语言学。

这时尼采认为："我的目标是成为一名真正的教师，而且首先要能够在青年人中激发起必不可少的深刻思维并培养他们自己的评判能力，这样在他们心里就能不断提出为什么要学习研究，什么是他们的研究对象以及怎样去研究这样的问题。"

尼采在莱比锡大学共四年，这期间对他影响最大的是叔本华哲学和华格纳音乐。

10月下旬，在房东开的一家旧书店里偶然发现了一本1819年出版的叔本华的著作《意志与表象的世界》。他后来写道："回到家后我便靠在沙发上读起了刚刚得到的那本珍贵的书。我开始让那本有力但沉闷的天才之作占据了我的心。书里的每一行都发出了超脱、否定与超然的呼声。我看见了一面极为深刻地反映了整个世界、生活和我内心的镜子。"

那以后两个星期中，他一直深陷于对叔本华哲学的思考。为了考验自己的意志力，对自己实行训练，他不准自己每天睡眠超过4个小时。

11月5日，给母亲和妹妹信中说："我们知道生活中含有苦难，我们越是想享受生活的一切，也就越会成为生活的奴隶。所以我们抛弃生活中的享乐并实行节制，对自己缩衣节食，对他人则宽容仁爱，正是因为我们怜悯那些在受苦受难的人们啊。"

11、12月间，参与筹组由李契尔教授提议成立的学生语言学俱乐部。

1866年

1月，尼采参与筹备的学生语言学会成立，成员共11名。第二次会议上，尼采就西奥格尼斯诗歌的初版问题作了发言，并把发言稿送李契尔教授审读。教授认为这是他所读过的低年级大学生作品中最为生气勃勃而且构思最严谨的文章。尼采自己认为，从此他自己才开始了语言学者的生涯。从那以后尼采开始发奋用功学习，并与李契尔教授建立了友谊，每周两次在午饭时间与李契尔教授讨论问题。

2月，常与戈斯多夫和姆萨克一起学习希腊文和研究叔本华哲学。

在李契尔教授鼓励下，为准备出版的关于西奥格尼斯的文章写了长篇前言。他认为李契尔教授在语言学上的兴趣过窄，而且自己正处在既热爱语言学又酷爱哲学的矛盾中。他开始接受叔本华关于"意志"就是"力量"的观点。

4月，复活节期间为写有关西奥格尼斯的文章整理好了所有材料。

在南堡给戈斯多夫的信，谈到对大自然的欣赏，说他很喜欢爱默生描写夏天的山丘。人从现代社会逃避到大自然时，才知道自然的可贵。信上还说有三件事使他感到安慰，就是读叔本华的书、听舒曼的音乐和孤独的散步。

回学校后，迁入一个较为安静的住所。第一次患失眠症，长期以来的不间断的工作习惯被打破。

俾斯麦接受了拿破仑三世关于成立欧洲议会的提议，稳住了沙俄与法国，拉拢了意大利，准备对奥地利开战。

6月，俾斯麦开始用武力统一德意志。

尼采在月初给母亲的信中认为：俾斯麦"具有勇气和不可动摇的冷酷之心，但是他低估了人民的道义的力量"。

普奥战争爆发，普鲁士军队入侵萨克森，萨克森宣布进入战争状态。尼采无心在校听课了，比平常更为迫切地希望能够应征入伍。他认为"当祖国进入了生死存亡的战斗的时候，在家里坐着是非常不光彩的事情"。

这一天，他在语言学俱乐部发表了他第二个演讲。这个演讲是关于10世纪末所完成的一部词典。尼采高度评价了这部反映了古希腊文化的词典。

7月，奥地利军队被普军击败。

本月7日，给威廉·宾德信中抨击俾斯麦的入侵政策，指出："高尚的目标是绝不能通过邪恶的手段来实现的。"这表达了他高兴看到德意志统一但是又痛惜奥地利的失败的复杂心情。

本月 11 日，给赫尔曼·姆萨克信中说："自从叔本华摘去了我们眼睛上的乐观主义的眼罩之后，我们对事情看得更清楚了。生活比以前更有趣了但是也更丑恶了。"

8 月，开始对普鲁士与德意志的将来表示乐观。

普鲁士巩固了对汉诺威、里森、法兰克福等地的兼并后，成立了普鲁士领导下的北德意志联邦。尼采再次改变对普鲁士首相俾斯麦的态度，认为成立北德意志联邦是个伟大的成就。

拉萨尔教授推荐尼采参加一本关于埃斯库罗斯的字典的编纂工作。

康德主义者朗格发表《唯物主义的历史，兼评唯物主义对现实的意义》一书。尼采认为这是近百年来最有意义的一部哲学著作。

10 月，莱比锡出现霍乱，大学推迟开学。尼采到外地与母亲躲避霍乱，10 月底返回大学。

11 月，开始研究戴奥格尼斯（Diogenes）。

考虑从冬天开始转到柏林读博士生课程。

1867 年

1 月，姑妈罗萨丽·尼采逝世。

2 月，在波恩大学与比自己低一年级的学生欧文·鲁道夫结为好友。

3 月，正在军队中服役的戈斯多夫建议尼采写有关古代悲观主义方面的文章。

4 月 4 日，给保罗·杜森的信上表示："我对未来的前景，虽不确定，但仍然是感到美好的。"

5、6月间，写作《历史的警句与历史知识》一文，讨论了荷马与赫西奥德（Hesiod）和其他新希腊悲观主义的代表人物。他认为在荷马与赫西奥德之间，并不存在不同艺术观点的敌对；希腊文化的基础思想是竞争。

6月底，决定8月间去柏林。

7月，完成有关戴奥格尼斯的文章。

8月，在南堡度暑假两周。开始写有关德谟克利特（Democritus）的文章，后因从军而中断。

9月，在南堡参加入伍体检，因所戴近视眼镜度数在当时普鲁士标准八级之内，被认为符合入伍条件。

月底赴海尔（Halle）参加为期三天的语言学大会。

10月，在南堡的地方炮兵部队开始为期一年的志愿兵服役。开始时，每天除半小时午饭以外，要从早晨7点训练到晚上6点，但他享受了每天住在家里的待遇。这样，每晚就可以继续学习。他说："即使我回家时筋疲力尽，浑身汗水，可只要一看桌子上洛德送的叔本华的照片我就感到宽慰。"

关于戴奥格尼斯的文章在大学获奖，但未能出席授奖式。

11月，在炮兵部队里已经练习了6个星期的队列和骑术，准备接受军官考核。他感觉部队生活与大学生活差不多，虽然并不乏味，可是仍然使他感到孤独。

在给好友洛德的信中说："在南堡我太孤寂了，熟人当中没有一个人是语言学者或是叔本华的热心崇拜者。"

尼采全力研究德谟克利特，并受到这位古希腊唯物主义哲学家朴素原子论的影响。由于柏拉图和基督教神学都攻击德谟克利特的思想危险，这使尼采对他更感兴趣，并把他看作是一位想把人类从对上帝的建议与恐惧中解救出来的革命者，而且是第一位懂得能将科学方法论应用于道德范畴的哲学家。在德谟克利特影响下，尼采进一步发展着他在研究戴奥格尼斯与苏达斯（Suidas）词典时就已产生了的怀疑批判思想。他说："文学史的研究上已经取得了一些成就，这仅仅是因为人们不能再满足只得到一种回答了，他们要不断地提出问题。"

在关于德谟克利特的文章中，尼采写道："我们用怀疑主义为传统思想掘下了坟墓，而由于怀疑主义带来的这些结果，我们寻找出被隐没了的真理，而且也许会再次发现传统的思想是正确的，尽管它凭着一双泥脚站立着。因此黑格尔主义者会说我们在企图通过否定之否定来说明真理。"

1868年

3月，军事训练时，骑马受伤，胸部肌肉拉伤，当天两度昏迷。卧床十天后，军医为他动了手术。

4月，升任为一等兵。

开始撰写他的第一篇重要哲学论文《康德以来的目的论》。他认为，即使世界上生命形式种类之多，使得人们难以相信它们都是演变的结果，也没有必要去假设自然现象背后有什么预先安排好的计划。

5月，医生诊断发现他在3月份的事故中，已经损坏了胸骨，而且炎症开始渗入骨腔。

6月，医生认为尼采必须动手术。

尼采被送到海尔会诊，医生对他进行水浴治疗，效果显著。

8月，康愈后回到南堡。

这次骑马受伤，卧病达五六个月之久。日后他妹妹回忆说："那次危笃的重病，给哥哥带来莫大的恩赐，在这半年中，他享受着完全自由的生活，不为大学的课程左右，也无须为学业或交际耗费时间。从繁重的军务中解放出来，一心沉潜于自我孤独之境，遂倾全力于哲学问题的思索，这段时期所撰写的文献学论著，也不知不觉带有哲学意味。"

10月，24岁生日。退役回莱比锡大学。

10月，在莱比锡大学时于语言学会发表演说，获得好评。他努力工作，为得使自己将来能在莱比锡大学当上讲师。

11月8日，经朋友介绍会见隐居的华格纳，讨论音乐和哲学。这是两人交往的开始。华格纳告诉尼采，14年前当他第一次读到叔本华著作时，就开始崇敬这位唯一懂得音乐本质的哲学家了。

两星期后，华格纳成了尼采心中位置仅次于叔本华的崇拜对象。

12月9日，给洛德信中，他说："对于我，聆听华格纳的音乐在直觉上是件极为令人兴奋快乐的事情，确实，那是一种惊人的自我发现。"

尼采日后在自传中说："第一次接触到华格纳，也是我生命中第一次深呼吸。我尊敬他，把他当作一个和德国人不同的外国人看待，把他当作是反抗'德意志道德'的化身。我们都在幼年时期呼吸过50年代的潮湿空气，对于'德意志'这个观念，不能抱以期望；我们除了革命之外，别无他途——我们决不容忍伪善者所把持的现状。"

给家人的信件减少了。他开始认识到家庭的纽带已经远远不如他与友人之间的关系那样重要了。

这一年他以《自我观察》为题写了9篇短文。

作为弗洛伊德的先驱者,尼采已经在这些短文中认识到自我是个多面体,自我的各个组成部分处在矛盾之中,他还意识到进行自我分析的种种危险性。

1869年

自本年至1879年,在瑞士巴塞尔大学任教10年。

2月,经李契尔教授推荐,受聘为巴塞尔大学古典语言学教授。

李契尔教授的推荐信说:"39年来,我亲眼看见许多优秀的青年人发展着,但我还没有看到像尼采这样年轻而如此成熟、如此灵敏……如果他能长命,我可以预期他将成为德意志文献学中的最杰出人才。他现在才24岁;健壮而有活力,身心充满勇气……他在莱比锡整个青年古典语言学者的领域里,已成为崇拜的对象。"

22日,给洛德的信中说:"今天是叔本华的生日。除了你以外我再没有更亲近的人可以谈心了。我生活在一片孤独的灰云里,特别是在聚会的时候,我无法拒绝人情应酬的压力,不得已在会场上和形形色色的手拉在一块。在这样的聚会里,我总是听到吵吵嚷嚷的声音,而找不到自己的知音。这些人称呼我'教授',他们自己也被这头衔冲昏了,他们以为我是太阳底下最快乐的人……"

3月,免试获得莱比锡大学学位。

4月，取得瑞士公民权，定居在巴塞尔。

5月，尼采对当地保守的政治气候感到不满。10日给李契尔的信中说："在这儿，人们不会接受共和主义思潮的。"

15日，第一次去拜访住在特里普森的华格纳夫妇。因华格纳正在创作《西格弗里德》第三乐章而未能见面。

17日，在特里普森会见华格纳。当时他开始感到除了爱自己的父亲以外，他热爱华格纳胜过爱一切其他的人。他应邀参加23日庆祝华格纳生日的晚会，在21日回复因事不能出席的信中，他称华格纳是"叔本华在精神上的兄弟"，并表达了他对德国知识界所处的迷惘与危机所抱的忧虑。

28日，在巴塞尔大学博物馆主厅发表就职演讲，题为《荷马与古典语言学》。他认为：语言学不是一门纯科学，而是与艺术紧密交织重叠在一起的。这种对古代文化的理想化也许是源于日耳曼人对于南方的怀旧情绪，然而古典主义者应该填平理想与现实之间的鸿沟。他申明了自己的信条："所有的语言活动都应当孕育于并包含在某种哲学世界观之中，这样，在个体或彼此分离的细节像所有能被抛弃的东西那样消灭之后，只剩下它们的总体，即一致性。"当时他并不知道，华格纳本人恰恰是他所反对和抨击的思想的主要代表之一。

在6月中旬给母亲的信中，尼采说：这次演说显然巩固了他在巴塞尔大学的任职。

每周六天从早晨7点开始作关于希腊古典文学的演讲，学生只有8个人，其中包括一名学习神学的学生。他不得不拜访六十多位同事，这使得他感到负担沉重。他常去附近的 Jura 峡谷和黑森林等地游览风光。

结交了比他年长 26 岁，已经当了十年教授的布克哈特（Jacob Burckhardt）。布克哈特是研究希腊文化的专家，死后出版过四卷希腊文化史。尼采称他是自己"最亲近的同事"，从他那里"看到了许多东西"。

尼采常用"庸俗"（philistine）一词来批评他的同代人。

6 月 5 日，尼采拜访华格纳，并在他家住宿。次日，华格纳长子西格弗里德诞生。

6 月 16 日，给洛德信中尼采说，与华格纳相处是他"学习叔本华哲学的实习课"。

6 月底，尼采搬进他在学校的住所。

8 月 4 日，给克鲁格写信，称他在特里普森度过的日子"无疑是我在巴塞尔大学任教中最有价值的收获"。华格纳曾向他推荐了穆勒（O.Müller）等被人忽视的德国古典学者，尼采在巴塞尔大学图书馆查阅了他们的著作并做了笔记。华格纳并给他看了他早期所写的美学与哲学方面的杂文。

9 月，开始为次年初的两个公开演讲准备笔记。受华格纳思想的影响，尼采关于希腊悲剧的思想开始有所改变。笔记的要旨全是华格纳派的观点。他写道，"歌剧旋律的发展是对音乐的一种叛逆"，"绝对音乐与日常戏剧是音乐剧的两个分支"。他为自己的第一部书确定的主要思想是：悲剧是纯音乐的产物。该书的基调是："音乐——悲剧之母"。此时，尼采认为，"正如叔本华是自柏拉图以来最伟大的哲学家那样，华格纳代表了现代音乐发展的最高峰"。他对当代文化的忧虑，表现在他对华格纳的理论的皈依上。

尼采试图用叔本华的哲学语言来为艺术下定义。他认为：艺术就是不用发挥意志力而再造一个意志的世界。

12月，在特里普森与华格纳一家共度圣诞节，甚感快乐。

1870年

1月，给戈斯多夫的信上说："我越来越爱希腊文化。"

2月，两次公开演讲，主题是《希腊音乐戏剧》及《苏格拉底与悲剧》。演讲中指出："音乐的作用就是激起人们对众神与英雄们所受苦难的同情。"以《苏格拉底与悲剧》为题作第二次公开演讲，指责苏格拉底和尤里披底斯对希腊悲剧的衰落负有责任。这个演讲引起了人们的担心与不解。

此时，尼采暗示，悲剧性音乐戏剧将在德国得到复兴。在华格纳夫妇的鼓励下，他准备就第二个公开演讲的主题再写一本书。并开始做笔记摘要，从这些笔记中可以看出他将要努力把哲学与诗歌、事实与创作性文学作品结合起来。

4月，提升为正式教授。

与无神论者、教会史教授欧佛贝克（Franz Overbeck, 1837—1905）成为挚友。两人同住一栋公寓。

7月中旬，尼采听说法国对普鲁士宣战，感到极为震惊。他给母亲的信中认为"我们的文化正处在危急之中"；在给洛德的信中说"我们整个早已贫困的文化正倒栽下去，被一个可怕的恶魔扼住了咽喉"。

下旬，到卢森、曼德拉纳峡谷等地游历。在旅途中撰写《狄奥尼索斯的世界观》一文。

8月中旬，与友人慕森格尔（Mosengel）参加为期十天的医疗救护训练。

9月2日，尼采与慕森格尔被派去护送伤员，从阿苏-莫赛尔到卡尔斯卢厄乘火车走了两天。他在9月11日给华格纳的信中说："我乘坐的是一节破旧的运牲口的车厢，有6个重伤员，我一个人整天和他们在一起，给他们包扎，护理他们。""他们的骨头都被打碎了，有的人负伤4处，两个人的伤口出现了坏疽。现在看来，当时我能从那些腐烂的臭气中幸存下来，并且居然还能睡得着觉吃得下饭，真是个奇迹。"

4日，尼采患痢疾，在卡尔斯卢厄住院。他第一次服用麻药，并学会了在以后每当他感到需要时都服用一些麻药。

本月中旬，开始准备下一学期的讲座。

本月21日，离开医院，返回巴塞尔。身体状况不佳。他感到恢复赤痢对身体的损害要花很长时间，保养好身体是他的第一愿望。

10月下旬，开始讲授两门新课——共有12名学生。法国巴赞将军在梅茨投降，普军向法国北部挺进。面对普军的胜利，他开始对德意志文化的延续和发展问题感到忧虑，他劝洛德"从那个要命的、反对文明的普鲁士逃出来"。

11月7日，在巴塞尔给戈斯多夫的信中表示他对德国的看法因战争而有所改变。他说："我很担心我们将来的文化情况，我认为现在普鲁士对一切文明国家是一种非常危险的势力。"

回巴塞尔的第五周，他去特里普森看望华格纳一家。他迫切希望看到一个新运动的出现，这个运动能把音乐、哲学和古典语言结合成一个牢固的三角体。其中的两个角是叔本华和华格纳，他自己准备充任第三个角。他开始考虑过一种隐居的并且是艺术家式的生活。

12月12日，他在给戈斯多夫的信中说，这几个星期来，战争中这么多伤亡，这么多可怕的事情连想都不敢想。信上还表示他要从事古典研究以振兴国民精神。

12月下旬至新年除夕，应邀在特里普森和华格纳一家度圣诞节，得到华格纳所赠给他的关于贝多芬的散文，并与华格纳一起讨论了《狄奥尼索斯的世界观》一文。

1871年

年初，回到巴塞尔，开始对当代政治失去接触。

1月28日，巴黎投降，普法签订停火协定。但是他的信件和笔记中几乎没有提到在普鲁士德国历史上具重大意义的这些事件，他认为文化上的问题才是重要的。

其后，尼采在自传里对普法战争中胜利的德国进行批评时说："德国文化没有意义、没有实质、没有目标，只不过是所谓的'公共舆论'。再没比这更坏的谬见：以为德国军事胜利乃是教育文化的成功，或以为这样就比法国文化还要优越。"(《看，这个人》，《反时代的考察》)

本月，给威夏写信，申请一个哲学教席，他表示要放弃文字学而从事哲学工作，认为大学的压力妨害了他在哲学方面的创造力。然而他对叔本华思想的深深崇拜以及他的日益恶化的身体状况，使他未能取得哲学教席。

2月，从1870年秋到1871年春天，他身体不佳，但是仍然集中精力撰写《悲剧的诞生》。此时他对悲剧的衰落比对悲剧的兴起更加关注，而他对19世纪人类所处的危难比这前两者都更感兴趣。医生诊断他由于过度工作出现了胃炎和肠炎并建议他到气候温暖的地区去休养。

因病休假，前往阿尔卑斯山。旅途中巧遇自1849年意大利共和国被推翻后就一直流亡在国外的意大利革命家马志尼，当时他自称是布朗先生。

3月，痔疮病大见好转，但是失眠症仍然严重，每两天只有一天能睡着觉。

旅行期间，在洛迦诺全力写作《悲剧的诞生》，全书稿件在4月26日交付出版商恩格尔曼。

5月，法国西尔斯（Thiers）地方政府与德国签订关于把阿尔萨斯-洛林地区割让给德国的协定，法国政府军围攻巴黎，巴黎公社失败。巴黎出现毁坏文化、屠杀人质等野蛮行为。尼采痛斥这些是"文化地震"，说这一天是他一生中经历过的最坏的一天。

6月27日，给戈斯多夫信中，尼采把犹太人也包括在德国的敌人之中。

7月2日，给保罗·杜森信中说对于未来，没有什么能够比学校教育更为重要的了。

9月，尼采在巴塞尔大学的薪水从500瑞士法郎被提高到3500瑞士法郎。

10月，同老友戈斯多夫、洛德在莱比锡和南堡相聚，一起庆祝尼采 27 岁生日。

11 月，尼采从出版商恩格尔曼处索回被放置了三个多月未予理睬的书稿。在洛德和戈斯多夫的劝说下把书稿交给华格纳的出版商厄内斯特·W. 弗利兹（Ernest Wilhelm Fritzsch）。弗利兹接受了此书。

12 月，与华格纳同去慕尼黑参加和欣赏由华格纳指挥的一个音乐会，他认为那次演出是他理想中真正的音乐。

尼采在巴塞尔过圣诞节。为预定在第二年所作的关于德国教育机构的未来的六个演讲作准备，他把送给华格纳夫人的钢琴二重奏曲，也送给了自己的母亲和妹妹。

1872 年

1 月 2 日，收到刚出版的《悲剧的诞生》。

尼采日后在自传中说："这本书中最先说明希腊人如何处理悲观主义，如何克服悲观主义。希腊人不是悲观主义者，悲剧确切地证明：在这点上叔本华是错误的。……在这书上，有两个特殊的发现：第一，在希腊文化中把握了狄奥尼索斯现象——第一次对于这现象提供了一个心理的分析，以此视为一切希腊艺术的基础。第二个发现是对于苏格拉底思想的解释——在这里第一次把苏格拉底认定是希腊文化衰落的关键，视为颓废的典型。"（《看，这个人》,《悲剧的诞生》）

30 日，给他的老师李契尔去信说："我觉得您一生中，若遇到过什么充满希望的东西的话，也许就是这本书了。尽管有些人会受到打击，但是这部书是我们古典问题研究的希望，也是德国的骄傲。"李契尔教授则在自己的日记中评价尼采说,他是"自大狂"。华格纳对尼采第一部著作的评价则相反。他给尼采的信中说:"我亲爱的朋友,我以前读过的书没有一本能像您的书那样好。书中的一切都好极了。"

27日,巴塞尔大学再次提高了尼采的薪金,年俸为4000瑞士法郎。

自本月至3月间,尼采在巴塞尔大学以《德国的教育机构之未来》为题,发表了五次演讲(这本文集死后才出版)。每次听众达三百人。华格纳夫妇和其他许多贵宾出席了第二次演讲会。

在演讲中,尼采认为,德国政府表面上关心提高文化水平,但是实际上是想降低教育水准。教育在国家手中会成为一个有力的武器。他认为现代国家并不想改善国民的文化素质,相反只想让人民驯服恭顺,满足现状,只需要具有专业知识的科技人员而不需要让他们掌握一般的人类文化。因此,他不相信普及教育能够解决民族文化的问题。他说,新闻学是一种传播知识、淡化知识的手段,真正的哲学家应当使学生接触了解希腊文化,还要反对"庸俗文化"。尼采批评德国人使用母语的能力太低,学校提倡的是书生气而不是真正的文化。

在第四次演讲中,尼采指出德国的教育正处在一个十字路口,要么进行改革,要么就是回复到个人没有可能认识自我潜力的蒙昧中去。他还对当时学术界进行了批评,指出他们具有各自职业的狭隘性。

春季,这学期尼采在巴塞尔大学,分别就柏拉图之前的哲学家和 The Choephorae 两个专题作讲演,共有16名学生。

3月29日，应华格纳夫妇之邀到特里普森过复活节。

4月中旬，尼采写完了一首新的钢琴二重奏曲，取名为曼佛雷德畅想曲。

4月22日，离开特里普森，以后没有回去过。

5月1日，给戈斯多夫信中说："在过去的三年里，我的生活一直是与特里普森联在一起的，我一共来这里访问了23次，这些访问对我来说太重要了。没有这些拜访，我会成为怎样的人呢？我非常高兴我已经把特里普森给我带来的生活反映到了我的著作之中。"

22日，参加拜路伊特歌剧院的奠基典礼。

5月26日，友人洛德在刊物上发表了称赞《悲剧的诞生》的书评。洛德说，这部著作是"哲学艺术批评"的力作，"从哲学上丰富了美学"。对此尼采感到很高兴。

六天后，同行的威拉摩维奇（Ulrich von Wilamowitz）发表了一本小册子《将来的文献学》，猛烈攻击《悲剧的诞生》。尼采对于这个攻击没有给予正面答复，他让洛德出面进行反击。

6月底，把4月写成的钢琴二重奏曲献给音乐家冯·标洛，受到拒绝。一向把自己看作是艺术家的尼采此时决定专心进行学术研究以免遭受指责为"学问浅薄"。尼采开始读写有关希腊文化的论文，题目是《佛罗伦萨评论：关于荷马与赫塞奥德，以及他们的渊源与竞争》。

8月中旬，将这篇文稿寄给李契尔教授，次年2月此文正式发表。

9月初，携母亲和妹妹去山区旅行。

月底，独自去意大利旅行，途经苏黎世湖时病倒，休息两天后继续上路。

10月初，经过风景优美的维亚玛拉峡谷（Via Mala），到达位于一个海拔5000英尺峡谷中间的施普吕根（Splügen），他在给母亲的信中说："这里才是我渴望的大自然。"

10月中旬，尼采的好友洛德发表了一个小册子，反驳威拉摩维奇对尼采著作《悲剧的诞生》的攻击。

10月下旬，返回波恩，准备冬季开学。他吃惊地发现没有学生选修他开设的关于荷马的研讨课和讲座课。只好为两名并非专攻语言学的学生每周开设3小时关于希腊与罗马修辞学的讲座。

12月，在南堡过圣诞节。将以前与华格纳夫妇探讨过的问题整理成五篇序言式的随笔，并寄赠予华格纳夫人。第一篇题为《对真理的同情》，第二篇是德国教育部门的前景，第三篇围绕的是古希腊的政体问题，第四篇与第五篇分别讨论了叔本华哲学与当代德国文化的关系，以及荷马对于矛盾冲突的艺术处理手法。

1873年

2月12日，华格纳夫人回信，建议尼采把第三篇和第五篇文章扩展成一本专著。

24日，写信给戈斯多夫，说："我很难想象有谁能比我在重大问题上更忠实于华格纳了，可是我必须在一些细小、次要的问题上给自己保持一定的自由。在一定程度摆脱频繁的个人交往对我来说是必要的甚至有利于健康的。"

4月，携带《希腊悲剧时代的哲学》一文，去拜路伊特访问华格纳夫妇,并与他们连续进行了几天长谈。他认为苏格拉底、阿那克西曼德、赫拉克利特、德谟克利特等希腊哲学家都具有磐石般的性格,他们都是在疏淡人际交往的环境中献身于知识的人。尼采决心效法他们,并认为自己与斯宾诺莎有许多共鸣之处。在与华格纳的长谈中,尼采决定撰文抨击在1872年发表了《新旧信仰》的德国作家大卫·史特劳斯。尼采阅读了史特劳斯的文章后说:"对于他作为作家与思想家所表现出来的迟钝与粗俗,我感到惊讶。"

5月,完成《史特劳斯:忏悔者与作家》一文的初稿。因眼疾,写作中断。

戈斯多夫来到波恩,记录整理了由尼采口述而完成的这篇文章。这篇文章批评史特劳斯为德国庸俗文化的代表,并指出德国战败了法国,并不是德意志文化更为优越的表现。这篇文章在6月25日寄出,8月出版,后收为《反时代的考察》文集中的第一篇。

尼采在自传《看,这个人》中说:"《反时代的考察》这部书的四篇论文,都很富有战斗性。它们证明我并不是做梦的人。我第一个攻击的对象是德国文化,那时(1873年)我已对德国文化极为蔑视。"

7月口述完成一篇语言学方面的论文《论真理与谬误》。他认为,语言并不是联系主观与客观的桥梁,这一观点为后来瑞士语言学家索绪尔所提出语言是形式而不是内容的原则打下了基础。他认为语言在一定程度上可能成为束缚智力的"监狱"的看法,与20世纪语言学家维特根斯坦所持的语言能"迷惑我们的才智"

的观点十分一致。

11月，撰写论文《历史对人生的利弊》。他认为有三种历史，即纪念的历史、怀古的历史与批判的历史。前者的价值在于承认过去可能是伟大的事物，将来也可能同样是伟大的。他说，只有伟人才能从历史中领悟人应该怎样生活这个最重要的问题，"只有强者才能经受住历史的考验，而弱者总都随时间的流逝而灰飞烟灭"。在某种程度上，"清醒的历史意识对现存生活具有无比的批判力"，"既已消除了幻想，正义的历史便剥夺事物赖以生存的唯一环境"，"现在所需要的是一种新的伦理道德"。

尼采在自传《看，这个人》一书中提及《历史对人生的利弊》一文时说："它暴露了我们的科学事业的危险性，以及对于生命的腐蚀性和毒害性——非人化和机械主义导致生命的病态；工人的'非人格化'以及'分工'的谬误的经济说，都是病态的。"

12月，回南堡度圣诞节，因病卧床。

自本年后，失眠症、眼疾越发恶化。

1874年

1月，访莱比锡，与李契尔教授会面。

《悲剧的诞生》再版。

为保持健康，尼采坚持限制饮食并不服用任何药物。

2月，尼采的学生阿道夫·勃姆盖特纳（Adolf Baumgartner）开始每周三为病中的尼采读书和记录口授笔记。尼采准备为《反时代的考察》写多篇论文。

《历史对人生的利弊》发表。尼采发现华格纳夫妇与他对此书的看法不同。尼采以《华格纳在拜路伊特》为题，写了一篇文章表达他对自己心目中的大师的批判态度。他在后来没有发表的笔记中写道，华格纳的艺术"不是要去改善现实，而是要否定它或是摒弃它"。

3月，开始写作第三篇论文《作为教育家的叔本华》。

6月，青年音乐家勃拉姆斯到巴塞尔指挥演出，受到把当代作曲家都视为敌人的华格纳的嘲弄。为此，尼采再次与华格纳发生冲突。在笔记中尼采写道："这个专横的人，除了自己以外，对别人的人格包括亲近的朋友，都不尊重。"

7月，为第三篇论文找到出版商。去伯干山区度暑假。后继续写作关于叔本华的论文。

9月，完成关于叔本华的论文。同罗曼德（Romandt）和勃姆盖特纳二人去山区休息。

10月，即将30岁的尼采展望人生，在给罗曼德信中说："人到三十就要回首自己的建树并自问能否胜任人生——看来我是能够的。"他每周在大学与附属高中分别授课7小时和6小时，并忙着准备包括希腊文化在内的新的演讲。

本月25日给玛尔维达（Malwida von Megsenbug）的信中说："我最大的兴趣，就是要去了解当代社会里的那些复杂的情况。幸好我个人没有什么政治和社会的野心，所以我就没有什么顾虑——不会因此分心，也没有这种需要去妥协。总之，我可以想到就说，我可以去看这些很以思想自豪的朋友，他们到底对自由思想有多大的容忍。"

12月，谢绝去与华格纳一家共度圣诞。回南堡过年，并整理旧日音乐作品。

1875 年

1月，身体状况日下，新年初二自南堡给友人玛尔维达寄的一封信中写道："昨天，一年里的头一天，我瞻望未来不寒而栗，生活是可怕和有风险的——我羡慕所有那些可以平静安详去死的人。可是我决心活下去，否则我这一生就会碌碌无为。"

3月，戈斯多夫来到巴塞尔后，尼采开始口授他在《反时代的考察》中的一篇论文——《我们的教育家》。

4月，好友罗曼德离开尼采去德国就任牧师，使尼采感到难过并引起胃病发作。

6月，给戈斯多夫信中说："不管实行怎样严格的饮食控制，我的胃痛都不见减轻。令人无法忍受的头痛，常常一发作就是好几天。"身体状况使尼采无法在8月去拜路伊特参加华格纳《尼布龙根的指环》的试演。

7月底，胃病好转。

10月，完成论文《华格纳在拜路伊特》，但未将其发表。

在巴塞尔与戈斯多夫和玛尔维达讨论了犹太作家保罗·雷的新作《心理观察》。

11月，身体再度虚弱。

12月8日，给戈斯多夫写信说："每天白天我都累极了，到了晚上什么生活的欲望都没有了。生活如此艰难使我吃惊。"

本月下旬，回南堡过年，在圣诞节那天病倒。

1876 年

1 月，给戈斯多夫信上，怀疑自己患了严重的脑病，以为"胃病与眼疾只不过是它的外表症状"。

获准停止在附属中学的任课，但在大学仍继续为 11 名学生授课。

2 月，因病中止所有读书与写作，并停止在大学的授课。

4 月，赴日内瓦与过去在拜路伊特相识的音乐指挥雨果·冯·森格相聚。结识森格的学生 23 岁的玛蒂达·托兰贝达（Mathilde Trampedach）和她的妹妹。

尼采教授向托兰贝达写信求婚，因她另有所爱而被婉拒。

本月底，青年音乐家盖斯特（Peter Gast，一名 Heinrich Koselitz）前来听课。其后经常帮助尼采抄稿及整理文稿。

5 月，戈斯多夫要介绍一位羡慕尼采的女子谈婚事，但由于上次的被拒，他谢绝朋友的好意，回信说："我不要结婚，我讨厌束缚，更不愿介入'文明化'的整个秩序中去。因此，任何妇女很难以自由之心灵来跟随我。近来，独身一辈子的希腊哲人们，时时清晰地浮现眼前，这是我应该学习的典范。"

6 月，口述完成关于华格纳论文的最后三章。

7 月，关于华格纳的论文发表。在发表的这篇论文中，尼采没有完全表达数月前在笔记中所抱持对华格纳的那些批判态度。在这篇基调是称颂华格纳的文章中，他认为华格纳在表现自我内心深处的情感与体验方面具有超人的能力。"他在艺术史上的所为就像是各种自然艺术魅力汇成的火山喷发那样强大有力。"

本月下旬，尼采未能等到学期结束就启程去拜路伊特会见华格纳，但受到冷遇。

他在拜路伊特参加了华格纳的《尼布龙根的指环》的彩排。由于眼病，他只能闭目用耳欣赏表演，结果深感失望。从试演中途退出，独自徘徊于近郊幽静的森林，开始构思《人性的，太人性的》，写下批判华格纳的纲要。

8月初，在给妹妹伊莉莎白的信中说："我极想离开这里。再住下去是荒唐的。我害怕参加这里每天晚上长时间的艺术活动，可是我还是都出席了。……我已经忍受得太多了。我参加首演，在这儿除了折磨我什么也得不到。"

他离开拜路伊特来到巴伐利亚森林，休息数天身体较好后，开始构思在6月底曾即兴口授过的一篇文章。他拟为这篇文章取名《犁头》(*The Ploughshare*)，并列为《反时代的考察》的第五篇论文。

本月中旬，回到拜路伊特。曾经把华格纳看作是文艺救星的尼采，发现这位乐坛大师陷入了俗气十足的达官贵人们的包围。"整个欧洲的有闲阶层，似乎都在那里聚合了。任何一位王公大人，只要高兴都可以自由出入华格纳的家，就好像那里是在召开运动会。"

10月获准休病假一年。与友人保罗·雷和布莱纳于月中去意大利旅行。经热那亚乘船到那不勒斯，经朋友玛尔维达安排，在索伦托过冬。

11月，在索伦托最后一次与华格纳会面。华格纳介绍了他正在创作的剧作《帕西法尔》，以及对参与宗教活动所表现出的热情。后来尼采收到华格纳的剧本后，认为这个作品"过分基督教化，太趋炎附势和魅力有限了"。两人的交往从此决裂。

1877 年

1 月，在索伦托与玛尔维达计划成立一个招收 40 名学生的教育学院。

2 月，旧病复发，被送往那不勒斯会诊就医。

3 月，去庞培与卡波里（Capri）游览。

5 月，离开索伦托经热那亚和米兰到拉格兹养病。

6 月，给妹妹写信谈到对结婚的看法。他说："我的脑病之坏，超过了我们过去想象的情况……结婚固然是件我所期望的事，但那是非常不可能的。对此，我自己十分清楚。"

到罗森劳依贝德，一直住到 8 月底。在这里尼采开始构思他的第二部著作《人性的，太人性的》，这期间他对十二年来所崇拜的叔本华产生了疑问，并开始摆脱叔本华的哲学。

7 月 27 日，给音乐家卡尔·福兹（Carl Fuchs）的信中说："在写你的'音乐通信'时，应当避免引用叔本华的形而上学的说教。"

8 月，给杜森的信说："我写过一些叔本华的东西，但是我已经不再相信他的教条。虽然，我仍然觉得叔本华还是值得学习的。"

尼采继续写《人性的，太人性的》一书。

尼采激烈的怀疑主义使他对基督教的一些基本教义发生了怀疑。在《人性的，太人性的》一书中表现了以下主要观点。他认为世界上不存在绝对的价值，没有超然的真理标准与圣戒；超人的本性之间没有绝对的对立。善与恶都是在人类出现后才存在的，并且是在相互的对立依存中发展的。对于一个人的恶行真正负有责任的是教育他的人，是他的父母和社会环境，因为作恶的人往往不了解自己的行为会产生怎样的恶果。

尼采认为，基督教比它已经取而代之的希腊哲学更为粗俗，但也更有影响力。在他看来，基督教与希腊哲学的不同之处就在于把上帝看成了人的主宰。

这时期，尼采一方面主要研究人类道德史，另一方面也潜心思索心理学并提出了一些重要的见解。他注意到在脑功能中最受睡眠影响的是记忆能力。他关于笑的心理分析与后来弗洛伊德的理论有很多相似之处。

关于对待人间苦难的问题，他认为一个人不能同时兼备最发达的智慧与最仁慈的心肠，大智之人必须抵制那些廉价的慈悲心肠，因为他必须去追求人类智慧的发展。他说基督教是最热心肠的，可是"他老是使人们变得更加愚笨，他还偏袒心智懦弱的人并阻碍知识的进步"。

在《人性的，太人性的》最后一稿中，尼采在批评华格纳时，有意没有写出他的名字。他说："这位艺术家自己也不知道为什么会给自己提出了要使人性幼稚化的任务。这是他的光荣之所在，也是他的局限性之所在。"他认为天才人物容易误认为自己是超人，因此，一位名人如果不去用自我批评来自我约束就会逐渐变得不负责任。

9月，尼采回到巴塞尔。在以后的六星期中与盖斯特一起整理《人性的，太人性的》一书的第一卷。

10月初，给出版商什玛茨奈（Schmeitzner）去信，称这是他的一部重要著作。

去法兰克福就医会诊。由艾斯尔大夫签署的诊断报告说尼采的头痛症是由双眼视网膜受损和脑力劳动过重所造成的。

1878 年

1月，《人性的，太人性的》一书脱稿并寄付出版商。

华格纳赠送剧作《帕西法尔》给尼采。

本月4日，尼采给莱因哈特（Reinhardt von Seydlitz）的信说："昨天华格纳把他的新作《帕西法尔》给我，初读的印象是它倒像李斯特而不像华格纳的作品——充满了反改革的精神。对于像我这里一样习惯于希腊式的、普遍人性视野的人看来，这剧本是太基督教化了，太狭窄了。里面充满了种种奇谈怪论，没有骨肉，而太多的血水（尤其是最后晚餐一幕简直就是血淋淋的）。我也不喜欢歇斯底里的女主角……语言好像是从外国翻译过来的。但是那种场合和表现的方式——岂不是极高尚的诗？岂不是把音乐发展到最远的限制？"

2月，再次就医于艾斯尔大夫。经会诊，大夫们怀疑他脑子有病并建议他卸去在附属中学的教职。

3月，去巴登-巴登（Baden-Baden）进行水疗。不久正式获准不再担任在巴塞尔大学附属中学的教职。

4月，尼采回到巴塞尔得知曾长期为他担任口授记录的盖斯特已离他去意大利学音乐，他感到这是极大的损失。此后在口授记录上得到魏得曼（Widemann）的帮助。

5月，《人性的，太人性的》一书出版，赠送给洛德、欧佛贝克、玛尔维达、鲁迈道夫等好友和华格纳,他们都因此书受到了保罗·雷的影响而感到不满。尼采把《人性的,太人性的》送给华格纳时,在书上写了这一些话:"朋友,没有什么东西可以结合我们。我们所走的路子完全相反。但只要有一个人足以使别人的方向获得进展,我们都会彼此觉得快乐……于是我们像并排的树一样成长。我们彼此友好,才能不受压制地成长。"

华格纳夫人科茜玛(Cosima Wagner)回信说,此书她只读了几页就发现尼采已经把她长期以来所反对的东西作出了登峰造极的发展。

6月,妹妹伊莉莎白离开他回南堡,尼采迁居到巴塞尔城郊,每天步行去巴塞尔大学。

7月,友人欧佛贝克迁来与他同住。尼采为自己制订了一个今后二百个星期的生活计划,决定继续控制饮食,深入读书和每天散步。

8月到乡间养病,收到华格纳的一篇文章。华格纳不指名地攻击尼采的《人性的,太人性的》一书,尼采认为"每一页都充满了疯狂的报复"。

9月,经巴塞尔去苏黎世会见欧佛贝克。24日回到南堡时身体已经疲惫不堪,于是在家乡休养了三个星期。

10月,回到巴塞尔。

11月,由于身体状况不佳,经常彻夜不眠,遂取消了在巴塞尔大学的讲座课。

开始构思写作《人性的,太人性的》的第二卷。这一卷后来发表时包括了408篇杂感和随笔。

尼采在这期间感到有必要为他对华格纳的背叛辩护,他写道:"对真理的信奉始自于对先前曾被认为是真实的事物的怀疑。""一切美好的事物在开始都是作为新事物出现的,因此也就不为人们所熟悉。"

在《人性的,太人性的》一书第二卷中尼采批判了叔本华的唯意志论,指出叔本华认为自然界的各种物质元素也都会有意志力并且是趋向同一的意志力,是十分荒谬的。尼采在这一卷中提出了他对欧洲浪漫主义和古典文化的看法。他认为浪漫主义是无拘无束、热情奔放、色彩丰富的复杂感情的流露;尽管它激动人心但过于粗犷,是他年轻时能够接受和理解的艺术。可是只是当人们变得更加聪明、更加和谐时,才能真正欣赏荷马、索福克里斯、西奥克利特以及歌德的艺术。

12月,独自在巴塞尔过圣诞节。到年底完成《人性的,太人性的》第二卷,送交出版。

1879年

1月,头痛连续发作,备受痛苦。

2月,头痛两次猛烈发作,共延续十天,伴有胃病和呕吐。他在17日给母亲和妹妹的信中说:"我的眼睛糟糕得使我无法再教课,头痛的情况坏得就无须再提了。"月末的一天,他第一次感到自己能够继续工作的日子不多了。

3月,决定继续养病并接受治疗。21日到达日内瓦。尼采在给家人的信中说:"我的生活与其说是力图恢复健康,不如说是饱受折磨。我所想的就是'但愿自己是个瞎子'的傻念头,因为我本不该再读书了可却不能不读下去，正如我现在理应让大脑休息，却总是苦苦思索一样。"

4月，自日内瓦回到巴塞尔。三天后医生诊断说他的视力已经进一步恶化。几天后尼采向巴塞尔大学校长辞去在该校的教职。

尼采在自传《看，这个人》中说："在我36岁时，我的生命力到达最低点——我仍然活着，但我不能看见三步以外的东西，那时候——1879年——我辞去了巴塞尔大学教授之职。"

5月，妹妹来到巴塞尔，替将上路去欧洲各地旅行的尼采保管他的笔记与手稿。尼采让欧佛贝克夫妇负责料理他的财物和个人经济。

本月11日，和妹妹离开巴塞尔，经日内瓦到伯尔尼，在那里与妹妹分手，然后开始了独自在欧洲各地的漫游。在以后的十年里，他往往夏天去欧洲的高山地区，而冬天则多回到温暖的地中海地区。

6月，到达海拔1800米的圣马利兹山区，在这里感到身体有所好转。开始写《人性的，太人性的》一书的第三部分。

本月24日给妹妹去信提到他在圣马利兹的生活，"我中断了与外界生活的关系。每天只在自己房间里进食，几乎不能吃什么，只喝大量的牛奶，这样对我身体有好处。我打算在这儿长住一段时间"。

7月，每天两次到户外作漫长的散步。

本月21日，给妹妹信中说："你是了解的，我所偏爱的是一种简单的、自然的生活方式，而现在我愈加渴望这种生活了。除此没有什么可以解除我的痛苦。我需要真正的工作，那种可以慢慢地做，可以使人脑不累的工作。"

8月，欧佛贝克到圣马利兹，发现尼采越来越喜欢与世隔绝了。

9月10日，完成了《人性的，太人性的》第三部分《漫游者及其影子》。第二天给彼得·盖斯特寄去手稿，并在信中说："我的病使我不得不考虑突然死去的可能。……在某些方面我感到自己像个最老的老人，但正是在这种情况下，我完成了毕生之作。……从根本上讲，我已经检验了自己的生活观。"

本月17日，离开圣马利兹到彻尔去看妹妹。她发现尼采"看上去很精神，精力充沛，气色健康，已经恢复了他那刚毅率直的性格"。

本月20日，尼采一人返回南堡。在那里他租下了一座古塔和一块田地，干了三周的园艺工作，因眼疾而中辍。

尼采在自传中说："我活像个影子，在圣马利兹过了一个夏天，到南堡又度过了一个冬天，这是我生命中最黯淡的日子。《漫游者及其影子》就是这时期的产品。"

10月3日，收到盖斯特替他抄写的《漫游者及其影子》全部稿件。尼采接受了盖斯特提出的许多建议，对原稿作了不少改动。

本月5日，给盖斯特信中谈到写作《漫游者及其影子》一书的情况。"除了几个以外，这部书都是我在散步时完成思考，并用铅笔在六个小记录本上起草的。"

本月底，《人性的，太人性的》第三卷《漫游者及其影子》由同一出版商什玛茨奈出版。

在《漫游者及其影子》中，尼采指责哲学上的教条主义者所一向关注的都是与日常生活无关的问题。好像人们的思想只注意着超越了食品、衣着、情爱或其他家庭事务的高级的东西。他认为康德的思想发源于法国卢梭和古罗马的斯多葛派，而自康德以来的德国哲学可以被认为是对18世纪的哲学思想和启蒙思潮的批判。

尼采在这本书中，指出浪漫主义与古典主义不同，前者从时代的弱点中汲取了自己的力量，而后者产生于自己时代的力量。

作为一个哲学家，尼采认为："道德从根本上来说是一种维系社会群体的手段。"他还认为："社会乃是弱者为抵抗强大的入侵者而形成的同盟。"在这书中，尼采还论述了善与恶的对立、矛盾。

11月，连续发病。头痛和呕吐，多日卧床不起。根据尼采自己当时所作记录，这一年他共有118天受到头痛的折磨。

12月，收到已经出版的《漫游者及其影子》，寄送给他的朋友们。

圣诞节时，健康严重恶化，连续三天呕吐之后，在27日陷入昏迷状态。事后他感到自己离死期不远了。

1880年

1月，打算再次去风和日丽气候宜人的地中海沿岸休养。保罗·雷写信给已在意大利的盖斯特，请他照料尼采在意大利的生活。

本月初尼采给艾斯尔（Otto Eiser）写信说："我的生存是一个可怕的负担，我本可以早就放弃这种生活，如果不是因为正是在这种苦难和无望的情况下我在精神与道德上所作的试验——这种寻求知识的乐趣如此之大，使我得以战胜所有折磨和失望。总之，我比一生中任何时候都更为愉快。"

2月10日，尼采自南堡启程，中途因病在波尔查诺（Bolzano）耽搁了两天，14日到达里瓦（Riva）。23日，好友盖斯特也赶到那里。在以后的三周里，他们经常在一起散步，但是尼采却因身体状况未见好转而感到失望。

3月13日，尼采和盖斯特一同到达威尼斯。

尼采的健康与情绪渐有好转。

4月2日，给母亲的信中说："我也许会在这儿度过夏天。这里的房屋宽敞，宁静，我睡眠很好。我可以尽享清新的海风。"

3月至6月间，在威尼斯、马里恩巴德（Marienbad）、法兰克福、海德堡一带旅行，旅途中着手写《曙光》。在威尼斯时，盖斯特每天两次来给尼采担任口授记录、整理笔记。在题为 *L'ombra di Venezia* 的笔记中，尼采表现了日趋明显的反基督教的倾向，这使他和盖斯特之间出现了不快。这个笔记的内容后来大都纳入了他以后所写的《曙光》一书中。

6月22日，尼采决定到南斯拉夫的卡尼奥拉（Carniola）去。一周后动身，后到达马里恩巴德。在那里住了两个月写作《曙光》的第二部分。

7月5日，尼采给母亲的信中说："这一路旅途很不愉快，所见的一切都令我失望，或者说都不利于我的眼病。"他由于没能找到有浓荫的森林来恢复视力，打算回到家乡去。

9月返回南堡。

10月8日离开南堡旅行，以后两年里没有回来过。在去斯特莱沙（Stresa）的路上，在法兰克福他的胃病发作，呕吐不止，在海德堡卧床休息，以后在洛迦诺又再度患病。

10月中旬到达斯特莱沙，在那里停留了将近一个月完成了《曙光》的第三部分。后途经拉哥马及尔（Lago Maggiore）到达意大利的地中海城市热那亚，并在那里过冬。在热那亚，尼采集中精力写完了《曙光》一书的第四部分和第五部分的大多数章节。

尼采在自传《看，这个人》中说："在热那亚度过第一个冬天，我血肉极端贫虚的时候，却带着愉快而焕发的心情，完成《曙光》。……在这本书里，没有一个消极的字眼，没有攻击，也没有怨恨，它在阳光中明朗而愉快，像海上动物在岩石间浴日取暖一样。事实上，我就是这个海上动物：这本书中的每句话，差不多都是在接近热那亚的群石中捕捉到的，我独自在那里，与海洋秘密交谈。"

1881年

2月，《曙光：有关道德偏见的思想》一书全部脱稿。2月19日将草稿寄给盖斯特，他用10天时间完成了最后一稿的誊写并寄给尼采。

3月14日，尼采将经过润色修改的《曙光》书稿再次寄给盖斯特，由他转给出版商。

《曙光》一书共分五篇，第一部分猛烈抨击了基督教关于罪恶的教义。尼采指出：在基督教看来，情欲成了邪恶与堕落的东西。基督教通过宣传信徒应对性的冲动感到内疚与自责，而成功地把爱神厄洛斯和阿芙罗狄蒂（爱与美的女神）这样伟大并能使人变得高尚的典范都贬低成妖魔与鬼怪了。由于教会的禁止，魔鬼反而变得比天使和圣人更使人感兴趣，爱情故事也成了社会各阶层一致的兴趣所在。同样，怀疑也被宣布为一种罪恶：教会所需要的只是麻木不仁和精神恍惚以及对那一潭淹没了理智的死水的无止境的讴歌。

在《曙光》第四部分中，尼采第一次表述了冲创意志的观念，他说："所谓幸福所产生的第一个结果就是力量感。"

5月1日，尼采赴威尼斯与盖斯特聚首。

7月，经圣马利兹到瑞士的西尔斯·玛丽亚旅行。在西尔斯·玛丽亚的头一个月里，尼采感到他最大的快乐是对斯宾诺莎有了新的发现。本月30日在给欧佛贝克信中说："我有一位先驱，一位极好的先驱。"他发现自己和斯宾诺莎这位"最不同寻常的孤独思想家"有五点相同之处，那就是他们对自由意志、对意向、对道德世界的秩序、对爱他主义和对鬼怪都持有怀疑的态度。

8月，尼采的思想发生了重大变化。在瑞士的西尔瓦普拉那湖畔（Lake Silvaplana），第一次产生了查拉图斯特拉的状态，并孕育着"永恒重现"的概念。

尼采在自传《看，这个人》中说："现在我要叙说关于查拉图斯特拉的历史。它的基本概念是：永恒重现的观念，也就是人类所能达到的最高肯定的方式，是在1881年8月间形成的。我在一张条子上写下这观念，还附带说：高出人类和时间六千英尺。那天，我正在西尔瓦普拉那湖边的林中散步，我站在离苏黎（Surlei）不远的一座高耸的岩石之旁。就在那里，我获得了这个观念。"

本月14日，给盖斯特信上说："在我的地平线上，思想得到了升华，升到了一个我以前从未体验过的高度。"

9月22日，在给盖斯特的明信片中说："如果人类没有给过我欢乐，我将给自己创造欢乐。"

10月1日，离开西尔斯·玛丽亚赴热那亚。在热那亚，他常常出入歌剧院，第一次欣赏了歌剧《卡门》。他认为《卡门》是法国最好的歌剧，在以后的七年中，他共观看了这部歌剧二十遍之多。他认为，法国人创造的戏剧音乐比德国人的要好。

11月，由于眼疾和头痛，尼采不得不中断读书写作。

12月，尼采运用为写《曙光》续集而准备的材料，着手写《愉快的智慧》。

在从未发表过的笔记中，尼采写道："能量守恒定律要求有永恒重现。""机械论和柏拉图学派这两种极端的思维方式，在永恒重现定律中都作为理想得到了统一。"

1882年

1月，完成《愉快的智慧》前三部分。

2月，完成《愉快的智慧》第四部分手稿，在《愉快的智慧》一书中，尼采探讨了关于疯狂的问题。他认为："高贵与疯狂看来是十分接近的，因为它能使人无法用现实的标准来衡量的那些价值变得神圣起来。"他认为最个性化的体验是最真实的。他支持人们摆脱正统观念的束缚，抨击一切向"传统惯例与道德"奴颜婢膝的做法。他认为放弃正统的人能够升华到较高的境界。在本书的第三部分中，尼采以寓言的方式，借狂人之口宣告"上帝已死"。

在自传《看，这个人》中，尼采说："《曙光》是一本肯定性的书,深邃而明朗。《愉快的智慧》在风格上也是相同的;这本书的每句话,都是轻快而有深意的。……在《愉快的智慧》第四卷中最末的前一节,已表达了查拉图斯特拉的基本思想。"

本月4日,好友保罗·雷自南堡到热那亚,给尼采带来了一部打字机。视力非常衰弱的尼采高兴地用打字机写下了七首两行诗,并选用了其中五首作为《愉快的智慧》的前言。

3月15日,尼采与保罗在热那亚分手,临行前两人计划次年一起去非洲。下旬,尼采乘船到意大利的西西里岛,在该岛东北部的辽西那里写下了《墨西拿田园诗》的诗篇。此间,已先期到达罗马的保罗·雷给他来信,向他描述了友人玛尔维达的沙龙里有一位俄国血统的姑娘卢·莎乐美(Lou Salomé)。21岁的莎乐美出身于一个将军的家庭,曾就读于苏黎世大学。

4月,取道那不勒斯去罗马,在圣彼得大教堂与莎乐美初次相见。

5月,与保罗·雷一起追求莎乐美,陷入情网。本月13日,当尼采说明自己尚未结婚时,莎乐美婉拒了他的求婚。

本月24日,一人回南堡,住到6月底。

6月18日,到柏林去见莎乐美。

本月25日与妹妹伊莉莎白到耶拿(Jena)附近特坦堡,在乡村度夏。同时莎乐美到拜路伊特,经伊莉莎白介绍会见华格纳夫妇。

8月,莎乐美与伊莉莎白一同到特坦堡,路上两人发生冲突,这件事使尼采初次对莎乐美感到不快。中间,尼采向莎乐美表示:"我相信我们之间唯一的差别就是年龄的差别。""我们的生活经历相似，对问题的看法也相同。"

本月14日，尼采与莎乐美在特坦堡乡间的松林进行十小时的长谈，主要话题是宗教问题。在9月中旬给佛朗兹·奥佛贝克的信中，尼采谈到了这次与莎乐美的长谈。他说："在思想与情趣方面，我们之间有强烈的互相吸引力以及很大的共同之处，彼此互补。也许像我们之间的这种开诚布公的哲理探讨过去从来未曾有过。"

8月下旬，伊莉莎白与莎乐美关系恶化。伊莉莎白在9月24日给克拉拉·盖尔泽（Clara Gelzer）信中说："我不能否认她（莎乐美）体现了我哥哥的哲学：这种激烈的自我主义以及对道德的全然漠视。"

本月26日，因与妹妹不和，尼采一人回到南堡，再度激起了音乐创作的热情，为他临行前莎乐美送给他的诗《寄苦恼》谱曲，标题为《生之颂歌》。

9月，住在莱比锡。给好友欧佛贝克的信中，尼采说："尽管我有种种理由可以愉快地生活，但是我在莱比锡所过的这个秋天是最令人伤感的。"

10月1日，莎乐美与保罗·雷同到莱比锡。五周后，莎乐美与保罗·雷去柏林，至此，尼采所陷入的三角恋关系结束。

11月中旬，尼采到巴塞尔，他告诉欧佛贝克："事情已经结束了。"心境孤独凄凉的尼采，独自前往意大利的热那亚，随后迁居到离热那亚20英里的拉帕洛（Rapallo），打算在那里过冬。他在本月23日给盖斯特信中说："即使在这里，我也未能完全摆脱今年这场噩梦给我带来的打击。我感到寒冷、病痛，我在经受着折磨。"

本月底，尼采中断了与妹妹伊莉莎白的通信联系。他在信中说："亲爱的妹妹，我不喜欢像你这样的人，特别是当他们在道德问题上傲慢自大的时候。"

12月，一个人在拉帕洛过圣诞节，开始孕育《查拉图斯特拉如是说》的创作。

1883年

1月，在拉帕洛，以上年8月写下的提纲为基础开始写《查拉图斯特拉如是说》第一卷。

在第一卷《阅读与写作》中，尼采说："高山之间，最短的距离是从这一个顶峰到另一个顶峰，但这必须有长腿才能跨越。攀登险峰绝顶的人，傲笑一切悲剧。"在这书中，尼采塑造了一位反基督形象的查拉图斯特拉。这个形象以一个新价值的创造者的面貌出现，他宣传个人的自我超越，并预言将来人们可以不要上帝的帮助便能实现自我与人性。

尼采在自传中说："在那可爱而平静的拉帕洛湾，我的健康不太好；冬天寒冷而多雨；我那小旅馆正靠近海边，夜里海涛的澎湃声使我无法安眠，总之一切都与愿望相反。尽管如此，在这个冬天，在这恶劣的环境中，我的《查拉图斯特拉如是说》却诞生了。这似乎证明了我的理论，一切决定性的东西都从逆境中产生。"

2月初，在忙于写作《查拉图斯特拉如是说》一书时，尼采感到了极大的快慰与安乐。在9日给欧佛贝克的信中他写道："我感到仿佛受到了闪电的触发，眼前一片光明。"在这封信里，他还说他将不再写书了,这本书将成为他"最后的遗言"。

2月上旬末,完成《查拉图斯特拉如是说》第一卷,这次由他自己誊写全文,14日寄给出版商什玛茨奈,同日从报纸上得知华格纳前一天去世的消息。

2月19日,在给盖斯特信中说:"与一个最敬爱的人对立六年是多么的不容易。我反对的是衰老的华格纳,至于真正的华格纳,在某种程度上我还会是他的继承人。"

2月下旬,自拉帕洛湾回到热那亚,他即病倒了。在3月7日给盖斯特信中描述自己病情时,尼采写道:"发高烧,发寒,夜间出汗,剧烈的头痛,长期的慢性体力衰退,没有食欲,吃什么都不香。"

3月29日,给盖斯特的信中说:"和华格纳的整个交往与绝交——对人的公正态度——是我最困难的考验。"他还告诉盖斯特,他在创作《狄奥尼索斯之歌》。"在这些诗歌中我得到了自由……这是我的热狂的一种方式。"

4月初,收到妹妹伊莉莎白自罗马来的信。由于尼采在向莎乐美求婚过程中曾与妹妹发生冲突,这时她来信表示和解,尼采乃在月底离开拉帕洛赴罗马,与妹妹参观了罗马的各个博物馆并游览了罗马郊区的农村。

6月12日,离开罗马到西尔斯·玛丽亚。在那里完成了《查拉图斯特拉如是说》第二卷。

在第二卷中,尼采对于《新约》里施展奇迹来医治身有残疾人们的说法表示反感。尼采使用一些《圣经》的语言和诗歌般的自由笔调,通过查拉图斯特拉这个形象创造了一个新的道德休系，这个道德体系将使人们终究会承认上帝之死。

环境优美的西尔斯·玛丽亚适于尼采的创作，在此后的五年中，他夏天到这里，冬天住尼斯，其他季节则和盖斯特相处，或去老家南堡。

9月，回到南堡。好友欧佛贝克夫妇来访，使他恶劣的心情有所好转。尼采在南堡住了四周，这期间因妹妹追随一贯反犹太的伯恩哈特·福斯特（Bernhard Foster），帮助他收集25万人签名的反犹太请愿书，并准备与其结婚，遂导致尼采与伊莉莎白不和。

10月5日，尼采离开南堡，取道法兰克福赴巴塞尔。9日赴热那亚，辗转拉斯佩齐亚（La Spezia）等地后，于12月2日到达法国南部的尼斯。在尼斯度过圣诞节并过冬。

1884年

1月，尼采创作激情再次高涨。他完成了《查拉图斯特拉如是说》第三卷，感到极大的快慰。

尼采在自传中说："我创作《查拉图斯特拉如是说》第二卷，十天就够了；无论第一卷、第二卷或第三卷，都不需要多费时间。第二年冬天，在尼斯宁静的天空下，我生命中第一次享受到阳光的照耀，在这情景中我创造了《查拉图斯特拉如是说》第三卷。全部的著作不到一年的工夫。"

2月8日，尼采在给欧佛贝克去信时说："《查拉图斯特拉如是说》这本书迸发出了几十年来所积聚的力量。"

本月22日，尼采给好友洛德信中说："我自诩，通过《查拉图斯特拉如是说》这本书，我已经把德国语言带到了她的最高境界。

德国文学在路德与歌德之后，必须迈出第三大步了。亲爱的朋友请告诉我，以前是否曾有过集力量、活力与音韵之美于一体的这样的佳作。读了一页我的书之后，再去读歌德的作品，就会看到我的文章更为粗犷雄浑而同时又不像路德的作品那样过于粗糙。"

4月初，经玛尔维达介绍在尼斯结识了29岁的奥地利姑娘莱莎。4月21日离开尼斯赴威尼斯与好友盖斯特相聚。

5月初，在给玛尔维达去信谈到与妹妹已经破裂的情况时，尼采说："同她这样一个充满报复心的反犹太人，现在谈不上和解的问题。"

6月15日到达巴塞尔，与友人欧佛贝克见面，在那里住了两周。欧佛贝克在给路德信中说尼采："只是偶然在他的想象世界中才略感快乐。"

7月初，经皮奥拉（Piora）到苏黎世，在那里结识了玛尔维达与莱莎的朋友美塔·冯·莎丽丝（Meta von Salis）。

7月18日，尼采回到西尔斯·玛丽亚。他在这里安顿后，开始写《查拉图斯特拉如是说》一书的第四卷。在后来9月2日给盖斯特的信中，他说他已对自己将来的哲学任务有了清楚的认识，完成这个任务将需用六年时间。这时他对来西尔斯·玛丽亚访问他的莱莎说，他的眼疾还在恶化，背部也不能挺直了，他怀疑这些都是精神病的早期症状。

8月下旬，在西尔斯接受了一个青年华格纳拥戴者亨利克·冯·施坦恩（Heinrich von Stein）的来访。与施坦恩的一日长谈，使长期以来心情压抑的尼采感到很兴奋。他称施坦恩的这次来访是那个夏季最大的收获之一，并使他决心在自己周围汇聚更多有奇才的青年。

9月25日，在母亲的催促下到达苏黎世，与即将赴南美洲的妹妹话别。在苏黎世，尼采写作《查拉图斯特拉如是说》第四卷。这期间尼采因他的出版人什玛茨奈的反犹倾向而与后者关系紧张；什玛茨奈出价两万马克向别的出版商转卖尼采著作的印发权，但没有人接受。

11月初，尼采到达法、意边境的曼顿（Menton）。在曼顿，他结识了推崇他的保罗·兰斯基（Paul Lanzky）。兰斯基准备为尼采写传记，被尼采说服放弃了这个想法。

12月，在尼斯尼采忍受着冬天的寒冷和眼疾的痛苦继续进行《查拉图斯特拉如是说》第四卷的写作。在这一卷中，尼采通过描写查拉图斯特拉因没能得到更好的追随者而产生的失望，表达了自己未遇知音的苦闷。他写道："静居独处对于一个人各方面的发展都是有益的，甚至对一个人的精神扩展也有益处。"

1885年

2月中旬，给戈斯多夫去信，请求帮助印第四卷40册。由于戈斯多夫直到5月才来信，尼采于本月在尼斯写成《查拉图斯特拉如是说》第四卷后，自费印刷了40册。

3月21日，给母亲和妹妹的信中说："事实上，世上没有什么人对我来说是至关重要了，我所热爱的那些人们早都已过世了。"

本月31日，给友人欧佛贝克信中，批评圣·奥古斯丁是伪君子。

4月10日，自尼斯迁居威尼斯。

在本月给母亲的信中，尼采说："您的儿子不适合结婚，我所需要的是保持独立直到生命的最后一刻。"

身受病痛折磨的尼采，一方面认为这些疾病大多是由于生活环境影响所致，另一方面也怀疑自己因遗传患染了梅毒病。在他给母亲的信中说："恐怕没有哪个贵族之家不存在性病或没出现血统退化的。""堕落腐化最严重的莫过于德国贵族了。居家的酗酒，出门的则带回梅毒病，到目前为止，贵族们对于学识问题简直都是门外汉。"

5月，《查拉图斯特拉如是说》第四卷出版，为此尼采出资284马克，后出版人什玛茨奈保证在6月为他补偿5600马克。

妹妹伊莉莎白和福斯特决定在华格纳的生日5月20日那一天举行婚礼，并说这样做是为了表示对华格纳的尊敬和热爱。这件事使尼采非常不快。伊莉莎白婚礼那天，尼采到威尼斯访友。

6月6日，尼采离开威尼斯。次日抵西尔斯·玛丽亚，准备在那里度过第五个夏天。在那里，尼采开始为《人性的，太人性的》一书再版而进行改写工作。

7月2日，在给好友欧佛贝克的信中说："我的'哲学'是不可传授的，至少是难以用印刷文字来传授的。"

6、7月间，着手写作《善与恶之外》。

9月15日，离西尔斯·玛丽亚回家乡南堡探望母亲。两周后赴莱比锡。之后回南堡过41岁生日。秋季，尼采先后辗转于莱比锡、南堡和慕尼黑，最后在10月底赴意大利的佛罗伦萨去见保罗·兰斯基。他们愉快地生活了一段时间。

11月上旬，自佛罗伦萨到尼斯。经过了自9月份以来不断的旅行颠簸后"终于感到安定下来了"。

在尼斯，继续写作《善与恶之外》。

1886 年

1月，完成《善与恶之外：未来哲学之序曲》。尼采在自传《看，这个人》中说："我一生事业中肯定部分的工作已经完成，现在要轮到否定部分的工作：对以往一切价值的重估。……这本书1886年的核心是对'现代之批判'，包括对现代科学、现代艺术甚至现代政治的批判，同时也指出与现代人相反的形态——一种高贵的而又积极的人的形态。"

2月，妹妹伊莉莎白和她丈夫迁居巴拉圭，尼采更感孤独。

3月底，在给欧佛贝克的信中尼采谈到了他对婚姻生活的羡慕。他说："由于你的妻子，你的生活比我的现状要强一百倍，你们共有一个窝，而我有的仅是一个山洞。"

4月，由于春季明亮的阳光，使尼采的眼睛深感痛苦，他决定离开尼斯赴威尼斯。到威尼斯住在盖斯特的住宅里。

3、4月间，为自己的著作《人性的，太人性的》第一卷作序。

5月上旬，经慕尼黑返回故乡南堡。

6月，好友欧文·洛德在莱比锡获教授职位，尼采赴莱比锡听他的演讲。这是这两位好友在尼采患疯病之前的最后一次会晤。上旬，盖斯特应邀来到莱比锡照料尼采两周。下旬尼采一人赴西尔斯·玛丽亚。6月底收到经盖斯特校订的《善与恶之外》一书的最后校订稿。

7月，由于出版人什玛茨奈既不打算出版《善与恶之外》，也不愿意让别的出版人发表它，尼采遂决定自费出版此书。7月14日给欧佛贝克的信中，他说："假如这本书能售出300册，我就可以挣回工本费，用这样的办法也可以出版我的别的书了。"7月24日，在另一封给欧佛贝克的信中又说："关于怎样出版此书一事，占用了我过多的精力。只要第一册书一问世，我就解放了。"

8月5日，尼采另请的出版人弗利茨（Fritzsch）拍来电报说，向什玛茨奈购买以前印毕待发的尼采著作一事得到解决。与此同时尼采欣闻《善与恶之外》一书终于出版。

8月16日，为弗利茨再版《人性的，太人性的》的第二卷作序。

8月29日，为再版的《悲剧的诞生》写序一篇，副标题为《自我批判的尝试》。

在《人性的，太人性的》第二版序言中，尼采含蓄地写道，他自己遭受的种种病痛是对他取得超人态度与地位的考验。他说："人只有在不能保持沉默时才要说话，而人要说的只能是关于他所征服的世界。一个正在受苦的人没有权利采取悲观主义的态度。"

在《悲剧的诞生》再版序言中，尼采表示了对自己第一本著作的不满意，认为对悲剧起源问题所做的解释也不尽如人意。他说，狄奥尼索斯是他找到的第一个反基督的名字，但是他是用叔本华的哲学语言来表达狄奥尼索斯倾向的。他认为自己过去对"德意志精神"和"德意志音乐"所持的看法过于天真与乐观了。

9月，《善与恶之外》发表后，受到学术界一些名流的赞赏。勃拉姆斯的朋友惠特曼（J.V.Widmann）在报上发表文章说："尼采是一个发现了一条途径的人，但是当人们看到尼采独自在这条前人没有走过的孤独的道路上挺进的情形时,是不会不感到担心与害怕的。"24日,尼采给玛尔维达信中说:"我们可以设想到2000年时人们将会获准来读我的这本书的。"

本月25日,离开西尔斯·玛丽亚赴露达(Ruta)。

10月20日,自露达返回尼斯。在尼斯,他开始写作《愉快的智慧》第五卷。在这本书中,尼采看到他自己正把人类引向一个前人没有经历过的孤旅中。尼采写道,只要追求真理的意志还是建立在所谓真理是天意这样一种宗教的假定上,它就是有害的。在书中,尼采把自己同浪漫主义派、伊壁鸠鲁派和基督教徒做了对比。他认为自己是狄奥尼索斯式的悲剧型人物。本月29日,在给欧佛贝克的信中说:"我现在仍和以前一样,相信华格纳的理想——在华格纳沉溺于自己理想的许多人性的、太人性的事物上,我为什么会跌倒?"

本月,妹妹自巴拉圭来信催促尼采向南美洲殖民地投资,在朋友欧佛贝克的劝阻下,尼采终于决定拒绝妹妹的要求,为此引起伊莉莎白对欧佛贝克的不满。

1887年

1月3日,尼采在尼斯迁入一间朝南向阳的小屋,这是他七年来在热那亚和尼斯过冬所住过的第21个住所。在这里,他得以享受冬季的阳光,但是由于他像以往一样因经济困难而未能在室内生火取暖,手指常常冻得发僵。然而尼采仍然不停地写作。24日,给盖斯特去信说:"我从最冷峻的理性批判中,享受到无穷乐趣,并恢复了我的力量。这样我就能来抨击迄今为止哲学中的因果思想，还有一些更为糟糕的东西。"

2月，尼采在一家书店里，偶然发现了俄国作家陀思妥耶夫斯基的《地下室手记》的法文译本。接着又读了他的《死屋》和《被侮辱与被损害的》。尼采在23日给欧佛贝克信中说，尽管他发现陀思妥耶夫斯基太晚了，但还是十分高兴。他认为陀思妥耶夫斯基是唯一的一位对他有启发的心理学家。

3月7日，给盖斯特去信评论陀思妥耶夫斯基的《死屋》是"有史以来最富有人性的著作之一"。

4月3日，离开尼斯到达坎诺比欧（Cannobio），在那里住了三周。虽然该地美丽的风光使他难忘，但是因为《查拉图斯特拉如是说》发表后，许多朋友与他疏远了，他的《善与恶之外》一书自出版后，只售出140本，尼采还是感到深深的压抑。在本月20日给妹妹的信中，他说："外界没有传来任何鼓舞我、激励我的消息。"

4月下旬至5月初，经慕尼黑在瑞士北部彻尔等地旅游。

6月6日，离开彻尔返回西尔斯·玛丽亚，中途连续12小时呕吐不止，大病一场。17日，给欧佛贝克的信中说他患了重伤风，发高烧，没有任何食欲，失眠，极度倦怠。

6月27日，给盖斯特信中说他因亨利克·冯·施坦恩的去世，突然得了一次心脏病。"我真挚地爱戴他。在我看来他是会伴随我这后半生的。他是那少数以自身的存在赋予我幸福的人们中的一位。"7月中下旬，在西尔斯·玛丽亚写作《道德的谱系》。尼采在写作这部著作时，主要使用了自当年1月以来陆续作的笔记。写作全书三篇论文，从7月10日至30日，只用了二十天。

本月 30 日，将书稿送印。

8 月 3 日，给母亲去信时说："整个 7 月我都在全力以赴地工作。看来我的身体健康和精神力量又都得到了恢复。由于对每日的起居做了改进调整，工作也取得了重要的成果。"

本月 8 日，给彼德·盖斯特去信说："《道德的谱系》一书是为使我以前的著作能为人理解所做的最后努力，也许今后几年不会再有什么问世了。我必须绝对归于自我，一直等到我有能力把最后一颗果实从自我的大树上震落下来。"

尼采在自传中说："构成《道德的谱系》有三篇论文。第一篇论文是讨论基督教的心理状态：基督教起源于憎恨的心理，而不是像一般人所相信的产生于'圣灵'。第二篇论文是讨论良心的心理学：这也不是一般人所相信的，以为它是'人心中的上帝之声'；它是一种残忍的本能，当它不能向外发泄时便转向自己。残忍性之为最古老文化的基础，在这里第一次被阐明。第三篇论文是对出世的理想、教士的理想之动力来源问题给出答案。这些理想是有害的，那是一种绝灭和颓废的意志。……这本书说明了教士的最初心理状态。"

9 月下旬，迁居至威尼斯，经盖斯特安排住在圣·马可广场附近。10 月 3 日给母亲的信中，他说，"这里的空气清洁新鲜，天空明亮无云，就像在尼斯一样"。他赞扬他的朋友音乐家盖斯特创作了"至今最优美的乐章"。

10 月 15 日，在尼斯过 43 岁生日。由于只收到母亲一人的问候，尼采感到了孤独的苦闷。报刊文章批评他的《善与恶之外》一书是"高级的胡言乱语""恶魔般的精明""精神病与病态"。

同一天，他给妹妹去信说：尽管他从自己著作的版税中未得分文，相反却为了自己的作家职业而向印刷商付了3000法郎，但他还是准备在一个星期后移居尼斯，并在那里过冬，艰苦奋斗进行写作。他还说他不敢期望能有别人会替他出钱出书，不过他敢肯定自己最重要的工作还有待去做。

10月下旬，经热那亚、米兰到尼斯过冬。11月上中旬，他住的小屋里没有火炉，阴冷的天气使他十分痛苦。在24日致盖斯特信中说："到今天为止，我一直冷得发抖、手指冻得发僵，这对我从事哲学论著太不利了。从外面回到家里一点也不像是回到宫殿那般温暖，相反却像是拖着沉重的脚步走进了牢房。"

11月10日，《道德的谱系》一书出版。朋友戈斯多夫来信评价说："你生活在一个美丽、自由的世界里。你活得确像是一位哲学家，为此我祝福你。"尼采在回信中写道："在我一生中，很少有信能给我带来这么大的欢乐。"

11月26日丹麦批评家乔治·布兰德（Georg Brandes）在收到尼采赠送的《道德的谱系》之后来信说："您是我愿意交谈的少数人之一。"他称尼采具有"贵族风范的激进主义"。尼采在12月2日回信中说："这是我所读到的对我的最精辟的评论。"

12月中旬，在分别给卡尔·福克斯和盖斯特的信中，两次提到要把他到那时为止所做的工作告一段落。他在12月中旬圣诞节前重读《道德的谱系》一书时，发现他先前取得的成果只不过是个开头。

1888 年

1月11日，经丹麦文学批评家布兰德教授的介绍，得知丹麦哲学家齐克果（S.Kierkegaard，一译克尔凯郭尔）的名字。布兰德认为齐克果是"世界上最深刻的心理学家之一"。布兰德在给尼采的信上还说："对我来说，你内心世界的大部分角落依旧是陌生的。我们的经历似乎有着天壤之别。你无疑是所有德国作家中最具有启发性的一个。我真不明白，你们德国文学是怎么一回事！我相信，你们所有的大脑都受过政府行政机构的训练。德国人的全部生活以及你们的全部机构正在传播一种最丑恶的一致性，你们的出版业甚至窒息了你们的著述活动。"

2月，尼采计划写《一切价值的重估》，在本月3日给欧佛贝克的信中，尼采说他已经完成了由四卷组成的《冲创意志》一书的第一卷草稿，题为《对一切价值的重新估价》。《冲创意志》在尼采死后出版。

本月12日，尼采在尼斯给莱因哈特（Reinhard）夫妇的信上，对自己的历史地位作出评价。他写道："我有一句话只能在咱们三个人中说。那就是人们将会理解我是这个时代最主要的哲学家，甚至可能还不止于此，我也许就是负有重大使命的一座沟通两千年历史的桥梁。"信中他还吐露了自己深沉的孤独感："没有朋友，得不到一点安慰，一点爱情也没有！"

本月15日，给盖斯特的信中说："音乐带给我前所未有的经验。它将我从自身中释放出来，使我从迷惘中觉醒……音乐给我力量。在有音乐的夜晚，接踵而来的就是充满坚实洞察与创造性思想的清晨。……没有音乐的日子是迷惘而沉闷的，像被放逐一样。"

本月 19 日，给布兰德的信中说："我很欣赏你在'现代化'概念问题上所做的工作。说来很巧，今年冬天，我恰恰也盘旋于这一最主要的价值问题之上。我像鸟一样飞翔于高高的天际，期望以尽可能非现代化的眼睛考察现代世界的一切。"信中提起以前批评史特劳斯《新旧信仰》一书所引起的纷争，他说："我的文章使德国文化受到第一次攻击，人们还得意洋洋地以为正是这种'文化'使他们战胜了法国呢！而我当时创造出的'文化市侩主义'这名词，也已经被保留在我们的语言中。"

3 月 7 日，布兰德给尼采信上说："在我看来，为了能够自由地呼吸，人类必须从根本上改变四种古老的、受人尊敬的体制，即教会、君主制、婚姻和财产。在这四种体制中，单是婚姻（这是一种具体化的悖论）一项，便可以扼杀个性，并且使自由陷于瘫痪。然而，可叹的是，人类仍旧太粗俗，他们还无法清除婚姻体制，就连所谓最解放的作家，也仍旧以虔敬的、彬彬有礼的口吻谈论着婚姻。"

本月中旬，尼采在尼斯患病，卧床三天。

本月 27 日，给布兰德写信，说他的健康状况很糟，视力变得更弱。信中还说他自己是个音乐家，不是浪漫主义者，如果没有音乐，生活会是何等枯燥无味。

4 月初，乘火车经热那亚到都灵。

本月 3 日，布兰德给尼采写信，告诉他将要在哥本哈根大学介绍尼采思想。他说："我感到一种莫名的不平，斯堪的纳维亚地区对你竟一无所知，我决定要让这里的人认识你。我正准备开一个关于你的著作的讲座。"

本月10日，尼采在都灵给布兰德回信，提供了一份自己的简历。其中说到他的祖先是波兰贵族，他说："尽管在我母亲方面三代都是德国人，但我依旧具有波兰民族的特征。"他的祖母是席勒和歌德的魏玛集团的成员。他谈到1876年以后健康恶化的情况时说："极度的病痛和持续不断的头痛使我受尽了折磨，也耗竭了我的全部精力。这种状况一直延续了许多年，最后，终于以一种习惯性疼痛而达于高潮，这时，一年里我有两百多天是处于病魔的纠缠之下。这些麻烦完全是由于地区的原因，它与任何种类的神经病都无关。我从没有过思维紊乱的征兆；甚至没有过高热或虚脱。我的脉搏同拿破仑一世一样（每分钟60次）。我的特质使我有力量忍受极度的痛苦，即使连续一两天受着疼痛和呕吐的折磨，我的头脑也依旧完全清醒。一直有这样的传闻，说我当时曾经进了疯人院。然而，这纯属胡说。事实上，正是在这段悲剧性的时间里，我的思想才渐趋成熟。《曙光》诞生了。它写于1881年那个令人难以置信的痛苦的冬天，地点是热那亚。当时，我躲开了所有的医生、朋友和亲戚。这本书就像是我的一架'计量器'。为了完成它，我仅仅付出了极小的体力和健康。从1882年起，我又十分缓慢地向前起步了。的确，这场危机过去了（我父亲是在非常年轻时去世的，他当时的年龄恰好与我接近死亡时的年龄相仿）。但是，直到今天，我都不得不处处小心，注意某些温度和气候的变化。不是出于挑剔，而是出于必要，我只能在上英格登度过夏天，在尼斯度过冬天。……然而，我的疾病毕竟为我带来了很大的益处：它解放了我，使我恢复了做我本人的勇气。……的确，我天生就是一头勇敢的动物，甚至是一个战士。与命运的长期抗争更增加了我的骄傲感。"

本月 14 日，给卡尔·福斯写信说："夏天最适合我的地方是英格登，那儿远离人间，超脱尘俗。然后在威尼斯住一个月，那儿对我来说是个圣地：有深度，有爱情，有充足的阳光和法律保护下的自由。"

本月 29 日，布兰德写信告诉尼采在哥本哈根介绍他的著作时的情况：第一次演讲，大约有一百五十位听众。有份重要的报纸作了报道，第二次演讲时，听众有三百多人。

5 月，撰写《华格纳事件：一个音乐史的问题》。在这本书上，尼采把华格纳描写为现代主义与颓废的代表。

尼采在自传中说："如果一个人对这部论文作公平的评论，就当从音乐的命运中去感受巨大创伤的痛苦。我所感受到的音乐命运的痛苦是什么呢？那就是音乐已失去了它的改造世界及肯定的性格，而沦为颓废的音乐，不再是狄奥尼索斯的笛声了。如果一个人认识到音乐产生的原因就是他自己存在的原因，就是他自己苦痛感受的流露，那么他就会觉得我这部论文是非常平和的。谁能怀疑我这老炮兵向华格纳发射我的重炮呢？"

5 月 13 日，在都灵给莱因哈特写信时，尼采表达了在这座意大利城市里的喜悦心情："最幸运的是到今天为止，我在这儿度过的春天是十分令人惬意的。这是十年、十五年或许更长时间以来我所度过的一个最美妙的春天。"

本月 23 日，尼采给布兰德写信，解释了自己要对过去一切价值进行重新估价的意图，他说："只有炼金术士才真正丰富了人类的财富。其余的人则都在进行买卖和交换。现在，我的工作十分奇特：我曾问过自己，人类最痛恶、最害怕和最讨厌的是什么？可是正是从这些东西里面，我已经炼出了我自己的'黄金'。"

6月初，收到美国记者卡尔·诺尔兹（Karl Knortz）来信。诺尔兹准备在美国发表一篇有关尼采的文章。

6月5日，尼采离开都灵返回西尔斯·玛丽亚，途中在柴阿维那（Chiavenna）病倒，到达目的地后，整日呕吐不止，六天后恢复健康。

同月，德皇弗里德利希去世，年轻的威廉二世继位。73岁的俾斯麦仍然掌权，但是尼采担心大权会旁落到阿道夫·斯托克尔（Adolf Stöcker）手中，此人曾试图组建基督教社会工人党。

6月20日，给盖斯特信中说："我明白，我的'冲创意志'学说将来会首先在德国受到压迫和限制。"

6月21日，给美国记者诺尔兹回信时，尼采称他的《查拉图斯特拉如是说》是德国文学中最深刻的作品，还说自己的那些著作"都具有丰富的心理体验，并都表现了临危不惧的勇气和令人惊奇的直率"。

6月25日，尼采在给母亲信中写道："我凭着艺术的力量和极度的谨慎才使自己不至于跌倒。我太虚弱了，为此浪费了许多时间，而在我这样的年纪是不该有这样的事发生的。长期以来我的身体状况恶劣得难以形容和描述。"

6月底，在西尔斯·玛丽亚着手写一部新作——《偶像的黄昏：如何以铁锤作哲学思考》。该书于9月底写成，翌年1月出版。

尼采在自传中说："这本不到150页的书是在短短的几天内写成的。这本书标题所说的'偶像'，就是向来被称为真理的东西。《偶像的黄昏》，就是指旧时的真理已接近尾声。"

在《偶像的黄昏》关于苏格拉底问题的一章中，批评苏格拉底和柏拉图都代表着腐朽与没落，因为他们都反对古希腊文化，在与生活的关系上都起着消极和分化的作用。他指责苏格拉底关于抑制人的内在本能的观点，而认为"只要生活在发展，幸福与本能就不能被割裂"。在《德国人所缺乏者》一章中，尼采指出，自从18年前德意志帝国建立时起，"德意志精神"这个词就充满了自相矛盾。人们在政治方面浪费了过多的心思与精力，为军队特权服务的高等教育的发展，带来的却是文化水平的下降。他批评社会主义者把自己的苦难归咎于他人，同时也批评基督徒把所受的苦难归咎于自身。他认为当代人们愚行的根源在于本能的退化。尼采并表示他不赞成卢梭提出的道德观及平等思想。

7月，替尼采掌管财产的杜森写信告诉尼采说，柏林有位敬仰他的人为他捐助了2000马克作印书费用。美塔·冯·莎丽丝也到达西尔斯·玛丽亚向尼采提供1000马克的资助。因为印书而欠下4000马克债的尼采，高兴地接受了援助。

8月，曾在巴塞尔大学任神学教师的朱利叶·卡福坦（Julius Kaftan）来到西尔斯·玛丽亚。尼采与他连续三周每日一起散步，无保留地进行交谈。

9月3日，开始为他的《反基督：对基督教批判的尝试》作序。在9月7日给美塔·冯·莎丽丝信中说："也许这是最值得骄傲的一篇序言。"

尼采计划把9月开始撰写的《反基督》，作为一部长篇大著《一切价值转换》的第一卷，取副标题为《对基督教批判的尝试》。

他计划写的第二卷是《自由精神：对虚无主义哲学的批判》，第三卷是《反道德论者：对最致命的即无知的批判》，第四卷是《狄奥尼索斯：永恒重现的哲学》。

由于手头没有先前已经发表了的自己的著作，尼采在写作《反基督》时，唯一可以参考的就是平时积累的笔记。在9月间给欧佛贝克的一封信中，他说："这部书清楚地剖析了过去几百年的思想史，我保证，同这部著作相比，其他关于和批评基督教的思想都必定显得十分幼稚。"

9月13日，收到了《华格纳事件》一书的样书。在给布兰德寄书时，尼采宣布了他准备写作《对基督教批判的尝试》的计划，并说："欧洲将需要发现第二个西伯利亚，因为这样它就可以有地方放逐试图对传统的思想进行重新评价的先驱者了。"

9月下旬，尼采离开西尔斯·玛丽亚南下，经米兰到达都灵市。在给欧佛贝克的信中，他写道：在都灵的日子"是我最重要的收获季节。我文思泉涌，笔下生花，也许没有人曾经这样笔力酣畅"。

10月15日，为庆祝自己44岁生日，尼采开始写作自传《看，这个人》。在前言中他写道："鉴于在不久的将来，我必须向人类提出有史以来最庄严的挑战，阐明我是何人，就十分重要了。我所肩负的宏大使命与我的同代人的渺小之间，有着巨大的差别，这是因为他们既未曾听过我的讲话，也未见过我本人。"尼采称他的《查拉图斯特拉如是说》是现存书籍中最深刻的一部著作。

本月20日，给布兰德写信，提到由于他对华格纳的批评，将会引起华格纳信徒的攻击,同时他猜测拜路伊特方面可能也会通过德国皇家的途径禁止他的作品(因为它有害于公众道德),甚至皇帝本人也成为这件事的当事人。

10月底,给妹妹的信中说,他的生活已经达到了顶峰。他说他已经及时地突然重获了力量与自信来完成前人未曾尝试过的工作。

11月14日,在给莎丽丝信中,尼采说:"一想到我在9月3日与11月4日之问所写的《看,这个人》及其笔记,我就担心不久会有一场小地震要发生。"

本月16日,布兰德给尼采的信上,提到陀思妥耶夫斯基时说:"他是一位伟大的诗人,又是一个可恶之徒,在感情上,他是一位真正的基督徒,又是一个十足的被迫害狂。他的全部道德观念正是你所指出的奴隶道德。"

本月20日,给布兰德的信中,尼采介绍他的自传时说:"这本书的题目是《看,这个人》。它无保留地抨击了那位钉在十字架上的人,并在声讨基督教以及所有染上了它的毒菌的基督教徒们的电闪雷鸣之中结束。事实上,我是基督徒的第一位心理学家;同时,作为一名老炮兵,我还可以操纵重武器,实施这次攻击。我所做的一切,都是基督教的对手们过去从未想到过的。然而,所有这些工作都不过是《一切价值之重估》一书的前奏曲。"

"请猜想一下,在《看,这个人》中谁的结果最糟糕?是德国先生们!我已经向他们讲述了许多可怕的事实……例如,德国人已经使最后一桩伟大的历史事件——文艺复兴运动丧失了其自身的意义。当基督教徒的各种价值——堕落的价值被战胜,最高僧侣阶层们的本能为相反的本能——生活的本能所征服时,他们竟会为此而心存芥蒂。"

本月23日，布兰德给尼采写信，向他提及易卜生的作品，并对陀思妥耶夫斯基作了这样的评价："让我们研究一下陀思妥耶夫斯基的面孔吧：那半俄罗斯农民的面庞，半罪犯的容貌，扁平的鼻子，神经质地抖动着的眼睑，以及埋藏其下的小而锐利的双眼；还有那高贵、漂亮的前额，以及讲述着无际的苦难、深不可测的忧郁、不良的癖好、无限的怜悯和不可遏制的嫉妒的富有表情的嘴巴！这是一位患有癫痫病的天才，单是他外表就足以向人们昭示许许多多东西：这里有充溢于他的精神世界的平缓的溪流，有袭击着他的大脑、奔腾激越而几近于疯狂的浪涛，还有他的抱负，他的巨大努力，以及由于灵魂的褊狭而生发出的病态的意志。他的主人公们不仅是一些贫穷而又可怜的生物，而且是一些性格单纯、感情外向的人，高尚的妓女，幻觉的经常性的受害者，天生的癫痫病者，时刻准备为崇高的事业而献身的热情的精灵等。总之，是一些可以在基督教的早期使徒和追随者中找到的典型。当然，这一切并没有远离文艺复兴运动的精神。"

12月，完成《尼采与华格纳之争》。这本文集选收了尼采自己以前所写的有关华格纳的文章。尼采认为，通过编写这个文集，他已彻底解决了有关华格纳的问题。

本月9日，在给盖斯特的一封信中，尼采说他想重读和整理他的《查拉图斯特拉如是说》第四卷，并说他想等几十年后，世界经历了全球战争的危机以后，再将这一卷书发表。

本月29日，尼采给美塔·莎丽丝的信上说："我真的认为德国人是人类中的败种，谢天谢地，我的天性还是波兰人。"

1889 年

1月3日上午，尼采在都灵的住所处，见到一个马车夫抽打他的马，尼采跑上前去抱住马脖子，结果摔倒在地。房东费诺将他送回房里后不久，尼采开始出现神经错乱的症状。

本月4日，给盖斯特信上说："给我唱一首新歌：世界变形了，天上充满着欢乐。"在给布克哈特、欧佛贝克和华格纳夫人等的信中，尼采都用"狄奥尼索斯"署名。

本月5日，给布克哈特信中说："实际上我宁愿当巴塞尔的一名教授，也不愿成为上帝。"

本月8日，欧佛贝克自巴塞尔赶到都灵，见到尼采在修订《尼采与华格纳之争》。当天，欧佛贝克给妻子去信谈到尼采的病情说："尼采在许多地方像个孩子。对其他人来说，尼采是没有任何伤害性的。他的状况很糟，但他绝不会伤人的。"

本月10日，尼采在欧佛贝克护送下自都灵返回巴塞尔，其后被送往怀利大夫的诊所住院观察病情。经医生诊断尼采患了精神错乱症和渐进性麻痹。

本月13日，母亲自南堡到巴塞尔。

本月17日，尼采被母亲护送到德国耶拿，住进耶拿大学宾斯文格大夫的精神病诊所，直至第二年（1890年）的3月。

6月，坚持反犹太主义思想的妹夫伯恩哈特·福斯特自杀。

10月，尼采的病情有所好转。他母亲在给欧佛贝克的信中说："他看上去和过去身体健康时状况差不多。"

1890 年

1 月，盖斯特来到尼采所在的精神病院，每天与他一起散步，住到 2 月初。

2 月，母亲来耶拿，每日白天把尼采接到她的住所，由她本人和盖斯特进行护理。

3 月 24 日，尼采离开耶拿大学宾斯文格大夫的诊所，住进母亲在耶拿的住所。

5 月 13 日，母亲将尼采护送回家乡南堡。

12 月，妹妹伊莉莎白自南美洲巴拉圭回到德国家乡南堡。她改变了原来准备出版已故丈夫伯恩哈特·福斯特著作的计划，转而开始筹备出版一本尼采著作集。

1892 年

7 月，妹妹伊莉莎白在作出出版尼采文选的初步计划后返回巴拉圭。

年底，尼采病情加重，常常夜不成寐，医生建议把尼采接回诊所治疗。

1893 年

春天，尼采病情得到控制。

9 月，伊莉莎白自巴拉圭回到德国。她发现，因市场上对尼采著作的需要不断增大，出版人诺曼（Naumann）决定出版由盖斯特编辑的尼采文选。她坚决反对盖斯特正在进行的写作尼采传的计划，而坚持由她来为尼采写传记。伊莉莎白立即着手改造尼采的病房，把一层楼改成了尼采文献档案馆。她取消了盖斯特作为尼采文稿编辑人的地位，另聘用了弗利兹·科格尔（Fritz Koegel）接替工作。接着她收回了一直由盖斯特收藏保管的尼采文稿，并且从尚未出版的尼采自传《看，这个人》中引用大量材料编写了一部两卷本的尼采传。以后她又从欧佛贝克处得到了尼采写给他的全部信件。

1894 年

9月，由于母亲强烈反对伊莉莎白在尼采病房楼下和科格尔一起整理尼采的文稿，伊莉莎白把尼采的全部文稿档案转移到另一所房屋。

年底，出版人付给病中的尼采 14000 马克稿费，其中有 6000 马克被伊莉莎白转入她自己的名下。

1895 年

年初，伊莉莎白编写的《尼采传》第一卷完稿。

9月，与尼采保持友谊时间最久的欧佛贝克最后一次探望了他。在年底欧佛贝克给洛德的信中写道："我在他的房间里见到了他。他就像一只受了致命伤的野兽那样半躺着，只想一个人待在那里。我在那儿的时候他一声未吭。除了无神的眼睛中流露出深深的不安，他看上去好像没有在遭受病痛的折磨。"

12 月 18 日，伊莉莎白以每日向母亲提供固定生活费为条件，迫使母亲让步同意由伊莉莎白全权处理尼采的文档。

1896 年

8月，伊莉莎白把尼采的文档转移到德国的魏玛。她解除了科格尔的尼采文稿编辑的职务,由自己和美塔·冯·莎丽丝一起编辑尼采著作。

1897 年

4 月,尼采 71 岁的母亲,因感冒去世。经伊莉莎白的安排,病中的尼采移居到魏玛。

1898 年

夏,尼采中风一次,身体状况恶化。

1899 年

5 月,尼采身体状况继续恶化,谈话吃力。

1900 年

8 月 20 日星期一,尼采患感冒,发高烧。

本月 25 日星期六,中午时分,尼采过世。

妹妹伊莉莎白这样描述尼采临终时的情景:"1900 年 8 月 20 日,哥哥突患感冒,发高热,呼吸困难,似有肺炎的并发症。忠诚的医生想尽可能消除他的痛苦,但两三天后,医生已经知道无力挽回了。24 日正午,我和哥哥相对而坐,他的面容突然改变,激烈的发作再度袭来,哥哥终于失去意识倒下。就在这时,可怕的雷雨漫天盖地而来,似乎这个高贵的灵魂,已随着雷电,先升登天堂。黄昏时分,他吐出一口气,意识也有恢复的征兆,好像想说些什么。次日凌晨 2 时,我请他饮一些食物,他似乎看得见我,示意我把灯罩移到一边,高兴地叫我'伊莉莎白',我满心欢喜,以为他的危险期已经过去。然后他睡了一段很长的时间。

我一直祈祷,但愿这是复元的熟睡。

但那高贵的面容突起变化,转为深浓,他再一次睁开那双宽阔、湿润的眼睛。……安详地、无忧无虑地,向四周投下严肃的一瞥,然后轻轻合拢,永远闭上了。"

翌日,尼采的骨骸葬于故乡洛肯双亲的墓旁。

本年谱主要参考书为:海曼(Ronald Hayman):《尼采评传》(英国牛津大学出版社企鹅丛书,美国版1984年本)。

其他参考资料为:

(1)尼采自传《看,这个人》。

(2)福斯(Peter Fuss)编译:《尼采:书信中的自我画像》(1971年美国哈佛大学出版社)。

(3)奥斯卡·李夫(Oscar Levy)主编:《尼采书信选集》(由Anthony M.Ludovici英译,1921年纽约花园城达布尔代公司出版)。

(4)荷林达(R.J.Hollingdale):《尼采:其人及其哲学》(美国路易斯安那大学出版社1965年版)。

(5)工藤绥夫:《尼采——其人及其思想》(李永炽译,水牛出版社1969年版)。

(6)乔治·布兰德(勃兰兑斯):《尼采》(安延明译,工人出版社1985年版)。

陈鼓应学术年表

张荣臻

1935 年 7 月 1 日
出生于福建漳州，祖籍福建长汀。

1949 年
随家迁台，就读集集初中。

1951 年
考入台中二中。

1954 年
考入师大史地学系。

1956 年
转学入台大中文系。

1957 年
转入台大哲学系。

1960 年
台大哲学系毕业，考入台大哲学系研究所，接触《文星》杂志。

1963 年

台大哲学系研究所毕业,任中国文化学院哲学系讲师。

1966 年

因殷海光案被文化学院哲学系解聘,任台大哲学系兼任讲师。

1968 年

与张俊宏创办《大学》杂志。

1969 年

任台大哲学系专任讲师。

1971 年

支持校园保钓运动,推动言论自由。

1972 年

初次赴美,接触刘大任、林孝信、龚忠武等海外左翼人士。

1973 年

"台大哲学系事件"发生,台大连续解聘包括陈鼓应在内的十三位哲学系教授、讲师,其后陈鼓应转任政大国际关系研究中心研究院,同时与陈菊合作通过国际特赦组织进行人权工作。

1975 年

参与《台湾政论》写作。

1976 年

参与创办《夏潮》杂志。

1978 年

与陈婉真联合参加中央民意代表选举,创办《鼓声》杂志。

1979 年

参与"桥头事件",被政大国际中心解聘,因中华民国退出联合国,停止选举,后全家赴美,任加州大学伯克利校区研究员。

1984 年

任北京大学哲学系教授,讲授老庄哲学。

5 月,得到邓小平的接见。

1986 年

在北京大学讲授"尼采哲学""尼采哲学的价值重估"。

1992 年

主编刊物《道家文化研究》(香港)。

1993 年

时隔十四年,得以重返台湾。

1997 年

"台大哲学系事件"获平反,返回台大任哲学系教授。

1999 年

任捷克查尔斯大学东亚系客座教授。

1999 年 8 月 5 日至 9 月 1 日

应挪威奥斯陆大学邀请做访问学者。

1999 年 9 月 1 日至 2000 年 1 月 31 日

应布拉格查理大学（Charles University）邀请作客座教授，讲授"早期道家"课程。

2003 年

于高雄师范大学经学研究所主讲"道家思想研究"。

2005 年

退休后任台大哲学系兼任教授、中国文化大学哲学系专任教授。

2008 年

任台大人文社会高等研究院特聘学者。

2011 年

任北京大学人文讲席教授，于哲学系任教。

12 月，于北京大学创立"严复学术讲堂"，第一届由汤一介先生主讲。

2014 年

9 月，《道家的人文精神》获凤凰网、凤凰卫视联合岳麓书院主办的"致敬国学——2014 首届全球华人国学大典·子部学奖"。

2015 年

10 月，获得第四届中华之光——"传播中华文化年度人物"候选人提名。

2016 年

获文化部主办的 CCTV 中华之光"传播中华文化年度人物奖"。

2019 年

5 月,获"汤用彤学术奖"。

2023 年

支持南开大学哲学院成立"全球老学"研究中心的筹备工作,4 月 22 日,南开大学哲学院成立"全球老学"研究中心,任南开大学"全球老学"研究中心名誉主任,将本人的学术著作和所收集《老子》海外译本悉数捐给研究中心。

5 月,《老子注译及评介》入选全国哲学社会科学规划办"2022-2023 年度国家社科基金中华学术外译项目立项名单"。

主编刊物《道家文化研究》(第一辑至第三十五辑),上海古籍出版社,北京三联书店,北京中华书局,1992 至 2023 年。

《老子》海外译本

Lao Tzu, Text, Notes, and Comments, Rhett Y.W. Young, Roger T. Ames (Translator), Chinese Materials Center, 1981.

The Annotated Critical Laozi With Contemporary Explication and Traditional Commentary (Modern Chinese Philosophy), Edited by PAUL J.D'AMBROSIO AND XIAO OUYANG(欧阳霄), BRILL ACADEMIC PUB, 2020.2.

【英语】亚瑟·韦利,傅惠生校注,长沙:湖南人民出版社,1999 年。

【韩语】湖南人民出版社，2007 年。

【日语】小川环树，长沙：湖南人民出版社，2009.11。

【西班牙语】汤铭新，李建忠，毛频西译，北京：外语教学与研究出版社，2009.9。

【阿拉伯语】[叙利亚]费拉斯·萨瓦赫，薛庆国译，北京：外语教学与研究出版社，2009.8。

【法语】吕华法译，北京：外语教学与研究出版社，2009.8 年。

【俄语】[俄罗斯]马良文，李英男译，北京：外语教学与研究出版社，2009 年。

【德语】卫礼贤，北京：外语教学与研究出版社，2010 年。

【老挝语】罗芳玲译，湖南人民出版社，2020 年。

【泰语】覃秀红，全莉泰译，民主与建设出版社，2020 年。

【乌克兰语】[乌克兰]波普科夫·瓦西里·瓦西里耶维奇译，大连：大连理工大学出版社，2021.1。

【马其顿语】[北马其顿]伊戈尔·拉代夫（冯海城）译，五洲传播出版社，2021.12。

【印地语】[印度]舒明经译，北京：外文出版社，2023.12。

《庄子》海外译本

The Philosophy of Life: A New Reading of the Zhuangzi (Brill's Humanities in China Library, Band 9), Translated by Dominique HERTZER, BRILL ACADEMIC PUB, 2016.

【土耳其语】Zhuangzi Metinleri, 吉来（Giary Fidan），İş Bankası Kültür Yayınları (Publisher), 2020.12.

【土耳其语】吉来（Giary Fidan），北京：中华书局，2022.10。

《道家的人文精神》

The Humanist Spirit of Daoism (Modern Chinese Philosophy, 15), Translated by Hans-Georg Moeller, BRILL ACADEMIC PUB, 2018.2.

【韩语】도가의 인문정신，천꾸잉 저，오수현 역（译），2022年11月。

陈鼓应著作与学术活动表列

一、学术专著

1.《庄子哲学》1966.9 台湾商务印书馆。

2.《悲剧哲学家尼采》1966.9 台湾商务印书馆。

3.《老子今注今译及评介》1970.5 台湾商务印书馆。

4.《存在主义哲学》1971 台湾商务印书馆，［美］考夫曼（KaufmannW.）编著，陈鼓应等译【1987.9 商务印书馆】。

5.《庄子今注今译》1975.12 台湾商务印书馆。

6.《这样的"诗人"余光中》中华民国66年（1977）大汉出版社。

7.《古代呼声》1978.11 台湾德华出版社。

8.《沙特小说选》1979.3 志文出版社，［法］沙特（SartreJ.P.）著，陈鼓应等译。

9.《老庄论集》1987.4 齐鲁书社，陈鼓应、张松如、赵明、张军等著。

10.《耶稣新画像》1987.5 三联书店。

11.《尼采新论》1988.2 商务印书馆香港分馆。

12.《明清实学思潮史》1989.7 齐鲁书社，陈鼓应、辛冠洁、葛荣晋主编。

13.《老庄新论》1991 中华书局【1992.8 上海古籍出版社】【1993.3 五南图书出版社】。

14.《庄子浅说》1991 商务印书馆（香港）。

15.《失落的自我》1993.2 中华书局。

16.《明清实学简史》1994.9 社会科学文献出版社。

17.《易传与道家思想》1994.9 台湾商务印书馆【1996.7 三联书店】。

18.《黄帝四经今注今译》1995.6 台湾商务印书馆。

19.《老子今注今译及评介》（第二次修订本），1997.1 台湾商务印书馆。

20.《周易译注与研究》1999.9 台湾商务印书馆。

21.《老子今注今译及评介》（第三次修订本），2000.3 台湾商务印书馆。

22.《老子评传》2001.7 南京大学出版社，陈鼓应、白奚著。

23.《道家与道教：第二届国际学术研讨会论文集》2001.9 广东人民出版社，陈鼓应、冯达文主编。

24.《管子四篇诠释》2003 三民书局股份有限公司出版社出版【2006.4 商务印书馆】。

25.《道家易学建构》2003 台湾商务印书馆股份有限公司【2010.3 商务印书馆】。

26.《周易今注今译》2005.11 商务印书馆，陈鼓应、赵建伟注释。

27.《老庄新论》(修订版)，2006 五南图书出版股份有限公司【2008.5 商务印书馆】。

28.《道家的人文精神》2012.11 中华书局。

29.《庄子的开放心灵与价值重估》2015.10 中华书局。

30.《中国哲学创始者——老子新论》2015.10 中华书局。

31.《老子的学说与精神——历史与当代》2016.3 中国社会科学出版社。

32.《庄子人性论》2017.1 中华书局。

33.《春蚕吐丝》2019.3 中华书局。

34.《经典之门·先秦诸子篇》2019.9 华夏出版社，陈鼓应、陈耀南等著。

35.《庄子思想散步》2020.9 台湾商务印书馆。

36.《老子导读及译注》2022.4 人民文学出版社。

37.《道家哲学主干说》2023.5 中华书局。

二、学术论文

（一）期刊论文

1. 陈鼓应. 庄子认识系统的特色 [J]. 安徽师大学报（哲学社会科学版），1985(02):19-26.

2. 陈鼓应.《齐物论》的理论结构之开展 [J]. 江淮论坛，1985(02):30-39.

3. 陈鼓应. 尧舜禹在先秦诸子中的意义与问题 [J]. 安徽大学学报，1985(02):26-38+44.

4. 陈鼓应. 庄子论道——兼论老、庄道论之异同 [J]. 中国哲学史研究，1985 年 (04).

5. 陈鼓应，荣韦菁. 传统文化是多元的——关于"文化"问题的问答 [J]. 电影艺术，1987(03):23-27.

6. 陈鼓应. 老学先于孔学——先秦学术发展顺序倒置之检讨 [J]. 哲学研究，1988(09):40-48.

7. 陈鼓应.《易传·系辞》所受老子思想的影响——兼论《易传》乃道家系统之作 [J]. 哲学研究，1989(01):34-42+52.

8. 陈鼓应. 老子与孔子思想比较研究 [J]. 哲学研究，1989(08):30-40.

9. 陈鼓应. 论道家在中国哲学史上的主干地位——兼论道、儒、墨、法多元互补 [J]. 哲学研究，1990(01):100-107.

10. 陈鼓应. 对两篇商榷文章的答复 [J]. 哲学研究，1990(05):73-74+128.【①李存山. 道家"主干地位"说献疑 [J]. 哲学研究，1990(04):54-60. ②吕绍纲.《易大传》与《老子》是两个根本不同的思想体系——兼与陈鼓应先生商榷 [J]. 哲学研究，1989(08):20-29.】

11. 陈鼓应. 杨朱轻物重生的思想——兼论《杨朱篇》非魏晋时伪托 [J]. 江西社会科学，1990(06):38-42.

12. 陈鼓应.《易传·系辞》所受庄子思想之影响 [J]. 哲学研究，1991(04):51-58.

13. 陈鼓应，王博.《易传》与楚学齐学 [J]. 管子学刊，1992(01):38-44+71.

14. 陈鼓应.论《系辞传》是稷下道家之作——五论《易传》非儒家典籍[J].周易研究，1992(02):3-9.

15. 陈鼓应.关于《黄帝四经》的几点看法——序余明光先生《〈黄帝四经〉今注今译》[J].哲学研究，1992(08):50-51+58.

16. 陈鼓应.马王堆出土帛书《系辞》为现存最早的道家传本[J].哲学研究，1993(02):42-49.

17. 陈鼓应.也谈帛书《系辞》的学派性质[J].哲学研究，1993(09):58-60.

18. 陈鼓应.帛书《系辞》和帛书《黄帝四经》[J].周易研究，1993(04):1-8.

19. 陈鼓应.《象传》的道家思维方式[J].哲学研究，1994(03):22-30.

20. 陈鼓应.《象传》的道家思维方式[J].中国哲学史，1994(04):38-46.

21. 陈鼓应.早期儒家的道家化[J].中州学刊，1995(02):59-61+63-66.

22. 陈鼓应.先秦道家研究的新方向——从马王堆汉墓帛书《黄帝四经》说起[J].管子学刊，1995(01):54-58.1995.01.011.

23. 陈鼓应.先秦道家研究的新方向(续)——从马王堆汉墓帛书《黄帝四经》说起[J].管子学刊，1995(02):64-68.1995.02.017.

24. 陈鼓应.道家在先秦哲学史上的主干地位(上篇)[J].中国文化研究，1995(02):1-16+4.1995.02.001.

25. 陈鼓应.道家在先秦哲学史上的主干地位(下篇)[J].中国文化研究，1995(03):1-10+4.1995.03.001.

26. 陈鼓应. 早期儒家的道家化 [J]. 中国哲学史，1995(06):23-30.

27. 陈鼓应. 先秦道家易学发微 [J]. 哲学研究，1996(07):39-49.

28. 陈鼓应. 先秦道家易学发微（续）[J]. 哲学研究，1996(08):57-61.

29. 陈鼓应. 论《文子·上德》的易传特色 [J]. 哲学与文化，廿三卷第八期，1996(08):1898-1907.

30. 陈鼓应. 道家的社会关怀 [J]. 传统文化与现代化，1997(02):56-64.

31. 陈鼓应. 初读简本《老子》[J]. 文物，1998(10):55-56.

32. 陈鼓应，白奚. 孔老相会及其历史意义 [J]. 南京大学学报（哲学. 人文科学. 社会科学版），1998(04):21-25.

33. 陈鼓应.《管子》四篇的心学和气论. [J] 国立台湾大学哲学论 22 期，1999.01:173-186.

34. 陈鼓应.《太一生水》与《性自命出》发微 [J]. 东方文化，1999(05): 30-36.

35. 陈鼓应. 乾坤道家易诠释 [J]. 中国哲学史，2000(01):3-17.

36. 陈鼓应. 先秦道家之礼观 [J]. 中国文化研究，2000(02):1-11+145.

37. 陈鼓应. 从《吕氏春秋》到《淮南子》论道家在秦汉哲学史上的地位 [J]. 台大文史哲学报第五十二期，2000(06):41-91.

38. 陈鼓应. 从《吕氏春秋》看秦道家思想特点 [J]. 中国哲学史，2001(01):86-93.

39. 陈鼓应.《老子》与《周易》经传思想脉络诠释 [C]//. 诠释与建构——汤一介先生 75 周年华诞暨从教 50 周年纪念文集. 北京

大学出版社，2001:29-41.

40. 陈鼓应. 汉代道家易学钩沉 [J]. 台大文史哲学报第五十七期，2002(11):43-65.

41. 陈鼓应. 王弼道家易学诠释 [J]. 台大文史哲学报第五十八期，2003(05):1-24.

42. 陈鼓应."理"范畴理论模式的道家诠释 [J]. 台大文史哲学报第六十期，2004(05):45-74.

43. 陈鼓应. 战国楚墓竹简与先秦哲学史的重构问题 [C].// 纪念孔子诞生 2555 周年国际学术研讨会论文集. 2004:695.

44. 陈鼓应. 论道与物关系问题 (上)——中国哲学史上的一条主线 [J]. 哲学动态，2005(07):55-64.

45. 陈鼓应. 论道与物的关系问题 (下)——中国哲学史上的一条主线 [J]. 哲学动态，2005(08):33-37.

46. 陈鼓应. 老子的有无、动静及体用观 [J]. 华中师范大学学报 (人文社会科学版)，2005(06):152-153.

47. 陈鼓应. 我与 "台大哲学系事件" [J]. 新一代，The New Generation，2007，(02):36-37.

48. 陈鼓应. 冲突世界中的和谐对话——老子和谐观给世人的提示 [J]. 中国道教，2007(05):20-22. 10069593. 2007. 05. 013.

49. 陈鼓应. 我读《庄子》的心路历程——在华东师范大学先秦诸子研究中心的讲演 [J]. 诸子学刊，2009(01):511-521.

50. 陈鼓应.《庄子》内篇的心学 (上)——开放的心灵与审美的心境 [J]. 哲学研究，2009(02):25-35+68.

51. 陈鼓应.《庄子》内篇的心学 (下)——开放的心灵与审美

的心境 [J]. 哲学研究，2009(03):51-59+128-129.

52. 陈鼓应. 我读《庄子》的心路历程——在华东师范大学先秦诸子研究中心的讲演 [J]. 诸子学刊，2009(01):503-513.

53. 陈鼓应. 三玄四典的学脉关系——论三玄思想的内在联系之一 [J]. 诸子学刊，2009(01):55-77.

54. 老子的哲学智慧对当前文化危机的启发 [C]// 北京论坛 (Beijing Forum). 北京论坛 (2009) 文明的和谐与共同繁荣——危机的挑战、反思与和谐发展："化解危机的文化之道——东方智慧"中文分论坛论文或摘要集，2009:48-52.

55. 陈鼓应. 老、庄及《易传》的重要哲学议题——论三玄思想的内在联系之二 [J]. 诸子学刊，2010(01):1-17.

56. 陈鼓应.《庄子学史》序 [J]. 诸子学刊，2010(01):529-535.

57. 陈鼓应，纪佳彤. 老子的哲学智慧对当前文化危机的启发 [J]. 东方养生，2010(01):52-57.

58. 陈鼓应. 庄子论人性的真与美 [J]. 哲学研究，2010(12):31-43+124.

59. 陈鼓应. 庄子的视野与心境 [J]. 国学，2011(02):72-76.

60. 陈鼓应. 道——精神家园 [J]. 中国道教，2011(05):34-36.

61. 陈鼓应. 论周敦颐《太极图说》的道家学脉关系——兼论濂溪的道家生活情趣 [J]. 哲学研究，2012(02):28-37+128.

62. 陈鼓应. 诸子学的新浪潮——欣闻《子藏·道家部·庄子卷》出版 [J]. 诸子学刊，2012(01):403-405.

63. 陈鼓应.《道家的人文精神》[J]. 文史知识，2013(01):128.

64. 陈鼓应. 冲突世界中的和谐对话——老子和谐观给世人的

提示 [J]. 月读，2013(02):5-12.

65. 陈鼓应，干春松. 学术与政治之间："台大哲学系事件"始末——陈鼓应的记忆 [J]. 学术月刊，2013，45(05):167-171.

66. 陈鼓应. 道家思想在当代 [J]. 国学，2013(12):14-17.

67. 陈鼓应. 子学兴替关乎中国思想变革——《"新子学"论集》序 [J]. 诸子学刊，2014(01):421-423.

68. 陈鼓应. 庄子论情：无情、任情与安情 [J]. 哲学研究，2014(04):50-59+128-129.

69. 陈鼓应. 庄子的视野与心境 [J]. 中华活页文选(教师版)，2016(01):18-21.

70. 陈鼓应.《庄子》抒情传统的后代回响 [J]. 哲学研究，2016(02):31-39+128.

71. 陈鼓应. 立心、立命、继绝以开太平——贺《关学文库》出版 [J]. 陕西师范大学学报(哲学社会科学版)，2016，45(03):6-7.

72. 陈鼓应."关学精神"与《关学文库》的当代意义 [J]. 陕西师范大学学报(哲学社会科学版)，2016.

73. 陈鼓应. 四分之一世纪的回望——《道家文化研究》30辑回顾 [J]. 道家文化研究，2016(00):1-12.

74. 陈鼓应. 追忆殷海光先生的晚年境遇（上）[J]. 文史知识，2017(01): 103-107.

75. 陈鼓应. 追忆殷海光先生的晚年境遇（中）[J]. 文史知识，2017(02): 93-96.

76. 陈鼓应. 追忆殷海光先生的晚年境遇（下）[J]. 文史知识，2017(03): 91-94.

77. 陈鼓应. 庄子人性论 [J]. 文史知识，2017(04):130.

78. 陈鼓应. "新子学"与中国传统文化价值重构——放眼世界，开拓"新子学"[J]. 名作欣赏 (鉴赏版)(上旬)，2017，0(3):12-13.

79. 朱高正，李宗桂，孙震，陈鼓应，王维生，戴美玲，罗荔丹. 新时代国学的传承与创新——第十届海峡两岸国学论坛名家会讲纪要 [J]. 吉林师范大学学报（人文社会科学版），2019，47(01):1-11.

80. 陈鼓应. 老子与孔子的"天下"观 [J]. 道家文化研究，2019(00):305-333.

81. 陈鼓应.《方山子文集》序 [J]. 诸子学刊，2021(01):412-415.

82. 陈鼓应. 张载的理论建构及其道家观念丛 [J]. 诸子学刊，2022(01):293-305.

83. 陈鼓应. 谈谈中国哲学的主干与中西哲学的汇通 [J]. 中国文化研究，2023，(03):28-33.

84. 陈鼓应. 孔子和老子对话的时代意义 [J]. 月读，2024，(03):32-37.

（二）杂志

1.《二十世纪的哲学》,《中国一周》(1964)：页 11-16。

2.《尼采思想的评价》,《中国一周》(1964)：页 1-2。

3.《漫谈存在主义》,《思与言》(1965)：页 484-486。

4.《希腊哲学的起源》,《国魂》(1966)：页 30-31。

5.《勃洛泰哥拉斯哲学》,《国魂》(1966)：页 28-29。

6.《亚里斯提帕斯和快乐主义、安提西尼斯和犬儒学派、欧克里地斯和马加拉学派》,《国魂》(1966):页 42-43。

7.《苏格拉底的哲学》,《国魂》(1966):页 74-75。

8.《约翰洛克:经验为知识的起源》,《思想与时代》(1966):页 9-14。

9.《弗朗西斯培根》,《国魂》(1968):页 43-45。

10.《琐忆殷海光老师》,《大学杂志》25 卷,(1970):页 21-25。

11.《自我中心主义者——耶稣的伦理》,《大学杂志》28 卷,(1970):页 16-19。

12.《〈耶稣新画像〉序》,《大学杂志》31 卷,(1970):页 23。

13.《人生的意义》,《大学杂志》39 卷,(1971):页 27-33。

14.《庄子"道"的意义之解析》,《大陆杂志》43 卷,(1971):页 17-28。

15.《杨朱的个人主义思想》,《大学杂志》46 卷,(1971):页 61-67。

16.《齐物论:平等精神与破除自我中心的格局》,《大陆杂志》43 卷第 4 期,(1971)。

17.《逍遥游的开放心灵与价值重估》,《大陆杂志》44 卷,(1972):页 24-27。

18.《尼采的挑战》,《大学杂志》50 卷,(1972):页 62-69。

19.《庄子秋水篇阐释》,《大陆杂志》50 卷,(1975):页 36-39。

20.《法家思想述评》,《仙人掌杂志》9 卷,(1977):页 241-250。

21.《范缜的神灭论》,《夏潮》6 卷,(1977):页 62-65。

22. 为《鼓声》杂志撰写《古代的"民主广场"——子产的开

放"乡校"及其他》一文，后于 1983 交《中报月刊》发表于该刊第 40 期。

23.《庄子的悲剧意识和自由精神》，《国文天地》73 卷,(1991)：页 59-64。

24.《价值的"重估"与"转换"：尼采和陈独秀的文化观比较》,《海峡评论》(1991)：页 102-111。

25.《陈独秀和尼采的比较》,《二十一世纪》(1991)：页 27-34。

26.《"天和"、"人和"与"心和"——谈道家的和谐观》,《明报月刊》380 卷，(1997)：页 72-79。

27.《道家传统在当代的复兴》,《哲学杂志》37 卷，(2001)：页 136-143。

28.《稷下学宫与稷下道家》,《哲学杂志》38 卷，(2002)：页 80-97。

29.《〈管子·形势/宙合/枢言/水地〉诸篇的黄老思想》,《汉学研究》(2002)：页 1-26。

30.《王弼体用论新诠》,《汉学研究》44 卷，(2004)：页 1-20。

31. 白桦、陈鼓应、尉天骢、沙叶新、陈钢、谢春彦、张大朋、张晓卿、马悦然、刘再复、潘耀明、陈芳,《千里共婵娟，感时同缱绻》,《明报月刊》46 卷 12 期，总号 552,(2011)：页 25。

32.《(乡关何处)生我育我的故乡渐行渐远》,《明报月刊》46 卷 12 期，总号 552，(2011)：页 29-33。

33. 孔子和老子对话的时代意义 [N]. 新华文摘,2023-12-9(4).

（三）时感文章

1.《失落的自我》,《文星》(1962)：页 30-32。

2.《另一半的寻找》,《文星》(1962)：页 65-68。

3.《浓云中的闪电人》,《文星》(1962)：页 61-65。

4.《由批评走向创造的哲学家——考夫曼（封面人物介绍）》,《文星》(1962)：页 31-36。

5.《世界的苦难》,《中国一周》(1964)：页 9-10。

6.《另一半的寻找》,《大学杂志》16 卷 (1969)：页 17-20。

7.《谈谈王尚义的作品》,《大学杂志》24 卷,(1969)：页 10-16。

8.《我对圣经的观点》,《大学杂志》25 卷,(1970)：页 18-20。

9.《犹大的烦恼》,《大学杂志》29 卷,(1970)：页 21-23。

10.《星座中的独裁者》,《大学杂志》30 卷,(1970)：页 31-33。

11.《乔布——最早的存在主义者》,《大学杂志》31 卷,(1970)：页 24-27。

12.《容忍与了解》,《大学杂志》37 卷,(1971)：页 6-7。

13.《说话是一种天赋的权利——〈容忍与了解〉序》。《大学杂志》43 卷,(1971)：页 65。

14. 张景涵、高准、陈鼓应、许仁真、包青天、杨国枢、丘宏达、吕俊甫、吴大中、金神保、孙震、陈少廷、张尚德、张绍文、苏俊雄,《国是诤言》,《大学杂志》46 卷,(1971)：页 1-12。

15.《我对韩国学潮处理方式的看法》,《大学杂志》47 卷,(1971)：页 44-45。

16.《开放学生运动》,《大学杂志》49 卷,(1972)：页 64-68。

17.《再论学生运动》,《大学杂志》53 卷,(1972)：页 65-70。

18. 王文兴、陈鼓应、张景涵、许仁真、林钟雄、蔡宏进、白秀雄、包青天、吕俊甫、陈阳德、王汉兴、陈华强,《国是九论》,《大学杂志》(1972): 页 6-44。

19.《序〈这样的"诗人"余光中〉》,《夏潮》4 卷,(1978): 页 45。

20.《知识分子对现实之响应——从台湾经验谈起》,《七十年代》142 期,(1981): 页 20-26。

21.《民主运动与台独运动不可混为一谈》,《七十年代》146 期,(1982): 页 36-37。

22. 陈鼓应、许荣哲,《一个台湾学人在北京》,《联合文学》223 卷,(2003): 页 108-112。

（四）题序

1. 1988 年,为刘笑敢《庄子哲学及其演变》专著作序,"关于庄子研究的几个观点——序刘笑敢博士《庄子哲学及其演变》"。

2. 1992 年,为余明光《〈黄帝四经〉今注今译》作序,序文"关于《黄帝四经》的几点看法——序余明光先生《〈黄帝四经〉今注今译》",于《哲学研究》发表。

3. 2003 年,为蔡志忠绘著《中国思想随身大全》中老子部分作导论,名为《老子:"道"——万物的本原》。

4. 2013 年,为蔡志忠绘著《中国思想随身大全》中庄子部分作导论,名为《庄子:"内圣外王"——最高的理想人格》。

5. 2014 年,为"新子学"论集作序,该文"子学兴替关乎中国思想变革——《'新子学'论集》序"于一月载入诸子学刊。

6. 2018 年 12 月,《子藏·道家部·老子卷》由国家图书馆出版社出版，为本卷前言部分题文。

7. 2020年5月，为《方山子文集》作序，文为"当代子学要有更开阔的视野——为《方山子文集》所写序言"，刊登于《光明日报》，后于2021年发表于《诸子学刊》；10月，应邀参加北京"《方山子文集》新闻发布会"。

三、会议论坛、讲座演讲

1. 1985年9月，北京召开明清实学思潮史学术讨论会，第二届于1986年11月在成都召开，应邀参加讨论明清之际的批判、启蒙与实学思潮及《明清实学思潮史》一书的编著工作。

2. 1987年，山东大学举办"济南国际周易学术研讨会"，会上提出《易传》是道家系统的作品，而非古今学者所说的'儒家之作'"。

3. 1988年2月，北京友谊宾馆首次汇聚大陆、台湾和海外华人学者，举行海峡两岸学者学术讨论会，应邀参加就中国文化和海峡两岸学术交流前景等课题进行学术性交流。

4. 1990年，于香港中文大学演讲，演讲主题为"庄子的悲剧意识与自由精神"，该文于1991年3月定稿，发表于《国文天地》杂志。

5. 1992年，于北京大学做一场题为"古典文化与现代生活的对话"的演讲。

6. 1992年5月，陕西省社会科学联合会于西安举办"老子思想研讨会"，应邀讨论儒道关系老子及道家源流、老子及道家思想在中国与世界思想文化史上的重要地位、成立"老子思想研究会"等主题,发言内容整理成"论《老子》晚出说在考证方法上常见的谬误——兼论《列子》非伪书"一文。

7. 1993 年 11 月,"第二届老子思想研讨会"于西安召开,应邀参与关于"道家主干说"的深入讨论与回应。

8. 1994 年,在香港中文大学中国文化研究所,发表题为"中国古代思想是若干问题的重新考察——从马王堆帛书《易传·系辞》与古佚书《黄帝四经》说起"的演讲,探讨易传学派归属问题。报告会由饶宗颐主持,劳思光、刘殿爵评论。

9. 1995 年 12 月底,马来西亚大学举办"中国传统文化与社会变迁国际研讨会",应邀发表论文,讲题为"道家的社会关怀"。

10. 1996 年 8 月中旬,香港道教学院、北京大学哲学系举办"道家文化国际学术研讨会",会议主题"周秦汉时期的道家文化及其在后世的演变",应邀发表论文,讲题为"先秦易学发微"。

11. 1996 年 8 月下旬,韩国东亚日报举办"东洋思想与社会发展国际学术会议",应邀发表论文,讲题为"道家的和谐观"。

12. 1996 年 8 月下旬,韩国东亚日报举办"东洋思想与社会发展国际学术会议",应邀发表论文,讲题为"道家的和谐观"。

13. 1996 年 6 月,台北辅仁大学举办《文子》与道家思想发展两岸学术研讨会",应邀发表论文,讲题为"论《文子·上德》的易传特色"。

14. 1996 年,应邀参加北京"道家文化国际学术研讨会",论文讲题为"道家在先秦哲学史上的主干地位"。

15. 1997 年 3 月,应邀参加彰化师大国文系"人文讲座"演讲,演讲主题为"谈庄周梦蝶和濠上观鱼的审美意蕴"。

16. 1997 年 10 月中旬，德国阿德诺基金会举办"道家传统与现代国际研讨会"，应邀发表论文，讲题为"道家传统在当代的复兴"。

17. 1998 年 2 月，应德国海德堡大学汉学研究中心之邀，发表专题演讲，讲题为"老子之道论及其人生观""庄子的艺术心境"等。

18. 1998 年 5 月 6 日至 8 日，北京大学中国传统文化研究中心主办"汉学研究国际会议"，应邀发表论文，讲题为"先秦黄老学与易传"。

19. 1998 年 6 月下旬，美国达慕斯大学举办"世界首次郭店《老子》学术研讨会"，应邀发表论文，讲题为"从郭店简本看《老子》尚仁及守中思想"。

20. 1998 年 11 月上旬，应日本东京大学东洋人文研究所之邀，发表专题演讲，讲题为"易传与道家思想"。

21. 1998 年台湾大学哲学系举办"先秦道家思想研讨会"，应邀发表论文，讲题为"管子四篇的道论""管子四篇的心学和气论"等。

22. 1998 年 12 月，北京大学、中国哲学与文化研究所、广州中山大学以及香港道家学院联合主办"第二届道家文化国际学术研讨会"，主持筹划会议主题"中古时期道家文化及其影响"。

23. 1999 年，台湾大学举办"中国文化经典的诠释传统研讨会"，应邀发表论文，讲题为"乾坤两卦道家易诠释"。

24. 1999 年 5 月，荷兰莱顿大学亚洲研究所举办"儒道之礼的理论与实践"国际研讨会，应邀发表论文，讲题为"先秦道家之礼观"。

25. 2000年8月，应邀参加北京大学举办"新出简帛国际会议学术研讨会"。

26. 2002年11月，于台湾育达商业技术学院通识教育讲座上演讲，主题为"庄子的艺术心境"，经北京大学李溪博士整理成文。

27. 2003年，应邀参加东南大学"人文讲座"，演讲主题为"庄子的视野与心境"，后经整理收入陆挺主编《人文讲演录》（江苏教育出版社，2003年版）。

28. 2004年3月，在日本大阪大学中国学会举办的"战国楚简与哲学史研究"会议上的主题演讲，文稿"郭店简本《老子》所呈现的重要哲学问题——由改写哲学史的观点谈起"刊于《中国研究集刊》第36号。

29. 2004年9月，应广州中山大学哲学系及昌盛学术讲座之邀作讲稿——《论道与物关系问题——中国哲学史上的一条主线》，于2005年1月初定稿，后刊于《台大文史哲学报》第六十二期，2005年5月。

30. 2004年10月，国际儒学联合会、中国孔子基金会于北京举办"纪念孔子诞生2555周年国际学术研讨会"，应邀参加，演讲论文《战国楚墓竹简与先秦哲学史的重构问题》，后收录于"纪念孔子诞生2555周年国际学术研讨会论文集"。

31. 2006年5月，应成功大学法鼓人文讲座之邀作讲稿，《道家的人文精神——从诸子人文思潮及其渊源说起》一文后刊于《道家文化研究》（第二十二辑，北京三联书店2007年版）。

32. 2006年10月，应邀纪念厦大国学研究院成立80周年，讲座主题分别为：10 日"道家的人文精神"、12 日"庄周梦蝴蝶和濠上观鱼的哲学意涵"、14 日"道家的社会关怀"。

33. 2007 年 4 月，西安召开国际道德经论坛，应邀演讲"冲突世界中的和谐对话——老子和谐观给世人的提示"，该文后同发表于《中国道教》。

34. 2008 年 4 月，应邀分别于南京大学图书馆报告厅、华东师范大学先秦诸子研究中心作演讲，演讲内容经叶蓓卿整理合并成《跋：我读庄子的心路历程》一文发表于《诸子学刊》第二辑。

35. 2009 年 7 月，台湾中国哲学会及辅仁大学哲学系主办"第十六届国际中国哲学大会"，应邀参加演讲，演讲内容为"中国哲学中的道家精神"。

36. 2009 年 11 月，北京论坛"文明的和谐与共同繁荣——危机的挑战、反思与和谐发展"分论坛于钓鱼台国宾馆 5 号楼百人厅举行，主题为"化解危机的文化之道——东方之道"，参会论文《老子的哲学智慧对当前文化危机的启发》，后收录于分论坛论文或摘要集。

37. 2009 年 11 月，应北京大学高等人文研究院杜维明院长邀请，参加第二届中印"知识、智慧与精神性"学术研讨会，之后两年撰写《异质文化的对话》一文于 2011 年 12 月 10 日完稿，刊于香港《国家新视野》2012 年春季号。

38. 2010 年 9 月，于"老子：文献与思想"国际学术讨论会发言，演讲内容为"道法自然与道通为一"。

39. 2010 年 12 月，应邀于北京师范大学人文宗教高等研究院首届人文宗教高端论坛讲座发表演讲，演讲内容为"从老庄谈宗教的人文精神"。

40. 2011年11月,北京大学举办第14届蔡元培和第15届汤用彤学术讲座,应邀就"论周敦颐《太极图说》的道家学脉关系"和"庄子的心学与性情说"两个讲题发表演讲,载于《中华读书报》。

41. 2012年3月,北京大学哲学系、北京大学道家研究中心共同主办,并由北京大学国学社协办"道家学术讲堂",负责第一讲主讲,讲题为"异质文化的对话"。

42. 2012年11月,厦门大学举办"方太青竹简国学计划"之"2012年国学论坛",应邀参加,演讲主题为"如何进入'道'的精神家园"。

43. 2012年11月26日,厦门大学国学院与厦门筼筜书院于厦大礼堂举办"道家思想之古今对话"论坛,与陈支平、刘笑敢及德国汉学家沃尔法特(Gunter Wohlfart)出席对谈,《南方周末》于12月20日刊文报道,论坛内容整理成《道家思想之古今对话:陈鼓应与沃尔法特读庄子》一文。

44. 2013年4月1日,在北京台湾会馆举办一场"70年代台湾校园的保钓运动"专题讲座,亲述当年"台大哲学系事件"与70年代保钓运动的经过及关系。演讲结束后,接受《两岸关系》刊物记者王亮专访,访谈内容整理成《从民主主义到民族主义》一文发表。

45. 2014年11月,第六届海峡两岸国学论坛在筼筜书院正式开幕,同王蒙等学者应邀参加。

46. 2016年3月,北京大学宗教文化研究院举办"虚云讲座"

（第33讲），演讲主题"心通道境：心灵的内修与审美空间的外移——《庄子》外杂篇的心学"，文稿后刊于李四龙主编《人文宗教研究》总第八辑（宗教文化出版社，2016年版）。

47. 2016年12月，深圳举行"儒学的当代理论与实践——汤一介思想国际学术会议"，会议间歇接受记者刘莎莎采访，访谈记录《从尼采到老庄，人生就是一场"逍遥游"》刊登于深圳特区报。

48. 2018年11—12月，厦门筼筜书院召开"第十届海峡两岸国学论坛"，会议主题为新时代国学的传承与创新，应邀参加会讲，围绕新时代国学研究传承与创新，应邀讨论现代人如何看待道家，道家如何帮助我们解决现代社会与个人存在的问题。会议内容收录于会议演讲纪要论文集，2019年1月发表在吉林师范大学学报（人文社会科学版）。会讲结束之后，接受凤凰网国学频道独家专访，访谈内容"我为何主张多读《老子》与《庄子》"载于"凤凰网国学·国学大讲堂栏目"，2020年6月转载刊于《华人文化研究》第八卷第一期。

49. 2019年11月，中国国家典籍博物馆举办"两岸国学大讲堂"北京专场，应邀讲授"从尼采的生命哲学到庄子的人生智慧"。

50. 陈鼓应，陈彦瑾，陈赟，方勇，张涅，郝雨，张耀，陈志平."诸子学的传承及其时代精神"对话(选登)[J].诸子学刊，2021(02):326-353.谈论中国传统文化的人本主义与庄子的齐物精神，2021.5.5，上海华东师范大学先秦诸子研究中心。

51. 孟白，文贵良，方勇，陆永品，张双棣，陈鼓应，孙明君，李若晖，郝雨，刁生虎，张洪兴，陈志平.藏志名山 弘学天下——在北京"《方山子文集》新闻发布会"上的发言(摘登)[J].诸子学刊，2021(02):354-369.

52. 2021年5月，华东师范大学先秦诸子研究中心举行"诸子学的传承及其时代精神"报告交流会，应邀参与讨论，演讲内容为"化育天下，道通为一"，后发表于《诸子学刊》。

53. 2021年10月，"道家的生命智慧"高端论坛在河南省鹿邑县老子学院（研究院）讨论交流对道家思想哲学内涵与生活智慧的思考，探索老子文化与道家思想的当代价值。

四、访谈

1. 1987年1月，接受荣韦菁专访，访谈内容记录成文章《传统文化是多元的——关于"文化"问题的问答》刊于《电影艺术》。

2. 1994年，应邀接受干春松专访，访谈内容整理成文《道家是中国哲学史的主干——访陈鼓应先生》于11月刊登在《哲学动态》。

3. 2003年3月，应邀访问香港城市大学中国文化研究中心，与中心主任郑培凯教授接受香港电台访问，后录音记录整理成《游于尼采与庄子之间》一文。

4. 2010年，接受张弘专访，访谈内容整理成《追忆雷震、殷海光与方东美——陈鼓应教授访谈录》一文发表于《社会科学论坛》。

5. 2013年4月1日，在北京台湾会馆举办一场"70年代台湾校园的保钓运动"专题讲座，亲述当年"台大哲学系事件"与70年代保钓运动的经过及关系。演讲结束后，接受《两岸关系》刊物记者王亮专访，访谈内容整理成《从民主主义到民族主义》

一文发表。2013 年 5 月，接受干春松访谈，后访谈内容"学术与政治之间：'台大哲学系事件'始末——陈鼓应的记忆"刊登于《学术月刊》。

6. 2013 年 9 月，接受人民政协报记者王小宁采访，访谈内容口述整理成文《陈鼓应忆汤一介：他的学术人格令人景仰》刊于人民政协网 · 人民政协报。

7. 2013 年 10 月，接受新京报记者专访，访谈内容《和风细雨般进入传统文化》于同年 11 月登于《新京报》。

8. 陈鼓应. 保钓运动与台大哲学系事件.（记录、口述）《人间思想》(2016)：页 33-43。

9. 2016 年 1 月 19 日，应邀接受陈光兴、林丽云访谈，访谈内容由郭佳、林丽云整理成《在六、七〇年代急流中勇退的飘浪哲学家——陈鼓应访谈》收录于"台湾左翼思想口述计划"项目。

10. 2016 年，接受林丽云专访，内容整理成《舟山路上的哲学家——侧记陈鼓应》一文。

11. 2018 年 4 月，接受赵海霞专访，访谈内容整理成文《借镜西学谱系法，潜心体究道之妙——陈鼓应教授访谈录》发表于《文艺研究》期刊。

12. 2022 年 9 月，接受专访，访谈内容《专访陈鼓应教授——被歧路，幸未亡羊》（张丽珠教授撰稿）发布在中读网。

13. 2023 年 4 月，于国家图书馆接受国家图书馆《百部经典》编纂工作办公室访谈，访谈内容整理成文"谁见汀洲上 殷殷思乡愁——《百部经典》顾问陈鼓应先生访谈录"发表于玉林师范学院学报。

五、报纸

1.《邓小平会见陈鼓应教授》，浙江日报，1985-05-21(003).

2. 老子"生态智慧"的现代意义 [N]. 光明日报 .2002-5-14(012).

3. 战国黄老思想的端倪 [N]. 中国图书商报，2006-5-23.

4. 道家之"中西问题" [N]. 光明日报，2008-01-28(012).

5. 庄子的视野与心境 [N]. 解放日报，2009-11-22(008).

6. 北大蔡元培、汤用彤讲座邀请陈鼓应作主讲 [N]. 中华读书报，2011-11-30(02).

7. 诸子学的新浪潮 [N]. 光明日报，2011-12-05(015).

8. 和风细雨般进入传统文化 [N]. 新京报，2013-11-01.

9. 老庄思想与艺术人生 [N]. 人民政协报，2018-01-29 期 (11).

10. 我的文化传承从陈家村的尊尊亲亲开始 [N]. 中国青年报，2019-02-11(004).